2010年国家知识产权局重点软科学研究项目

企业知识产权能力发展研究

——以四川省知识产权管理示范企业为例

■ 企业知识产权能力发展研究课题组

知识产权出版社
全国百佳图书出版单位

内容提要

本书以四川省知识产权管理示范企业为例，分别从企业知识产权管理态势、企业知识产权制度运用、企业知识产权管理模式等方面进行了全面分析研究，提出了企业知识产权能力发展对策性建议。本书可以作为了解、提升与研究我国企业知识产权能力发展的参考用书。

读者对象：企业知识产权能力研究人士及企业知识产权管理人员。

责任编辑：卢海鹰　　**责任校对**：韩秀天
装帧设计：卢海鹰　　**责任出版**：卢运霞
特邀编辑：钱　昀

图书在版编目（CIP）数据

企业知识产权能力发展研究：以四川省知识产权管理示范企业为例／企业知识产权能力发展研究课题组．—北京：知识产权出版社，2012.10
ISBN 978－7－5130－1639－1

Ⅰ．①企…　Ⅱ．①企…　Ⅲ．①企业－知识产权－研究－中国　Ⅳ．①D923.404

中国版本图书馆 CIP 数据核字（2012）第 249543 号

企业知识产权能力发展研究
——以四川省知识产权管理示范企业为例
QIYE ZHISHICHANQUAN NENGLI FAZHAN YANJIU
企业知识产权能力发展研究课题组

出版发行：知识产权出版社

社　址：	北京市海淀区马甸南村 1 号	**邮　编**：	100088
网　址：	http://www.ipph.cn	**邮　箱**：	bjb@cnipr.com
发行电话：	010-82000860 转 8101/8102	**传　真**：	010-82005070/82000893
责编电话：	010-82000860 转 8122	**经　销**：	各大网络书店、新华书店及相关销售网点
印　刷：	知识产权出版社电子制印中心		
开　本：	787mm×1092mm　1/16	**印　张**：	12.25
版　次：	2013 年 4 月第 1 版	**印　次**：	2013 年 4 月第 1 次印刷
字　数：	258 千字	**定　价**：	38.00 元

ISBN 978－7－5130－1639－1/D·1623（4495）

课题来源： 国家知识产权局

承担单位： 四川省知识产权研究会

西南交通大学知识创新与知识产权研究中心

课题组长： 黄　峰　陈家宏

课题成员： 饶世权　杨早林　唐　琳　邓翠薇　刘　锋

高晓宇　鲁　喆　王　婉

报告执笔： 陈家宏　饶世权　邓翠薇　刘　锋

前　言

世界未来的竞争就是知识产权的竞争。当今世界，随着科技的发展和经济全球化进程的加速，对知识产权的发展、管理与保护已成为一个企业乃至一个国家在竞争中取得优势的关键因素。国家知识产权战略的实施、创新型国家的实现最重要的主体是企业，最基本的制度是知识产权法律制度。企业是技术创新的主体，知识产权制度只有在企业得到实施与实效，才是真正得到了实施并实现了其立法效益。因此，企业知识产能力建设是知识产权制度实施与实效、实施国家知识产权战略、实现创新型国家的基础。

发挥我国行政主管部门管理服务功能、特有推动作用，遴选一部分重视或较为重视知识产权能力建设、发挥知识产权制度资源作用较好的企事业单位，进行知识产权管理示范创建工作，首先，这些企事业单位知识产权管理得到指导、支持和推动，有利于其知识产权能力的建设与提升；其次，这些企事业单位的知识产权管理示范创建对其他单位知识产权管理起到带头与促进作用，榜样的作用是无穷的，在全国行业领域和区域范围发挥引领示范作用，有力带动全国企事业单位知识产权工作，加快提升我国企事业单位知识产权能力和水平；最后，有利于引导整个社会重视知识产权意识、理念的深入，形成良好的知识产权发展、管理与保护的氛围。为此，以培育与建设知识产权管理示范企事业单位（以下简称“示范企业”）为例，对企业知识产权发展与管理进行研究，有利于了解企事业单位知识产权发展状况与趋势，揭示其运用知识产权制度态势，总结、提炼其知识产权管理的经验与模式，对加强企业知识产权能力建设具有重要的理论与实践意义。

关于企业知识产权管理结构研究，目前学界较为集中地是对上市公司、国外企业等具有一定代表性企业的知识产权管理结构进行了研究，侧重的是企业（专利）知识产权管理。同时，关于企业知识产权管理模式研究，学者们关注的是，国内外一般企业知识产权管理结构所具有的结构及其关系；我国企业知识产权管理存在的缺失及其原因；企业知识产权管理体制、管理机制的内容、任务、目标等；企业知识产权能力理论，涉及专利制度企业内化、企业知识产权能力及其建设等。本研究在前述研究成果的基础上，尝试对部分四川省知识产权管理示范企业这一特定对象，运用知识产权制度企业内化与企业知识产权能力理论，从知识产权制度资源的利用角度，注意区分示范企业不同状况、知识产权不同发展阶段，进行了企业知识产权发展与管理的分析与研究。

为此，本书主要开展以下研究工作：第一，通过文本、文献梳理与分析，选择了本研究的理论基础；第二，采取问卷、报告、现场调查与补正，研判示范企业单位知识产权管理态势；第三，通过企业（会议）访谈、结合个案分析，揭示示范企业运用知识产权制度态势及其原由；第四，采用归纳、演绎的方法，提炼示范企业知识产权管理模式；第五，在研究结论的基础上，提出提升示范企业知识产权能力的针对性对策。

企业知识产权能力，是企业通过学习、内化知识产权制度，将企业知识产权资源与其他资源整合，形成知识产权管理理念、配置知识产权管理机构和人员与创设知识产权管理制度，促进专利、商标、作品等知识产权客体创造、运用与保护的一种谋求市场优势的能力集合。企业知识产权能力由管理结构和管理过程两方面构成。企业知识产权能力管理结构表现为知识产权先进管理理念的形成、知识产权合理管理机构和人员的配置与知识产权有效管理制度的建立健全；企业知识产权能力管理过程是知识产权的创造、运用与保护的整个管理活动过程。本书概述了示范企业知识产权能力及其运行状态；分析了示范企业内化知识产权制度的广度、深度与高度情形，提出了示范企业知识产权能力发展的对策原则。同时，为便于企业自测知识产权能力状况、了解运用知识产权制度子制度情况，以及完善知识产权管理模式的借鉴，本书将研究成果表格化附录于后，以供参考。

本书为2010年国家知识产权局重点软科学研究项目《四川省知识产权示范单位知识产权管理实证研究（YR201017）》的研究成果。该项目由四川省知识产权研究会黄峰会长、西南交通大学知识创新与知识产权研究中心陈家宏教授主持，饶世权、杨早林、唐琳、邓翠薇、刘锋、高晓宇、鲁喆、王婉等参加主要研究。各章的主要撰写人：第1章，陈家宏；第2章，邓翠薇、陈家宏；第3章，刘锋；第4章，饶世权、王婉；第5章，陈家宏。全书由陈家宏设计与统稿。本书在项目研究中得到了四川省知识产权局领导、四川各知识产权示范单位的领导和相关同志的大力支持，西南交通大学法学硕士研究生杨兵、刁会会、曾秀琳、柳翔、刘晗和魏薇参加了研究资料的收集和数据的统计，在成果形成书稿中运用了各示范单位的总结材料、引用了许多专家学者的研究成果和文献资料，在付梓出版中得到了知识产权出版社领导的支持，尤其是编辑同志的辛勤付出，在此深表感谢！

限于研究对象的局限，以及研究者水平、时间有限，本书研究与结论多有不足，敬请指正！

黄　峰　陈家宏

2012年9月18日

目　录

第1章　研究背景及理论基础

1.1　示范企业知识产权管理的研究背景

1.1.1　知识产权制度实施与实效为各国所重视

温家宝总理指出：世界未来的竞争就是知识产权的竞争。当今世界，随着科技发展和经济全球化进程的加速，对知识产权的保护已成为一个企业乃至一个国家在竞争中取得优势的关键因素。全球一体化条件下，知识产权已成为维护国家利益和经济安全的最重要的战略资源之一；运用知识产权制度获取、运用和保护知识产权，进而获取或保持全球市场竞争力和优势，已成为各国竞争的焦点和制胜关键。美国专利委员会报告称："专利制度能够继续刺激科学研究和发展"，"该制度的作用是独一无二的，没有其他实际可行的办法能够替代"。美国宪法第8条规定，专利权和著作权的目的是"促进科学和有用艺术的发展"。"比尔·盖茨便是开创了以个人知识产权成为世界首富的先河——专利制度对企业的技术创新及其生存和发展的作用和功能表现得淋漓尽致。专利制度无疑是推动社会技术创新和经济发展的最为有效的机制。"（郑友德、高华，1999）日本则是世界"技术立国"的典型代表。日本是后起的资本主义国家，专利制度始建于1885年，至今不过一百多年的历史。日本在1975年至1984年的10年间，在美国获得专利数已超过英、法、德三国在美国获得的专利数的总和。专利制度的建立与完善，使日本易于引进外国技术，因此，就可能掌握、改进和继续开发这种技术，并推动日本本国的发明。英国贸易部组织的专利法调查委员会认为，专利制度有四个方面的积极作用：（1）鼓励发明者公开技术发明，而不是将发明保留为商业秘密；（2）刺激更多的科学研究；（3）通过补偿开发专利产品的成本，鼓励将新发明投入商业生产；（4）通过授予市场独占权鼓励对新产品的投资，使原来在竞争状态不能获利的产品具有投资潜力。

据普华永道会计师事务所（Price Water house Coopers）预测，到2007年，世界前2 000强企业的知识资产将占到其总资产的90%。可见，随着国际经济技术一体化进程的加速和国家间、企业间竞争程度的加剧，对技术创新中的知识产权进行保护的知识产权制度的作用就越显得重要。

1.1.2　促进示范企业知识产权管理是实现创新型国家的重要路径

知识产权制度作为开发、利用和保护知识资源的基本制度，对建设创新型国家发挥着极为重要的基础性作用。2006 年 1 月，胡锦涛在全国科学技术大会上的讲话中提出“坚持走中国特色自主创新道路，为建设创新型国家而努力奋斗”。十六届五中全会提出到 2020 年将我国建设成创新型国家的战略决策，这标志着我国经济增长方式应当尽快从资源消耗型向知识创新型转变。2008 年 6 月《国家知识产权战略纲要》明确指出：为提升我国知识产权创造、运用、保护和管理能力，建设创新型国家，实现全面建设小康社会的目标，制定该纲要。美国早在 20 世纪 70 年代末就提出了知识产权发展战略，并将其作为长期发展战略之一；日本在 2002 年提出了知识产权战略大纲，制定了知识产权立国的目标；发达国家纷纷制定 21 世纪知识产权战略。近 200 年的科技经济发展史和各国的经验都表明，知识产权制度正是各国利用法律制度促进科学技术进步、文化艺术发展的有效机制；是国家提升市场竞争力、繁荣文化艺术最为重要的制度保障。

国家实现创新型国家，企业是最为重要的主体；国家要提高核心竞争力，关键是提高企业的技术创新能力。企业提高技术创新能力的动力是什么？保障又是什么？知识产权制度保护企业技术创新的各项合法权益，为企业进行技术创新提供了动力和激励机制，为技术创新提供了法律保障和行为规则；同时，知识产权制度对技术创新资源配置进行了制度安排，使企业的后发优势有了可能。自 2006 年以来，我国企业的发明专利申请量已占国内同期发明专利申请总量的 63.4%，其中 2000 年的发明专利申请量比上年增长 138.3%，企业申请总量的比例比上年增长 7.4%。企业作为技术创新的主体专利意识显著增强。企业商标权、著作权意识日渐浓厚，品牌战略深入企业。如何运用、实施知识产权制度，促进企业技术创新，打造品牌，提升核心竞争力，日益为企业所重视。知识产权制度是调动和激励职工积极性的一种科学而有效的机制；知识产权制度是保护发明创造智力成果和进行市场公平竞争的重要法律制度，是技术、法律、经济三位一体的知识产权保护最重要的形式，是以技术上的发明创造为基础，在知识产权制度保护下，以独占市场为主要特征，以谋求发明创造获得最大经济效益为目标的国际公认和通行的手段。

促进示范企业❶知识产权管理，是提升企业知识产权能力、实施国家知识产权战略、实现创新型国家的重要路径。发挥我国行政部门特有的推动作用，遴选一部分重

❶ 2007 年 4 月 29 日，国家知识产权局制定并颁布《全国企事业知识产权示范创建单位创建工作方案》，随后各地开始申请并建设全国企事业知识产权示范创建单位，先后申请、建设 4 批，验收通过 2 批。本书的研究样本包括申请、建设并验收通过的第一批单位：中国第二重型机械集团公司，四川九洲电器集团有限责任公司，中昊晨光化工研究院，四川大学；第二批单位：东方电气集团东方汽轮机有限公司，攀枝花钢铁（集团）公司，四川长虹电器股份有限公司，成都地奥制药集团，宜宾丝丽雅集团有限公司，成都康弘药业集团股份有限公司，四川宜宾五粮液集团有限公司等 11 个单位。彩虹电器股份有限公司，迈普通信技术股份有限公司，成都光明光电股份有限公司，四川 （转下页）

视或较为重视知识产能力建设、发挥知识产权制度资源作用较好的企事业单位，进行知识产权管理示范创建工作，一则示范企业知识产权管理得到支持、指导和监督，有利于其知识产权能力的建设与提升，培育与建设一批知识产权管理优秀的企事业单位，有利于总结、提炼单位知识产权管理的经验与模式；二则对其他单位知识产权管理起到带头与促进作用，榜样的作用是无穷的，在全国行业领域和区域范围发挥引领示范作用，有力带动全国企事业单位知识产权工作，加快提升我国企事业单位知识产权能力和水平；三则有利于整个社会形成重视知识产权意识的深入，形成良好的重视和发挥知识产权作用的氛围。国家知识产权战略的实施、创新型国家的实现最重要的主体是企业，最基本的制度是知识产权法律制度。企业是技术创新的主体，知识产权制度只有在企业得到实施与实效，才能真正得到实施并实现立法效益。可见，开展企业知识产权管理示范创建是实施国家知识产权战略、实现创新型国家的重要路径。

1.1.3 企业知识产权管理研究文献综述

1.1.3.1 企业知识产权管理案例研究

吴健（2007）等对海信、中兴、宝山钢铁等大中型企业基于企业知识产权的内部机构设置、立项程序、奖励和聘用制度进行了实证调查和分析。严荣荣（2004）对典型企业专利管理的结构进行了分析并提出了改进的对策。研究的主要结论是：专利包含了对技术市场和商品市场的竞争与垄断，企业对技术和市场的占有基本上都是通过专利手段实现的；专利管理与企业战略高度整合，成为战略管理新的发展趋势；优化企业专利管理过程，提高专利绩效管理已经成为企业获取竞争优势的极为重要的工作。因此，我国企业应优化专利利用过程，进行诊断性的分析，获取可操作的行动方案，对专利绩效的信息及时进行分析和处理；顺应市场趋势，形成专利管理体系，提高专利产品流程能力，对不适应企业价值链的组织进行调整，保证企业专利战略弹性，从而加强企业的核心竞争能力。

（接上页）龙蟒集团有限责任公司，中国石油集团川庆钻探工程有限公司，南车眉山车辆有限公司，成都飞机工业有限公司，泸州老窖股份公司，四川高金食品股份有限公司，四川新华文轩连锁股份有限公司等10个单位为全国知识产权示范创建单位，共21个单位接受调查并提供了相关资料。为叙述方便，试作简单分类并简称：家用电器——长虹电器、九洲电器、彩虹电器，电子技术——迈普通信、光明光电，矿冶开采——攀钢集团、龙蟒集团、川庆钻探，机械制造——眉山车辆、二重机械、东方汽轮机、成飞工业，食品纺织——五粮液集团、泸州老窖、高金食品、丝丽雅股份，生物制药——地奥制药、康弘药业，文教科研——中昊晨光、四川大学、新华文轩；全国企事业知识产权示范创建单位与验收通过的单位以下通称示范企业。

陈家宏（2010）在对海信、中兴、宝山钢铁等大中型企业等原始资料进行了核对、补正与完善的基础上，对其企业内部专利管理结构从专利制度企业内化的关系角度进行了再分析、再研究，认为这些企业专利管理具有的共性是：（1）具有一定的专利意识、专利管理意识；（2）注重企业相关组织与人员的配备，保障运转的顺畅与有效，体现在组织设置的层次性、扁平性与专门性，保障专利管理措施实施的到位；（3）重视措施的规范、切实可行；（4）明晰或体现专利产权关系，如明确内部员工流动的专利产权归属，明晰专利技术形成、研发专利技术、产品各阶段的权责，强调专利管理流程、研发流程既是信息流、技术流，更是产权保值增值的过程，等等。

同时，学者们通过对美、德与日等国公司专利管理结构的分析，总结出外国企业专利管理结构的特点是：（1）专利管理中的战略意图、产权意识凸现。体现在法务部中设立知识产权组，专门处理专利技术合作开发。（2）企业专利管理高水平运行。由于专利制度在国外市场运行多年，外国企业深谙专利运行规则，企业专利管理中各主体间形成了错综复杂的基于产权交换关系的网络，体制完善，机制畅通，企业专利管理制度完善。（3）专利管理事务的专业化。设立专门的法务部，并分为独立的知识产权组和国内、国际组；充分利用专利代理部门或律师事务所进行专利申请、维持、诉讼等专业性极强的专利管理事务，降低由本企业自身处理的管理成本；强调专利管理与企业各职能部门的协作团结关系，将专利渗入企业管理各环节。

1.1.3.2 企业知识产权管理模式研究

学者们对企业专利管理结构研究的第一种模式，主要是在对国内外企业实际调研或相关文献分析研究的基础上，提出企业专利管理体制或内容应当包含的内容。企业（专利）知识产权管理结构由知识产权管理理念、知识产权管理体制与知识产权管理制度组成。对于知识产权管理理念，包海波（2004）指出，日本企业界，特别是大企业已经普遍出现了一种以专利活动为核心的战略发展模式，我们可以将其称为日本企业的“专利文化”。段瑞春（2003）等对知识产权管理理念的来源进行了分析，何敏（2002）、马艳萍（2007）提出应确立知识产权管理战略理念。对于知识产权管理体制，国内学者重点从专利管理体制角度研究企业知识产权管理体制。谢阳群、汪传雷（2004）提出企业专利管理体制包括两个方面内容：一方面设立专利管理部门，另一方面制定专利活动的规章制度。岳贤平等（2005）、冯晓青（2007）等对企业专利管理体制包含内容进行了进一步分析和研究，认为从内容上看包括企业专利事务管理、专利信息管理和专利法制管理等。

研究者的另一个研究思路便是，通过相关文献或调查，对企业专利管理结构存在的问题、原因进行分析、研究。李序南（2004）研究认为，我国专利知识产权保护主要存在着两大问题：一是缺乏专利知识产权保护意识和对专利战略知识的了解和研究，二是没有建立良好的科技成果转化运行机制和形成较强的科技成果转化能力。孙国瑞

(2006) 认为我国企业的专利管理存在4个缺失：企业专利专门管理机构和专职管理人员缺失，有利于企业专利取得、保护和运营的规章制度缺失，企业专利管理意识缺失，企业专利管理激励机制缺失。国家知识产权局《工业企业知识产权工作情况调查报告》，在对1 245家企业进行调查后，总结出我国企业专利管理工作存在以下问题：(1) 企业专利意识普遍淡薄，(2) 企业专利管理机构和人员设置不健全，(3) 企业内部专利管理制度缺位。

1.1.3.3 企业知识产权管理文献评析

研究文献出自有关上市公司、国外企业的知识产权管理结构的案例分析，具有一定代表性，同时这些企业也有一定知识产权积累，甚至知识产权发展水平较高；分析侧重的是企业（专利）知识产权管理，体现了知识产权在企业管理中的作用。但是，案例分析对知识产权制度促进企业知识产权的创造、运用、保护机制的形成及其运行关注不够；知识产权制度在企业发展中的地位阐述不充分。案例分析具体、细致，具有生动、直观、鲜活的特色，但案例选择具有一定局限性，也难以分析其背后的价值并进行规律性探索。

研究文献对企业知识产权管理模式的研究，克服了（专利）知识产权管理结构案例分析对具体企业选择的局限，克服了知识产权管理结构案例分析仅限于对具体企业知识产权管理机构及其关系现象分析的局限，研究了国、内外一般企业知识产权管理结构所具有的结构及其关系，对企业知识产权管理结构组成提出了不同的观点；对我国企业知识产权管理存在的缺失及其原因进行了分析，以及对企业知识产权管理体制、管理机制的内容、任务、目标等进行了探讨，对本书的研究具有重要参考价值。企业知识产权管理模式研究具有一般性，没有进行行业分类，不是从知识产权制度资源的利用角度，也未注意企业在知识产权不同发展阶段所具有的特征，针对性地选择具有代表性、典型性的企业进行知识产权管理分析与研究，这是本书需要进行的。

1.2 企业知识产权管理研究设计与研究工作

1.2.1 研究对象与目的

本书的研究对象是特定对象，限于2007年以来全国企事业知识产权示范创建验收通过单位、全国企事业知识产权示范创建单位（四川省省级知识产权示范企业）、四川省省级知识产权示范创建单位三类21个知识产权管理示范企业，对这些企业近三年来的知识产权管理状况及其趋势进行的研究。因此，是对有限企业的横断面所展开的研究。其中，样本调查所收集的数据资料非常有限，无法进行概率统计学的数理研究，只是依据统计数据对研究对象加以量化描述，使其尽可能准确，主要进行的是典型企业归纳、演绎的定性研究。

本书通过对21个知识产权管理示范企业近年来知识产权管理状况的调查，运用知识产权企业内化理论，评析其近年来在知识产权创造（申请）、使用与保护方面的运用情况，企业知识产权文化理念、组织设置、制度措施等管理状况，分析企业运用知识产权制度的案例和进行示范企业知识产权管理模式的探讨，研究的主要目的是，提炼出企业运用知识产权制度的重要因子和进行知识产权管理的成熟管理模式，并就提升企业知识产权能力提出针对性的对策与措施。

1.2.2 研究思路与方法

本书依据知识产权制度企业内化理论，即知识产权制度内化到企业所形成的知识产权管理理念、制度措施和机构人员的管理能力结构、促进企业知识产权创造、运用与保护管理水平，作为本书的理论基础与评价标准。具体地说，本书研究的思路可以概括为："知识产权制度企业内化理论选择—四川省示范企业知识产权能力态势研判—四川省示范企业运用知识产权制度案例分析—四川省示范企业知识产权管理模式研究—结论并依据结论提出提升四川省示范企业知识产权能力的对策建议。"其中，知识产权制度内化理论是研究的理论前提，示范企业知识产权能力态势研判是基础，示范企业知识产权管理案例分析是关键，示范企业知识产权管理模式提炼是重点、结论，本书的立足点是提出提升四川省示范企业知识产权能力的对策建议。

本书研究的技术路线。在文本、文献研究的基础上，明确研究的理论依据和研究框架；进而在理论指导和研究框架下，细化研究提纲、设计问卷与调查提纲；进行问卷调查、现场调查、个别访谈；统计问卷数据、整理调查资料，筛选典型企业，发现典型问题；深入企业访谈、征询专家意见、形成初步报告；补充相关内容、完善课题报告、提出政策建议；评审、结题与书稿发表。

本书的主要研究方法有：文本、文献研究法、调查分析、案例分析法、描述统计法、归纳演绎法等。

1.2.3 研究内容与开展的主要研究工作

本书研究的主要内容是：（1）企业知识产权管理实证研究理论选择；（2）四川省示范企业知识产权能力态势研判，包括企业知识产权及其发展状态、企业知识产权管理的理念构建、组织建设、措施机制；（3）四川省示范企业知识产权制度运用案例分析；（4）四川省示范企业知识产权管理模式研究；（5）结论与对策。

开展的主要研究工作：（1）文献研究。开展企业知识产权能力、知识产权管理的文献、政策材料、企业材料收集与梳理，进行示范企业的基本资料、知识产权相关资料收集与整理，选择示范企业知识产权管理实证研究理论——知识产权企业内化理论、知识产权能力理论。(2)文本研究。文本研究主要基于知识产权法律规范分析知识产权制度要素。借鉴专利制度企业内化理论分析专利制度二级制度的做法，在知识产权制度企业内化理论框架内，分析知识产权制度的二级制度，并与调查问卷等初步归纳的示范企业运用知识产权制度二级制度比较，遴选案例进行进一步分析示范企业运用知识产权制度案例态势。(3)调查研究。即问卷、调查提纲设计、调查与回收。在知识产权企业内化理论指导下，进行问卷、调查提纲的初步设计、专家访谈、企业座谈、主管部门协商，形成示范企业知识产权管理调查问卷、调查提纲。其中调查问卷，原设计7个部分119个子项目，第一部分：企业基本情况，27个子项目；第二部分：企业知识产权开发申请情况，9个子项目；第三部分：企业知识产权使用状况，10个子项目；第三部分：企业知识产权使用状况，26个子项目；第四部分：企业知识产权标准化情况，13个子项目；第五部分：知识产权保护状况，15个子项目；第六部分：运用知识产权制度的困难与破解，11个子项目；第七部分：企业的需求及对政府的建议，8个子项目。正式问卷调整为一个表格5个部分，包括企事业单位知识产权基本情况，知识产权创造、运用、保护与管理情况，共42个子项目。调查提纲是针对相对封闭的调查问卷，设计成开放式、提纲式的调查纲要，包括示范企业基本情况，知识产权管理概况，基本做法，典型事例，示范企业知识产权工作面临的主要困难和问题与未来发展规划，以及对政府主管部门进一步加强企事业单位知识产权工作的意见与建议七方面内容。该调查提纲提供的示范企业知识产权有关内容，极大地丰富了所了解的示范企业知识产权管理材料，同时也有利印证、修正问卷调查内容。(4)归纳演绎，形成报告。一是进行调查问卷的统计、调查提纲报告及年度报告的初步统计、分析。通过对上述三项内容统计、整理，运用描述性数据初步统计四川省各行业示范企业知识产权能力水平、运行状况，初步筛选示范企业运用知识产权制度二级制度，初步提炼出示范企业知识产权管理模式、类型等。二是积极参与样本企业向国家知识产权局汇报会1场，涉及10多个示范企业，四川省知识产权局报告讲座2场21个示范企业，收集会议资料；同时，到企业进行现场调研4个，召开不同形式、级别座谈会20余次，形成研究报告框架及初稿，进行报告研究内容、思路与观点的不断修正、完善。(5)深入研讨，补正研究。一是三易课题报告，依据知识产权制度企业内化理论，运用描述性数据统计剖析四川省示范企业知识产权能力状况；分析示范企业运用知识产权制度案例，筛选示范企业运用知识产权制度二级制度；提炼示范企业利用、内化知识产权制度所形成的各具特色的知识产权管理发展模式，提出提升四川省示范企业知识产权能力建议的针对性对策。二是召开四川省知识产权局局长参加的课题中期报告会，汇报并听取到会领导、专家意见。三是积极回应中期意见，召开课题组专门研讨会，修正、完善部分研究思路，充实、修改相关研究内容，核实、补正相关研究资料。四是完成课题报告，形成书稿。

需要说明的是，本书的资料信息来源主要是示范企业问卷调查、提纲调查、年度报告、各级各类座谈会、汇报会，以及示范企业网站资料的补正。其中，示范企业知识产权数据采集为2007年1月1日至2010年6月30日，特别说明的除外。

1.3 企业知识产权管理的理论选择

1.3.1 专利制度企业内化理论

在制度变迁理论语境下，缘于法律实效理论、产权理论，陈家宏（2010）通过理论论证与结构方程模型实证提出了专利制度企业内化理论。

1.3.1.1 专利制度是一个产权制度体系

专利制度是保护专利权人权利，促进技术发展的有关专利产权的制度。在对专利制度的研究中，有研究者将其假定为单一的专利权加以研究，甚至仅以专利长度（Goh，Ai-Ting，Jacques Oliver. 2002；Beck，R. L. 1987）加以研究以确认其利弊；随着研究的深入，研究者们不仅重视专利权利本身的研究，将专利权利拓展为权利长度、宽度与高度（Richard Gilbert，Carl Shapiro，1990）加以研究，还意识到专利权利的本身研究也只是静态的，应当注意权利的行使与保护，即权利的动态、实然状态的研究。同时，法学界对专利权的认识，与经济学界、管理学界对专利权的理解显然既有一致性更有显著的差异性。法学界重视的是专利权自身内涵及其归属；经济学家看重的是专利产权资源及其增值，当然是在归属明晰的前提下才可能带来增值；而管理者们要的是专利权能否通过营运提升市场竞争力，进而产生好的绩效。可见，有关专利制度的含义、维度是存在差异的。

专利制度企业内化理论提出有关专利权的产权明晰、产权行使与产权保护作为专利制度三个维度、次阶因子构成专利制度因子模型。经过文献研究、专家访谈、探索修正，最终取舍到归属权为4个，行为权3个和维护权6个共13个评价指标。经验证性研究得出，专利归属权、专利行为权和专利维护权同属一个高阶因子——专利制度，且专利制度与其三项次阶因子有着正相关关系。

专利产权的归属是前提，专利产权有了归属，专利权人就有了动力，这也是专利制度设置的初衷与激励价值所在；“对一个人产权的更完整界定减少了不确定性，并会增进资源的有效配置与使用。”（菲吕博顿等，1994）专利产权的运营是核心，通过运营专利权人才可能实现收益与权益；专利的维护是保障，有了保障，收益与效益才能“外部性内在化”，也凸现了专利产权外部性内在化的特性。专利产权的归属权、行为权与维护权可谓相互作用、相得益彰，形成专利产权运行的制度机制，提升专利产权人的收益与权益，促进国家专利制度的效率与效益，是为国家专利制度不断创新、专利制度企业内化之渊源。可见，专利制度是一个产权制度体系、制度资源。

1.3.1.2 专利管理是一个多维的概念

企业专利管理，是指企业充分依靠和运用专利制度，使专利机制成为促进企业技术创新的一个主要动力机制和保护机制，鼓励和调动企业职工的积极性，为企业技术创新以及生产、经营全过程服务。专利制度企业内化理论提出有关企业管理理念、管理组织与管理措施作为专利管理三个维度、次阶构成专利管理因子模型。经过文献研究、专家访谈、探索修正，最终取舍到管理理念为三个，管理制度四个和管理措施五个共12个评价指标。经验证性研究得出，管理理念、管理措施和管理组织同属一个高阶因子——专利管理，且与专利管理与其三项次阶因子有着正相关关系。

企业专利管理是由专利管理体制与管理机制组成，专利管理体制与管理机制体现企业专利管理的理念，专利管理理念是专利管理的核心，围绕专利产权展开的。企业专利管理结构是一个系统，专利管理是一个有多因素及其相互有机关联所构成的体系，不是单一的或简单的几个因素的无序组合。这些因素便是专利管理理念、专利管理组织与专利管理措施。

企业专利管理既是每一个企业实实在在的管理活动，脱离企业自身情况与需求，不与企业技术、生产与管理实际相联系，任何完美无缺的专利管理模式都是枉然；企业专利管理中又包含着管理理论、专利制度价值取向，乃至企业专利管理经验教训。企业专利管理的个别、偶然中包含了必然，企业专利管理模型理论对指导、引导企业进行具体的专利管理具有重要意义。

1.3.1.3 专利制度企业内化是一个理论分析框架

专利制度是明晰、营运和维护产权的制度，专利产权在企业的运行过程便是专利管理过程，专利制度变迁到企业内部表征为专利管理及其优化。通过优化的专利管理，依靠和运用专利制度，发挥企业“外部性内部化”、避免“搭便车”的功能，运用专利产权的排他性、个性化特征，形成企业特有的竞争力，提升专利绩效，最终实现内化。可见，“专利制度—专利管理—专利绩效”，专利制度企业内化首先是一个市场现实现象。

其中，专利绩效是指企业将专利制度内化为企业专利管理的过程中，专利制度效率通过专利管理的从无到有及其优化程度产生新的产品、改进产品效能或降低产品成本等新市场机会的过程及其状况。企业内化的目的在于通过变迁专利制度，发挥专利制度效率，优化专利管理，形成自身技术、竞争优势，提升专利管理绩效。专利制度效率在企业内化中通过专利管理体现为专利绩效。“制度安排的选择将包括对费用和效益的计算。……在生产和交易费用给定的情况下，能提供较多服务的制度安排是较有效的制度安排。换句话讲，如果两种制度提供的服务数量相等，那么费用较低的制度安排是较有效的制度安排。”专利制度效率的提升，一方面有赖于各制度安排效率提高，另一方面需要诸制度安排间的协调、耦合。企业专利绩效不同于专利制度效率，是专利制度企业内化的效率。专利绩效的根本在于专利制度效率。“尽管有许多困难，但专利统计仍是进行技术发展变化分析的唯一来源。”研究表明，专利管理的绩效显现表现为专利的申请数与授予数；表现为专利权人自己或转让、许可他人实施所产生的收益，以及对专利研发、申请与保护所产生的成本、支出。因此，专利绩效直接体现为专利数量和专利所带来的收益。

专利制度企业内化为专利管理，通过优化专利管理提高专利绩效。内化程度愈高企业内化绩效愈大，即企业内化率与专利绩效成正相关关系。专利制度企业内化率，与专利制度、专利管理存在重要正相关关系。企业内化不仅体现在静态方面——产权的归属，以及管理理念形成、组织设置、制度的制定；还在于动态运行，产权的行使与维护，在于具体的管理活动，即决策、控制与组织。

具体地说，用 Q、U 和 W，分别表示归属权、行为权和维护权三个维度对促进专利管理的专利制度（ZD）进行整体描述，表达式为：

$$\mathrm{ZD}=f_1(Q,U,W) \tag{1-1}$$

其中，f_1 为单调递增函数，即同时满足以下三个式子：

$$\frac{\partial f_1}{\partial Q}>0,\ \frac{\partial f_1}{\partial U}>0,\ \frac{\partial f_1}{\partial W}>0$$

专利制度企业内化后表现为专利管理（GL），体现为先进的管理理念、合理的管理组织与可行的管理制度，由 L、Z 与 D 代表。专利管理（GL）进行整体描述，表达式为：

$$\mathrm{GL}=f_2(L,\ Z,\ D) \tag{1-2}$$

其中，f_2 为单调递增函数，即同时满足以下三个式子：

$$\frac{\partial f_2}{\partial L}>0,\ \frac{\partial f_2}{\partial Z}>0,\ \frac{\partial f_2}{\partial D}>0$$

内化专利产权，实现垄断，提高企业内化收益，产生新的专利绩效（JX），企业内化的专利绩效专利数量、专利收益分别是 S、B，表达式为：

$$\mathrm{JX}=f_3(S,B) \tag{1-3}$$

其中，f_3 为单调递增函数，即同时满足以下两个式子：

$$\frac{\partial f_3}{\partial S}>0,\ \frac{\partial f_3}{\partial B}>0$$

假定以上都为应然（理想）状态，专利制度内化为专利管理，专利制度内化到企业后，记为 $0\Rightarrow \mathrm{ZD}'$，$\mathrm{ZD}'$ 在企业体现为专利管理，即企业内化后的专利管理记为 $0\Rightarrow \mathrm{GL}$，其转化关系为 $\mathrm{ZD}'\Rightarrow \mathrm{GL}$。

于是，专利制度越规范，即专利产权制度越明晰，企业越愿意进行专利制度的内化，企业内化率就越高；企业专利管理水平越高，表明企业内化程度越高，即企业内化率越高。因此，专利制度企业内化率（U'），可表示为：

$$\frac{1}{U'}=\frac{1}{\mathrm{ZD}}+\frac{1}{\mathrm{GL}}$$

整理得

$$U'=\frac{\mathrm{ZD}\cdot\mathrm{GL}}{\mathrm{ZD}+\mathrm{GL}} \tag{1-4}$$

因此，专利制度企业内化率越高，企业的专利绩效越高，则

$$\mathrm{JX}=f_5(U')$$

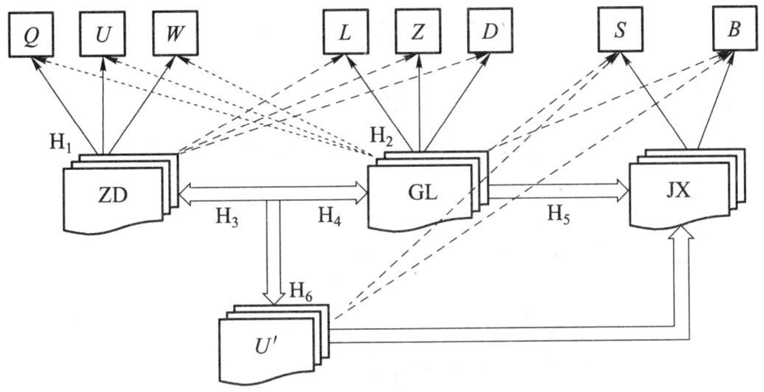

图1－1　专利制度企业内化理论图

经过文献分析和顾客访谈，专利制度企业内化理论提出“专利制度企业内化”包含8个维度：专利归属权（Q）、行为权（U）与维护权（W），管理理念（L）、措施（D）与组织（Z），专利数量（S）与专利收益（B）。其中，专利归属权、行为权与维护权为专利制度的组成因子，管理理念、措施与组织是专利管理的构成因子，专利数量与专利收益则组成专利绩效。经验证性研究、结构方程模型研究获得：专利制度是企业内化的对象，专利制度企业内化的结构为专利管理，专利管理对专利制度具有高度的反作用，验证了制度的变迁是双向的理论，企业内化体现为专利绩效。因此，专利制度企业内化也是一个理论分析框架。

1.3.1.4　专利制度企业内化是优化专利管理的决定因素

专利产权是否属于企业、多大程度上属于企业，以及与企业有着什么样的关系，直接关系企业的利益，决定着企业对之的态度、采取的方式以及相应的行为，即专利归属权与企业专利管理是一种正相关关系。同时，专利技术具有创造性、新颖性和实用性。专利权利的行使直接产生收益或权益；专利技术的研发又是高投入、高风险的行为，不论专利技术的研究还是生产化、商品化，都有相应的成本、付出。专利权利是否应当行使、何时行使，以及怎样以什么方式行使，企业都需要进行相应的选择与决策，并采取相应的制度措施，投入相应的人力物力。因此，专利行为权与企业专利管理之间是一种正相关关系。再者，有救济的权利，才是真正的权利；有保障的权利，权利的行使才能产生效益，效益才归属权利主体。专利产权的归属、行使需要有保障、能维护。权利的

维护既可产生社会效益也能产生经济收益。同时，维权的过程也是人力、物力与财力较量的过程。企业专利管理既可能在维权环节中提升专利绩效，也可能因维权成本过大使专利技术的研发流于失败。专利权属于企业、专利权企业可以行使，专利权得到很好的维护，与之相得益彰；专利权得不到维护，专利权并不属于企业，企业行使专利权还可能入不敷出，即可能发生“假币挤兑真币”现象。专利维护权与企业专利管理存在着正相关关系。

可见，企业专利管理主要取决于专利制度、专利产权制度安排的内化，具有决定性的。企业专利管理合法、有效、可行的理论、价值依据源于专利制度。因此，企业要优化专利管理，就必须注重专利制度的内化。企业应当在培养先进的专利管理理念、制定与专利制度相一致的规章制度，以及配备合适的机构和人员等方面持续、不断地内化专利制度，以优化专利管理。

另外，专利管理是促进专利制度完善的重要因素。显然，企业专利管理对专利制度的完善具有重要影响。一方面，需要从实证的角度来理解专利制度设计在经济方面的有效性（Robert M. Hunt，2007）；另一方面，专利权对于现实市场上发明合同的缔结具有非常重要的意义，任何对该制度的微小的调整都要认真观察市场上可能出现的后果（Paul J. Heald，2007）。企业是专利制度实施的重要主体，是专利技术实施的唯一渠道。因此，国家要完善专利制度，应当重视企业专利管理对其的影响。国家主要是在明晰专利产权的归属、有利专利产权的企业营运和有效维护企业专利产权等方面不断完善专利制度，有效促进企业专利管理。

总之，“专利制度—专利管理—专利绩效”的专利制度企业内化理论是一个理论分析框架。该理论提出，企业要提高专利绩效就必须优化专利管理，企业优化专利管理的路径便是专利制度的内化，专利产权制度是企业优化管理的源泉。

1.3.2 知识产权制度企业内化理论

1.3.2.1 专利制度内化理论的拓展

知识产权通常包括专利权、著作权、商标权和商业秘密权等，人们通常将这些及其他知识产权保护对象统称知识产权。专利权是知识产权的重要组成部分，专利制度是促进技术进步与创新的知识产权重要制度之一。企业是技术创新的重要主体，绝大多数企业知识产权管理最为主要的表现是技术进步与创新，新技术、新工艺、新材料、新产品与新方法的产生体现了企业主要知识产权状况。企业知识产权不限于专利产权，但绝大多数企业是以技术创新为主的市场竞争模式，即以专利产权为主的知识产权创造、使用和保护的模式。同时，专利制度与商标制度、著作权制度等知识产权制度本质上说都是智力活动创造与支配信息权利制度，对企业内化并促进企业知识产权数量和质量的提升，以形成企业市场竞争优势的机制、机理具有一致性、普适性。因此，本书研究的对象是企业，以专利制度企业内化为核心内容，研究内容和研究范围上将包括著作权法、商标法和反不正当竞争法（商业秘密）内化。企业的知识产权是以专利技术为核心的各种知识产权的综合，为此，本研究也是从这个意义上使用知识产权、知识产权制度的概念，并将专利制度内化理论拓展为知识产权制度企业内化理论。

制度变迁通常是指由效益更高的新制度替代效益低的旧制度的过程。制度变迁理论的趋势告诉我们：制度变迁是一个动态的多向的过程，既可以是纵向变迁，也可以从宏观深入到企业内部的横向变迁，为区别起见，本书称之为“内化”。知识产权制度企业内化，是指企业外部的知识产权制度变迁到企业内部，企业从“自然人”转变为“制度人”，从而自在依靠和运用知识产权制度，优化知识产权管理，保护自身权益、促进企业技术创新与发展，提高知识产权绩效的过程与活动。

1.3.2.2 知识产权制度企业内化理论的内涵

知识产权是人们就其智力成果依法所享有的专有权利，知识产权制度是调整知识产权确权、用权与维权过程中所发生的各种社会关系的社会规范的总称。其中，知识产权制度是以知识产权法律规范为主要规范，同时还包括知识产权检索制度、知识产权评估制度、知识产权代理制度等制度体系。

知识产权，人们在不同学科使用其概念。知识产权，仅限于自然对象，主要是指新技术、新产品与新工艺，以及企业商标等标识、作品、商业秘密、集成电路布图设计、植物新品种等，如有人源于兴趣进行发明创造、创作，甚至只在于创造，是否使用都不在其意。知识产权的经济学概念，是一种智力财产、产权，在于投入、运行、保值增值，在于市场化、商品化，乃至资本化、国际化。知识产权的法学概念，是一种权利、权益，主体对其拥有的智力成果依法所拥有的私有权利，在于确权、用权与保护。知识产权的管理学角度，是企业重要的管理对象、资源之一，是企业产权、企业权利与权益，在于决策、组织与控制，形成企业市场化竞争力、企业绩效。显然，知识产权的这些含义使用也不是决然分开的，是相互交叉、互相融合。本书侧重在企业管理层面使用知识产权。

知识产权制度企业内化理论提出，知识产权制度是一个产权制度体系、制度资源。该产权制度体系由知识产权归属权、行为权和维护权三个维度、次阶因子同属一个高阶因子——知识产权制度，且知识产权制度与其三项次阶因子有着正相关关系；知识产权归属权、行为权与维护权可谓相互作用、相得益彰，形成知识产权运行的制度机制，提升知识产权人的收益与权益，促进国家知识制度的效率与效益，是为国家知识制度不断创新、知识制度企业内化之渊源。

企业知识产权管理是一个多维的概念，是由其知识产权管理理念、管理组织与管理措施的三个维度、次阶构成，与其三项次阶因子有着正相关关系。其中，企业知识产权管理，是一个企业充分依靠和运用知识产权制度，形成内部技术等智力成果的创新机制的全过程；是一个有管理理念、管理组织与管理措施等多因素及其相互有机关联所构成的体系；是每一个企业实实在在的管理活动，与企业技术、生产与管理实际密切联系，还包含着管理理论、知识产权制度价值取向，乃至企业知识产权管理经验教训等。知识产权绩效是在企业内化知识产权制度为知识产权管理及其优化过程中，知识产权量与质的提高、知识产权效益的提升。

知识产权制度主要包括专利制度、商标制度和著作权制度等是明晰、营运和维护产权的制度，知识产权在企业的运行过程便是企业知识产权管理过程，知识产权制度变迁到企业内部表征为知识产权管理及其优化。通过优化的知识产权管理，依靠和运用知识产权制度，运用知识产权的排他性、个性化特征，发挥企业"外部性内部化"、避免"搭便车"的功能，形成企业特有的竞争力，提升企业知识产权绩效，最终完成内化。可见，"知识产权制度—知识产权管理—知识产权绩效"，知识产权制度企业内化首先是一个市场现实现象。同时，知识产权制度是企业内化的对象，知识产权制度企业内化结果为知识产权管理，知识产权管理对知识产权制度具有高度的反作用，知识产权制度企业内化也是一个理论分析框架。因此，企业要提高知识产权绩效就必须优化知识产权管理，企业优化知识产权管理的路径便是知识产权制度的内化，知识产权制度是企业优化知识产权管理的源泉。

1.3.3 企业知识产权能力及其结构

1.3.3.1 企业知识产权能力

知识产权能力概念最早是2002年国家知识产权局原局长王景川提出，胡锦涛总书记在2006年5月26日第三十一次中共中央政治局集体学习会上强调："加强我国知识产权制度建设，大力提高知识产权创造、管理、保护、运用能力。"2007年田力普解释：知识产权能力建设实际上是指知识产权的创造、管理、保护和运用的综合能力。国务院2008年《国家知识产权战略纲要》明确："为提升我国知识产权创造、运用、保护和管理能力，建设创新型国家，实现全面建设小康社会目标，制定本纲要。"并释明"实施国家知识产权战略，大力提升知识产权创造、运用、保护和管理能力，有利于增强我国自主创新能力，建设创新型国家；有利于完善社会主义市场经济体制，规范市场秩序和建立诚信社会；有利于增强我国企业市场竞争力和提高国家核心竞争力；有利于扩大对外开放，实现互利共赢。必须把知识产权战略作为国家重要战略，切实加强知识产权工作。"

从上述概念的沿革来看，所提知识产权能力是指宏观知识产权能力，从国家战略高度、国家利益角度，由知识产权创造、运用与保护组成的多个环节的过程，是多种能力的集合，对国家发展具有重大意义。国家知识产权能力与政府知识产权能力不同。国家知识产权能力是国家运用立法、司法与行政资源，通过知识产权法律制度的制定、适用与实施促进知识产权创造、使用与保护的能力集合。政府知识产权能力是国家知识产权能力的重要组成，“依据法定职责，借助于公共权力，通过制定知识产权制度，运用行政、经济、法律等多种手段，创造知识产权，并对其进行管理、保护和运用的能力”（孙运德，2009）。其“公共权力”应当限于国家行政权力，其“制定知识产权制度”则是依据国家知识产权法律制度，结合我国国民经济、科学技术发展实际与文化传统，制定能够提升政府核心竞争力、促进知识产权发展的法规、政策，侧重国家知识产权法律制度及其政策的行政实施。正因如此，政府知识产权能力作为知识产权创造、使用与保护整个与连续过程的能力集合，应当是依据国家制定的知识产权制度，进行知识产权制度行政执法，制定与实施知识产权政策，促进知识产权的创造、使用与保护的能力，这里知识产权管理贯穿于知识产权创造、知识产权使用、知识产权保护整个过程与每个环节且是一种宏观管理；强调全国各级知识产权相关职能部门积极履行宏观管理职能，在知识产权工作中发挥重要职能作用。知识产权国家宏观管理工作进一步加强，有利保证我国知识产权制度作用的有效发挥，是政府知识产权能力的状态与体现。可见，政府知识产权能力不同于国家知识产权能力的立法、司法资源的运用，侧重在于行政资源的运用，属于政府管理能力的范畴。

郭秋梅（2007）提出知识产权能力，是指组织对界定为知识产权范畴的智力成果，有效控制、保护、运用并加以整合的能力。郭秋梅所提知识产权能力没有明确主体，但从“为组织所拥有，能为组织带来利益”“组织内部对知识、技能、资本的集合”等内容来看研究所指显然只限具体知识产权主体而非国家层面是限于企业知识产权能力。李蓉等（2007）、李伟等（2010）直接研究的就是企业知识产权能力。政府知识产权能力与企业知识产权能力在依据知识产权制度，运用各自所拥有的资源促进知识产权创造、使用与保护等内容上是一致的，同时在多方面存在明显区别：（1）两者价位不同，政府知识产权能力的资源基础是行政权力与政府资源，企业知识产权能力则需在国家知识产权法律包括政府知识产权法规、政策的范围内，限于经营自主权、企业所属“知识、技能、资本的集合”；（2）两者目标各异，政府知识产权能力目标在于社会发展、民族利益与人民福祉，企业知识产权能力虽然与社会、民族利益有着密切关联，但更在于实现其自身的市场竞争力和经济效益；（3）两者内容侧重点不一样，政府知识产权能力从内容上看，通过其行政职能促进知识产品的创造与确权、知识产权的运用和转移、保护与保障，侧重于科学技术的进步、文化艺术的繁荣与国民经济可持续发展。“从层次上看，它又可分为知识产权法律规范构建能力、和谐知识产权制度构建能力和知识产权理念构建能力三个层次。”而企业知识产权能力从内容上看，通过其经营管理促进知识产品的创造与确权、知识产权的运用和营运、保护与发展，更在于技术创新、经营效益的提高与市场竞争力的提升。从结构上说，它包括知识产权理念的形成、管理制度的建立与管理机构的设置三方面内容。同时，两者在实现的手段、形式等多方面还有诸多不同。

因此，知识产权能力是指组织利用其资源促进知识产权创造、运用、保护的能力集合。知识产权创造、运用、保护与再创造序列更为符合创新过程与逻辑。知识产权创造是知识产权的源泉，知识产权运用是建立知识产权制度的根本目的，知识产权保护是知识产权创造与运用的保障和持续的前提。促进知识产权发展是知识产权制度的初始与基本价值，知识产权发展是知识产权创造与保护的永恒动力。每个组织知识产权管理都贯穿于知识产权的创造、运用、保护各个环节与过程始终；每种能力、各有功能、各个环节自有侧重。知识产权能力外延不同，内涵也各异。

为此，依据知识产权企业内化理论，结合上述知识产权能力概念分析，企业知识产权能力实质为企业知识产权管理能力，是指企业通过学习、内化知识产权制度，将知识产权资源与企业其他资源整合，形成知识产权理念、配置知识产权管理机构和人员与创设知识产权管理规章制度，促进专利、商标、作品等知识产权客体创造、运用与保护的一种谋求市场优势的能力集合（陈家宏，2011）。

1.3.3.2 企业知识产权能力结构

企业知识产权能力运行表现为企业知识产权管理活动。企业知识产权能力的直接目标是谋求市场优势；企业知识产权能力获得路径是通过学习、内化知识产权制度，将知识产权资源与企业其他资源进行整合的过程；企业知识产权能力的内容促进包括专利、商标、作品、商业秘密以及其他知识产权客体数与质的提升；企业知识产权能力由静态（管理结构）和动态（管理过程）两方面构成，见图1－2。企业知识产权能力静态或管理结构表现为知识产权先进理念的形成、知识产权合理机构和人员的配置与知识产权有效制度措施的建立健全，动态或运行过程是知识产权的创造、运用、保护的整个管理活动过程。企业所处的产业技术背景、市场结构、企业规模、自身技术发展状况和文化背景等，影响企业的知识产权创造、运用、保护知识产权的重点和方式，也影响到企业对专利、商标、版权和商业秘密等不同知识产权形式的选择。

首先，企业知识产权能力表现为先进的知识产权理念、合理的知识产权管理机构和人员配置、健全有效的知识产权管理制度等构成的结构。企业知识产权能力直接目的是谋求市场优势；获得路径是通过学习、实践知识产权制度，将知识产权资源与企业其他资源进行整合的过程；基本内容是促进包括专利、商标、作品、商业秘密以及其他知识产权客体数与质的提升与组合。

其次，企业知识产权能力贯穿企业知识产权创造、运用、保护始终。其中，知识产权创造、确权是企业知识产权能力的基础，没有创造，何以运用，无须保护；知识产权运用、营运是知识产权能力的核心，是知识产权创造、保护的主要目的，知识产权及其制度在于促进人类文化艺术的繁荣和科学技术的发展，企业内化知识产权制度则在于运用知识产权资源与企业其他资源的综合以提升企业市场竞争优势；知识产权保护是企业知识产权关键，没有保护，权利并不复存在。企业实施知识产权的创造、保护，最终是为了知识产权的运用，通过知识产权的商业化，包括自行使用、转让、许可等方式，为企业赢得创新所得，提升企业产品和服务的价值，从而获得和保持竞争优势。通过国家制定、宣传与实施和企业学习、消化，企业将知识产权制度内化为企业知识产权管理，表现为在先进的知识产权理念下，制定有效的知识产权制度措施、配置合理的知识产权管理机构和人员，促进企业知识产权的创造、运用和保护，形成企业竞争优势，提升企业绩效。

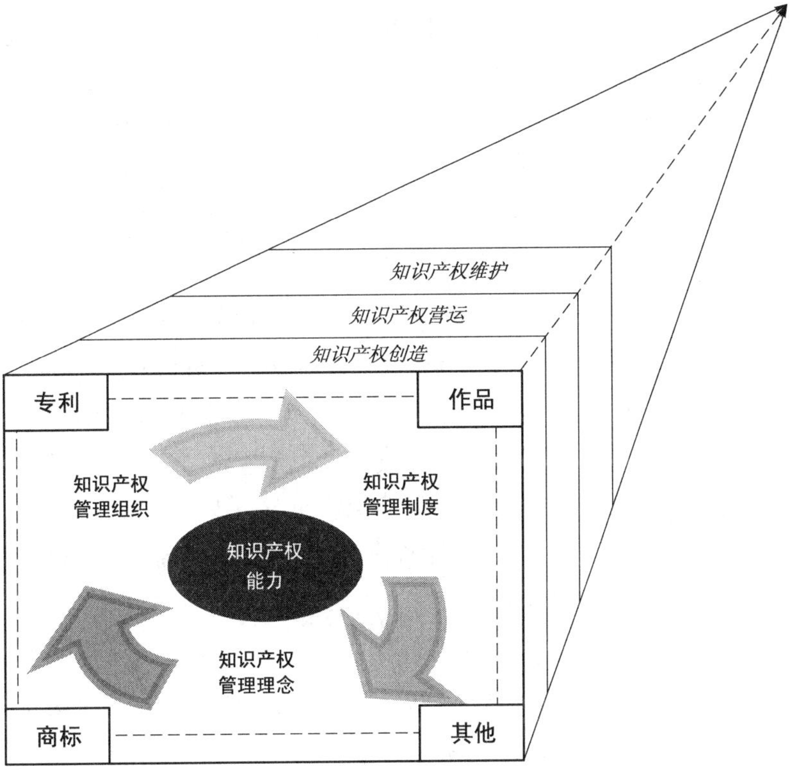

图1-2　知识产权能力示意图

第2章　示范企业知识产权管理态势评析

本部分主要根据问卷调查、提纲调查、年度报告等所获材料信息阐述并评析四川省示范企业知识产权管理态势，包括示范企业概况及其知识产权状况，示范企业知识产权能力水平及其运行，并对四川省示范企业知识产权管理态势进行评析。

问卷调查设计在参考国内外一些较为成功的问卷调查设计形式的基础上，参照专利制度企业内化理论实证研究问卷形成，力求围绕研究问题进行，并充分考虑到受调查者的不同知识背景和层次，尽可能简明扼要和浅显易懂。正式调查问卷为一个表格和5个部分。第一部分：示范企业知识产权基本情况，包括现阶段各种知识产权拥有量，专利实施情况和商标实用情况，以及知识产权纠纷的统计等，共计37个子项目；第二部分：示范企业知识产权创造情况，共计10个子项目；第三部分：示范企业知识产权运用情况，共计14个子项目；第四部分：示范企业知识产权保护情况，共计7个子项目；第五部分：示范企业知识产权管理情况，共计11个子项目，总共42个题目。调查提纲是针对相对封闭的调查问卷，设计成开放式、提纲式的调查纲要，试图更系统地获取示范企业详细的知识产权管理情况，包括7方面内容：示范企业基本情况；示范企业知识产权管理概况（包括但不限于企业领导高度重视情况、知识产权宣传和培训、专利战略研究、知识产权工作体系和专利管理系统等）；示范企业知识产权管理的基本做法或措施；示范企业知识产权保护典型事例；示范企业知识产权工作面临的主要困难与问题以及未来发展规划；对政府主管部门进一步加强示范企业知识产权工作的意见与建议。

回收的问卷有9份，调查提纲有21份，示范企业2010年度知识产权报告21份。在已获取的21家示范企业信息基础上，信息数据通过问卷调查与提纲调查相互印证；同时，以示范企业的年度工作报告为准，对问卷与调查提纲数据不一致的进行修正，考虑其确定数据的时间差，使用的是数值较高的数据。限于研究样本的局限性，问卷数据侧重描述性使用。

2.1　示范企业知识产权发展状态

2.1.1　示范企业概况

本次调查的单位涉及家用电器、电子技术、矿冶开采、机械制造、食品纺织、生物制药以及文教科研共7个行业，21家示范企业，见图2－1。单位性质包括股份有限公司、有限责任公司以及事业单位。各示范企业分布领域较广，每个行业数量接近，都是四川省各行业的龙头单位，其中有 10 家在国内具有领先地位，具有行业和地域的代表性。下面是对企业创建、经营范围、行业地位等方面的概述。

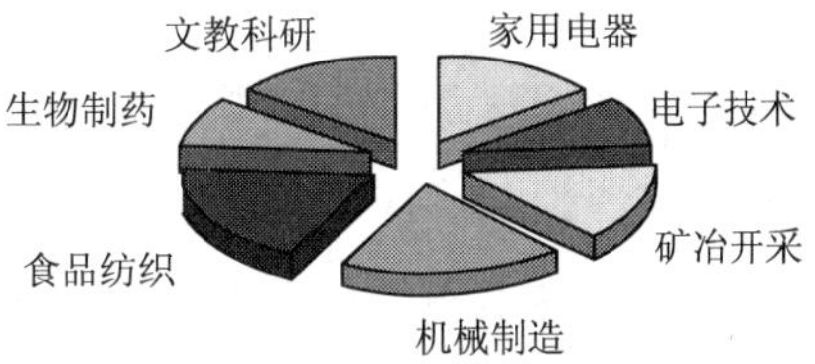

图 2－1　示范企业行业分布

2.1.1.1　家用电器

长虹电器始创于 1958 年，历经多年的发展，成为集电视、空调、冰箱、IT、通信、网络、数码、芯片、能源、商用电子、生活家电等产业研发、生产、销售、服务为一体的多元化、综合型跨国企业集团。拥有现代化的培训中心、国家级技术中心和博士后科研流动工作站，被列为全国重点扶持企业和技术创新试点企业。

九洲电器是国有独资的大型电子骨干企业，其前身为国营涪江机器厂，始建于 1958 年，涉足有线电视宽带网络信息系统、光缆电缆、数字音视频设备、LED、RFID、EMS（电子制造服务）、人民防空机动指挥系统、软件开发、房地产、教育、保险代理等多个产业领域，是一家拥有 50 多家下属公司（含 1 家上市公司）的大型高科技企业集团。2008 年，九洲电器跻身中国制造业企业 500 强，位列中国电子信息百强企业综合排名第 37 位。

彩虹电器是集成品制造、研发、商贸、物流为一体的集团企业。其前身是成都电热器厂，具有悠久历史。彩虹系列产品畅销全国 30 多个省、自治区、直辖市，400 多个大中城市，并出口欧美、中东、南亚等十多个国家和地区。“彩虹”电热毯、电热蚊香片产销量连续 20 多年稳居全国第一。“彩虹”电热蚊香片在 2006 年被评为“中国名牌”，是电蚊香行业唯一的“中国名牌”产品。

2.1.1.2　电子技术

迈普通信创办于 1993 年，专业从事网络通信产品研发、生产、销售及服务，为客户提供全网解决方案。目前已成为国产第一大行业级路由器供应商、第一大行业级 IP 语音解决方案供应商，公司系列网络产品和解决方案在全球 30 余个国家和地区得到规模应用，是南亚和东南亚、中东欧、俄罗斯市场行业网络建设的主流品牌，并成为亚太地区第二大接入层路由器设备供应商、印度第三大路由器设备供应商。

光明光电是中国兵器装备集团所属重点骨干企业，1956 年筹备建厂，1964 年建成投产。企业拥有国内同行业唯一一家国家级企业技术中心，能够及时配套地向中外客商提供包括镧系玻璃、环境友好光学玻璃、低熔点光学玻璃等在内的企业光学玻璃，产销量居世界首位，不仅占领了国内高端光学玻璃 75% 的市场份额，还远销至欧洲、北美、东南亚的 14 个国家和地区，占全球光学玻璃销量的 25% 。

2.1.1.3 矿冶开采

攀钢集团是国务院国有资产监督管理委员会直接管理的中央企业，1965 年开始创业，40 多年来，攀钢集团已发展成为跨地区、跨行业的现代化钢铁钒钛企业集团。普通高炉冶炼高钛型钒钛磁铁矿技术达到世界领先，获得国家技术发明一等奖和国家科技进步一等奖，连铸技术达到国际领先水平。攀钢集团科技创新能力在中央企业排名进入前 20 位。

龙蟒集团是以生产经营磷化工、钛化工、生物化工和钒钛磁铁矿综合开发利用为主要业务的大型企业集团，创建于 1985 年。主导产品饲料磷酸盐规模位居世界前列，独占亚洲鳌头；金红石型钛白粉规模在中国名列前茅；S－诱抗素为全球唯一的生产供应商。产品不仅行销全国各地，还畅销欧洲、南美洲、北美洲、澳洲、亚洲的数十个国家和地区。

川庆钻探隶属中国石油天然气集团公司，2008 年 2 月 25 日由原四川石油管理局与长庆石油勘探局的钻探及相关工程技术服务业务整合组建而成。公司主营地震勘探、钻井工程、井下作业、测井射孔、录井、油气田地面建设、油气合作开发等业务。在国内主要服务于西南油气田、长庆油田、塔里木油田，分布于川、渝、陕、甘、宁、蒙、晋、新 8 个省区；国际市场集中在土库曼斯坦、巴基斯坦等 4 个国家。

2.1.1.4 机械制造

眉山车辆成立于 1966 年，隶属于中国南车股份有限公司，是中国最大的铁路货车出口基地、中国铁路货车及拉铆钉等关键配件研制龙头企业、中国铁路制动产品研制主导企业，是中国铁路货车行业的创新型管理先进企业。眉山车辆产品品种和生产装备齐全，研发、制造、市场在国内铁路货车行业均名列前茅。

二重机械的前身是国营第二重机械型机器厂，是国内最大的重型机械制造企业和重大技术装备国产化基地。公司始建于 1958 年，1971 年建成投产以来，为中国冶金、电力、水利、化工、汽车、航空航天、船舶、核能、交通运输、矿山、水泥建材、农林等行业提供了大量的具有世界先进水平的成套成线设备和各种优质大型铸锻件、型锻件，其技术能力和制造能力代表了我国最高水平，产品行销世界五大洲。

东方汽轮机是我国自行研究、设计、制造大型电站汽轮机的高新技术国有骨干企业，是中国三大汽轮机制造基地之一，也是大型海军军舰用动力主、辅机定点生产公司，是国家计划单列的中国东方电气集团核心成员单位，1965 年筹建，1966 年开工建设，1974 年建成投产。目前已经形成火电、核电、燃气轮机发电、风电、多晶硅、海水淡化 6 大产业。产品遍及全国，还出口到马来西亚、伊朗、巴基斯坦、印度尼西亚、印度、孟加拉、也门等多个国家和地区。

成飞工业始建于 1958 年，1964 年基本建成，是中国航空工业集团公司旗下的重要成员单位，是我国特大型航空工业企业，是我国设计、研制和成批生产现代歼击机的大型航空高科技企业和重要基地。公司拥有国家认定企业技术中心、国防科技工业认定企业技术中心，在历年来的评估中名列行业及省内前茅。

2.1.1.5 食品纺织

五粮液集团其前身是20世纪50年代初几家古传酿酒作坊联合组建而成的“中国专卖公司四川省宜宾酒厂”，1959年正式命名为“宜宾五粮液酒厂”，是以五粮液集团及其系列酒的生产经营为主，同时生产经营精密塑胶制品、成套小汽车模具、大中小高精尖注射和冲压模具，以及生物工程、药业、印刷、电子、物流运输和相关服务业等多元发展，具有深厚企业文化的现代企业集团。该公司被第50届世界统计大会评为“中国酒业大王”。数年来“五粮液”品牌连续在中国白酒制造业和食品行业“最有价值品牌”中排位第一。

泸州老窖是以白酒产业为主的大型骨干酿酒企业，以国家级非物质文化遗产——泸型酒酿造技艺、物质文化遗产——400余年的白酒酿造窖池而闻名中国，是沿承自1949年之前仅存的36家酿酒作坊。新中国建立后成立泸州曲酒厂，1990年更名为“泸州老窖酒厂”，1993年发起并改组为公众上市股份制企业，主导产品为“国窖1573”系列浓香型白酒。自1915年获巴拿马太平洋万国博览会金奖以来，共获重大国际金牌17枚，1979年全国评酒会上确定为浓香型白酒的典型代表，被誉为“浓香鼻祖”“酒中泰斗”。

高金食品是中国证券市场股权分置改革后川内首家登陆国内资本市场的上市公司。公司2003年由遂宁市高金食品有限公司、宜宾市高金食品有限公司等出资组建，是中国西部地区最大的集优质生猪繁育、养殖、屠宰、分割、冷藏加工、鲜销连锁、罐头食品生产、猪肉制品精深加工及进出口贸易为一体的外贸型猪肉综合加工企业、农业产业化国家级重点龙头企业。

丝丽雅是我国西南地区唯一以生产维卡纤维和棉浆粕为主导产品的综合成长型企业，前身是宜宾化学纤维厂，公司现已具备年产维卡纤维6万吨和棉浆粕4.2万吨的能力，位居全球第一。产品远销欧美、韩、日、印度尼西亚、巴基斯坦、埃及、阿联酋、印度、中国香港等20多个国家和地区。产品海外市场占有率达15%以上，国内市场占有率达25%以上。

2.1.1.6 生物制药

地奥制药是1988年创办的高新技术企业，经过22年的高速发展，现已成为研制和生产天然药物、合成药物、基因工程药物的国内大型骨干制药企业，是国内实力最强的药物研制、中试、生产基地之一，连续13年综合效益居四川同行业第一。

康弘药业是一家致力于中成药、化学药及生物制品的研发、生产、销售及售后服务的现代化医药企业集团，成立于1994年。康弘药业成为全国仅有的七家获得“AAA级企业信用等级”的制药企业之一，其三个生产基地也在2008年同时荣获“四川省质量信用AAA级企业”“四川省质量管理先进企业”荣誉称号。

2.1.1.7 文教科研

中昊晨光创建于1965年，是我国新型高分子合成材料研究、开发、生产的重要基地，主要从事有机氟、有机硅、环氧树脂、医用药品与材料、塑料加工等的开发、应用和生产，是“中国化工企业500强”“四川省企业100强”、首届全国“自主创新能力行业10强”“国家高新技术企业”“国家创新型试点企业”。

四川大学是国家“985工程”和“211工程”重点建设的高水平、研究型、综合名牌大学。由原四川大学、原成都科技大学、原华西医科大学3所全国重点大学经过两次合并而成，覆盖了理、工、医等11个学科门类，是国家知识创新和科技创新的重要基地，是全国高校中最早设立的6家国家技术转移中心之一，拥有国家重点实验室等国家级科研基地10个，国家技术转移中心1个。四川大学科技园是国家最早批准的15个国家大学科技园试点之一，已孵化包括一家上市公司在内的科技企业50余家。

新华文轩是由四川新华发行集团有限公司绝对控股，专业经营包括图书、期刊、报纸、音像制品、电子出版物等在内的出版物制作、复制和总发行的全国连锁大型文化企业。公司于2005年挂牌成立，是我国第一家按照上市公司标准规范设立的大型股份制出版发行企业，承接四川新华发行集团有限公司及全省新华书店系统的全部主营业务，并逐步发展形成出版产业、传媒产业、文化产业三大业务板块，在国内同行业处于领先地位，在省内同行业处于绝对优势地位。

2.1.2 示范企业知识产权状况

2.1.2.1 专利

1. 专利总量

调查数据表明，专利的拥有量较多地分布在家用电器、矿冶开采、食品纺织、文教科研等几个行业，特别是食品纺织专利总量达1 987件，文教科研达1 446件、矿冶开采达941件、家用电器达1 683件、而电子技术只有81件、机械制造有432件，生物制药有39件，见图2-2。可见，专利的拥有量在行业之间差距大。

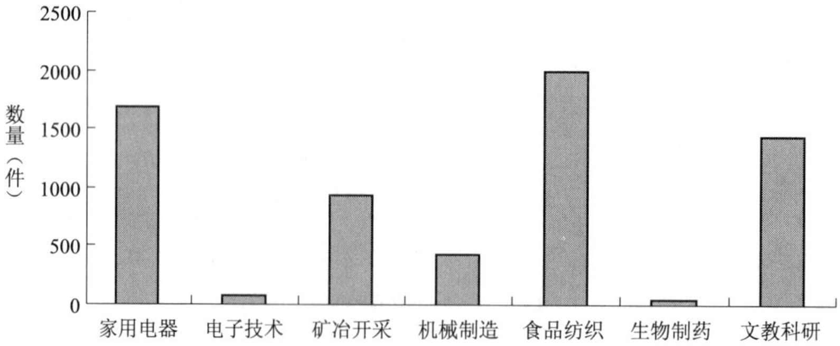

图2-2 示范企业行业专利拥有量

同时，在同行业中，专利拥有量差距也较大。长虹电器专利拥有量达 1 448 件，九洲电器仅 2 件；攀钢集团 604 件，龙蟒集团仅 22 件；五粮液集团 1 653 件，泸州老窖仅 284 件；四川大学达 1 413 件，中昊晨光仅 33 件。

2. 专利构成

对示范企业专利构成统计，发明 1 759 件，实用新型 2 090 件，外观设计 2 758 件。专利构成分布较为平均，但行业之间差距较大。家用电器、食品纺织行业外观设计数量较多，家用电器 853 件，食品纺织 1 865 件；机械制造，矿冶开采行业实用新型数量较多，机械制造 324 件，矿冶开采 657 件；文教科研行业发明数量较多，文教科研达 1 123 件。

同时，示范企业之间专利构成差距也很大。攀钢集团的专利有 604 件，其中发明 205 件；川庆钻探发明 45 件、实用新型 248 件、外观设计 20 件。东方汽轮机专利 60 件，其中发明 33 件、实用新型 26 件、外观设计 1 件。五粮液集团专利 1 653 件，其中发明 22 件、实用新型 58 件、外观设计 1 573 件。四川大学专利 1 413 件，其中发明 1 100 件。

2.1.2.2　商标

1. 商标总量

示范企业商标总量共计 2 823 件，食品纺织、家用电器、生物制药 3 个行业商标拥有量明显较多，而以食品纺织遥遥领先。食品纺织 1 732 件，家用电器 412 件，生物制药 339 件，文教科研 116 件，矿冶开采 66 件，电子技术 119 件，机械制造 39 件，见图 2－3。

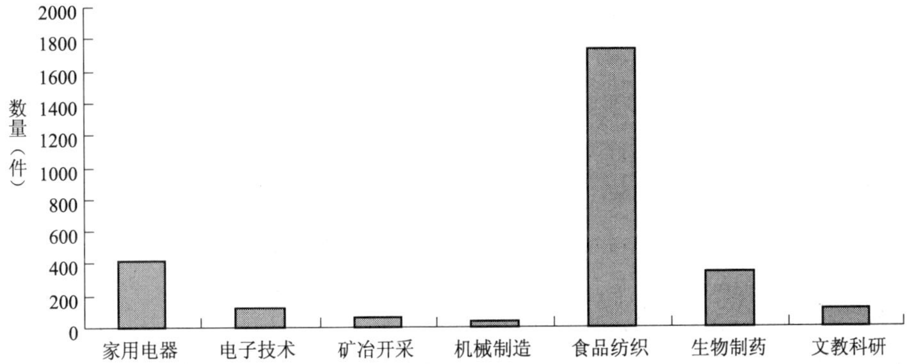

图 2－3　示范企业行业商标拥有量

商标的拥有量在行业之间差距很大。如食品纺织有 1 732 件，但机械制造仅 39 件。在同行业中，少数企业之间有一定差距。但大多数行业中，企业之间商标拥有量较为均衡。

2. 商标构成

示范企业拥有驰名商标数量较少，大部分企业还没有。7 家示范企业拥有驰名商标，占调查企业的 33%。泸州老窖有 3 件，其他企业均只有 1 件。行业分布主要在家用电器、电子技术、食品纺织、生物制药等，行业特点不是特别明显。

著名商标有11家示范企业拥有，占调查企业的52%。行业分布主要在家用电器、电子技术、食品纺织、生物制药等，行业特点不是特别明显。泸州老窖数量最多，有6件。拥有著名商标的企业比驰名商标要略为多一些。

知名商标仅两家示范企业拥有，占调查企业的10%。泸州老窖7件，中昊晨光1件，其他示范企业均没有。

商标国际注册共有8家企业，占调查企业的38%，其中相对集中在家用电器、电子技术、生物制药，虽然食品纺织商标总量是调查行业中最多的，但商标国际注册却非常少。

2.1.2.3 著作权

示范企业著作权登记总量共计819件，文教科研、家用电器、电子技术3个行业著作权拥有量明显较多，而以文教科研遥遥领先。文教科研614件，家用电器61件，电子技术86件，矿冶开采36件，机械制造20件，食品纺织2件，生物制药0件。如图2－4。

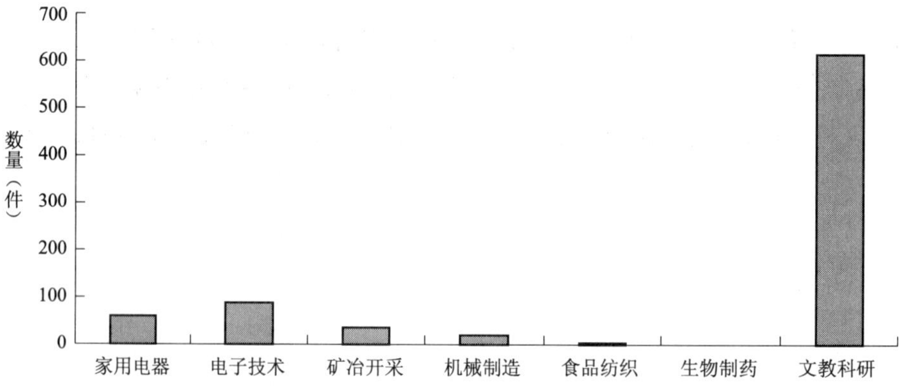

图2－4 示范企业行业著作权拥有量

著作权的拥有量行业之间差距很大，且拥有著作权的示范企业较少，仅有9家示范企业拥有著作权，占调查企业的43%，比例还未达到一半。同行业中，企业之间也有一定差距。遥遥领先的文教科研行业中，新华文轩达500件，而中昊晨光却为零。其他企业中迈普通信86件，九洲电器61件，而剩下示范企业数量更少。

2.1.2.4 商业秘密

示范企业商业秘密统计总量11 900件，相对集中在文教科研、矿冶开采、机械制造3个行业，尤其以文教科研行业遥遥领先。文教科研11 093件，矿冶开采638件，机械制造110件，生物制药30件，电子技术27件，家用电器2件，食品纺织0件，见图2－5。

有7家示范企业拥有商业秘密，占调查企业的33%；商业秘密的拥有量在行业之间差距很大，四川大学达10 880件，其次是川庆钻探638件，中昊晨光213件，成飞工业

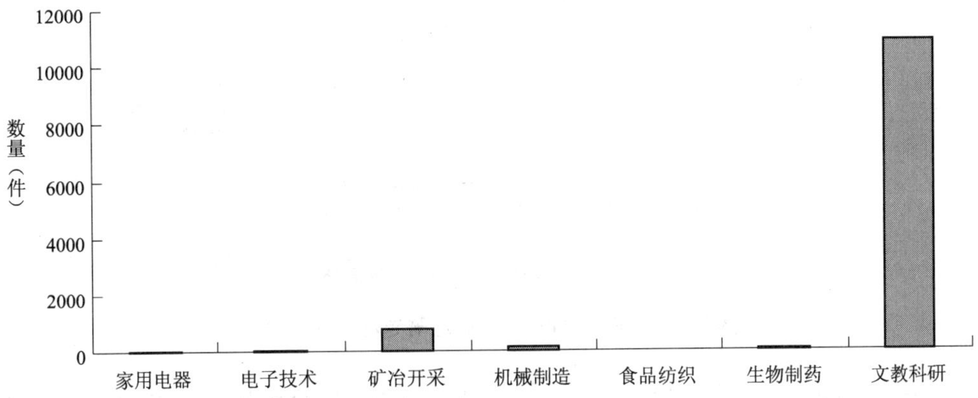

图2－5 示范企业行业商业秘密拥有量

110件，而剩下的单位数量很少。

2.1.2.5 集成电路

集成电路只有两家示范企业拥有，占调查企业的10%，且不具有行业特征，数量也非常少，九洲电器5件，泸州老窖2件。

2.1.3 示范企业试点后知识产权成就

示范企业评为试点单位后，在四川省知识产权局的领导和支持下，所作出的成绩是显著的，知识产权的申请及拥有数量明显大增。以下是试点前后变化较大的几家示范企业的情况概述。

2.1.3.1 长虹电器

长虹电器2006年被国家确定为全国第三批企业知识产权试点企业后，在知识产权的创造上取得了可喜的成绩。以专利拥有量为例，长虹电器共拥有专利1 448件，其中发明161件，实用新型566件，外观设计721件。专利申请量在试点期间取得了长足的进步，从2005年的114件到2006年的226件，专利增长98%；2007年326件，较上年增长44%；2008年407件，较上年增长25%，每年都保持着很高的增长率，见表2－1。

表2－1 长虹电器各年专利申请表

年　度	2006前（试点前）		评为试点单位以后		
			2006	2007	2008
申请数量	发明专利	97	43	102	137
	实用新型	156	88	93	139
	外观设计	430	95	131	131
	专利合计	683	226	326	407

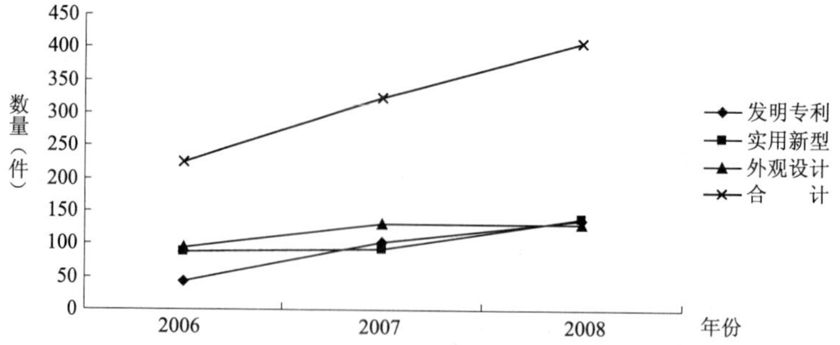

图 2－6　2006～2008 年长虹电器专利申请量增长

2006 年被确定为试点企业以来，长虹电器尤其重视国外专利申请，2007 年一项专利技术分别申请了美国、日本和欧洲专利，2008 年 3 项专利技术分别申请了美国、日本、欧洲、韩国等国专利，2009 年申请总量突破 300 件，已形成一批具有自主知识产权的核心技术。

2. 1. 3. 2　攀钢集团

攀钢集团在 2006 年被国家确定为全国第三批企业知识产权试点单位以来，专利申请量和授权量大幅度增长。其中专利申请量：2007 年比 2006 年递增 148%；2008 年比 2007 年递增 153%。到 2008 年，攀钢集团共申请专利 1 110 项（包括国外专利 7 项），其中发明 555 项，实用新型 312 项；授权专利 563 项，其中发明 127 项，实用新型 436 项；目前拥有专利 604 项，其中发明专利 205 项。专利实施率达到 65% 以上。

2007 年一项专利技术分别申请了美国、日本和欧洲专利，2008 年 3 项专利技术分别申请了美国、日本、欧洲、韩国等国专利。2008 年专利申请量突破 200 项。拥有注册商标为"攀枝花"牌、"攀钢集团"牌、"PG"牌、"攀峰"牌、"万立"牌等商标 43 件，已形成一批具有自主知识产权的核心技术。

表 2－2　攀钢集团各年专利申请表

年　份	发明专利	实用新型	外观设计	合　计
2006	117	59	58	234
2007	173	91	82	346
2008	265	162	103	530

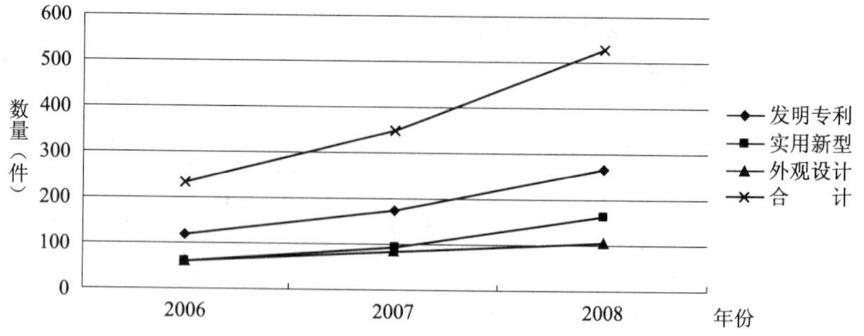

图 2－7　2006～2008 年攀钢集团专利申请量增长

2. 1. 3. 3 二重机械

二重机械 2007 年、2008 年两年向国家提出专利申请 60 项，其中发明专利申请 28 项，实用新型申请 32 项。专利申请量每年都创二重机械历史新高。2007 年在 2006 年创造历史最高水平的基础上再创新高，为 2006 年的 133%，2008 年为 2007 年的 200%。2007 年度，二重机械向国家申请专利 20 项，其中发明申请 15 项，实用新型申请 5 项；2008 年，公司全年申请专利 40 项，其中发明申请 13 项，实用新型申请 27 项。2007 年 12 月，“滚切式定尺剪机组”专利项目荣获“第十届中国专利优秀奖”。专利申请正逐步由“离散专利”向“组合专利”，“外围专利”向“核心专利”转变。技术创新转变为知识产权的能力正在逐步增强。

2007 年，二重机械获得专利权 10 项，其中发明专利 4 项；2008 年获专利权 12 项，其中发明专利 2 项；2009 获专利 24 项，其中，获得发明专利 3 项。截至 2009 年 8 月，公司拥有有效专利 86 项，其中发明专利 15 项，实用新型 71 项。截至 2010 年 6 月，公司拥有专利 95 项，其中发明专利 22 项，实用新型 73 项。公司的专利等无形资产在逐年递增和增值，在企业的生产经营中发挥着越来越重要的作用。

2. 1. 3. 4 东方汽轮机

东方汽轮机知识产权试点工作取得了显著成效。在试点工作的 3 年期间，公司专利申请量每年保持 20% 左右的递增速度，发明专利申请占总申请量比例也大幅提高：2006 年，公司共申请专利 19 件，其中发明 11 件，发明专利申请占当年申请总量的 57. 8%；2007 年，公司共申请专利 29 件，其中发明 17 件，发明专利申请占当年申请总量的 59%；2008 年，公司申请专利 30 件，其中发明 26 件，发明专利申请占当年申请总量的 87%。2007 年 3 月公司被列为四川省自主知识产权优势企业，同时被评为四川省企事业专利工作先进单位。2007 年 7 月被确定为全国第一批专利工作交流站。目前，东方汽轮机专利拥有量已达 60 件。

2. 2 示范企业知识产权能力水平

示范企业知识产权能力水平体现在知识产权管理文化、知识产权管理组织与知识产权管理制度三个方面。

2. 2. 1 示范企业知识产权管理文化

资料显示，示范企业大多很重视知识产权管理文化，包括员工知识产权知识普及和领导层知识产权意识以及企业知识产权文化建设，把知识产权文化作为企业文化的一部分。在调查的 21 个企业中，重视知识产权文化培育的企业有 15 个，比例高达 71%。示范企业知识产权文化培育呈现以下特点。

2.2.1.1 员工知识产权知识培训

员工知识产权知识普及主要体现为员工知识产权的培训。在调查的21家示范企业中，有12家企业非常重视对员工的知识产权培训，占调查单位的57%。重视知识产权培训的行业主要集中在家用电器、电子技术、机械制造，具有行业特点。

1. 家用电器

长虹电器重视基础知识产权培训。长虹电器知识产权部门应下属子公司要求，不定期组织知识产权培训，如专利申请文件如何撰写，自己研发的技术如何保护，知识产权法律如何普及等。

九洲电器实行分门别类的全员培训。九洲电器多次派知识产权人员参加主管部门举办的知识产权培训；聘请有关专家到公司进行知识产权讲座；针对新员工、普通员工、科研人员和管理人员的岗位性质特点，分门别类地制定了知识产权宣传培训计划。知识产权知识的普及率在技术人员和管理人员中达到100%、在公司全体职工中达90%以上，有效地提高了公司全体职工的知识产权意识，形成了浓厚的保护知识产权的氛围，也更好地促进了创建工作的开展。

2. 电子技术

迈普通信知识产权文化建设依赖于对员工的全面知识产权培训，标准及知识产权处制定详细的知识产权培训计划并依次实施。先从部门领导和技术负责人再到普通员工，由负责具体软件开发的研究开发部到研究开发部以外其他部门的方式展开培训。目前公司包括非研发人员在内80%以上的员工的知识产权意识得到了深入加强和提高。

光明光电为了在企业内部营造重视知识产权、学习知识产权的良好氛围，把知识产权法律法规和相关知识的培训纳入职工培训计划中，结合科研生产工作，有针对性地开展知识产权法律法规的宣传。邀请国内知识产权专家到现场咨询，结合企业科研、生产工作中遇到的有关专利纠纷、知识产权保护等具体实际问题，请专家讲解。通过近几年来的宣传教育，企业科研、生产、管理人员培训率达到了100%，员工的知识产权法律意识得到了增强，能够自觉地在科研、经营活动中运用知识产权维护企业的利益。

3. 矿冶开采

川庆钻探每年都组织知识产权培训班，各下属单位也组织知识产权的专题培训，培养了一大批知识产权的骨干人员。通过参与课题研究，一批科技管理人员成为知识产权工作的骨干。

4. 机械制造

东方汽轮机采取外培和内培相结合的方式，除邀请知识产权专家到公司授课外，每年还根据公司实际情况以及公司年度知识产权工作培训计划，有针对性地、定期地为技术人员及有关管理人员举办各种知识产权知识培训班。

成飞工业努力实现知识产权工作由“制度形态”向“文化形态”的转变。公司每年安排知识产权管理人员参加外部培训和学习，利用内部网络、报刊、电视、广播、会议、讲座等多种形式培训领导干部和技术人员，努力营造知识产权氛围，提升员工知识产权意识。

5. 食品纺织

高金食品把知识产权宣传培训作为公司知识产权管理工作的一项重要内容。既有制度化的基础培训，又有在上岗之前的公司文化培训中加入知识产权培训，以及在各个企业部门进行扫荡式培训，普及专利知识针对性专题的培训，如文献检索、专利保护、企业专利工作者等；还有比较高层次的研讨会，以提高公司领导和专职人员的管理水平。通过这些不同形式的培训，使企业能够时时刻刻关注知识产权问题，在尊重他人知识产权的同时，保护自己的知识产权。

6. 生物制药

地奥制药以“以人本文化凝聚企业，以宽容之心凝聚人才”为理念，以“创新引领发展”为战略，积极营造企业知识产权文化。管理人员、科研人员的普及培训率达到100%。在这种良性的文化氛围和前瞻的竞争意识下，公司自主创新工作不断取得突破。集团为专利工作人员提供了极为良好的学习培训机会，多次派人参加不同层次和内容的专利培训会议和学习班，并积极培养懂技术、懂管理、懂法律、懂外语，能妥善处理国际专利事务的骨干人才，保障专利工作的成功开展。

7. 文教科研

中昊晨光非常重视员工的知识产权培训。通过定期培训、专题讲座、研讨交流等多种方式大力普及知识产权知识，提高全体员工，特别是提高企业负责人、工程技术人员、经营管理人员的知识产权意识。中昊晨光加强对知识产权管理人才的培养，积极组织人员参加国家、省市知识产权部门组织的学习和培训交流活动；邀请专家在院内举办知识产权培训班；订阅《中国知识产权报》《保密工作》等报刊，不定期举办《保密工作案例警示图片展》，定期组织学习交流；通过向新来大学生发放《专利法》手册等开展自学；针对各类人员工作职责分别进行培训，如对外贸人员加强《与贸易有关的知识产权协议》《海关知识产权保护条例》等的学习，结合外贸实际使外贸人员有意识地了解美国的337条款等贸易规则，并组织相关人员分析国内外典型知识产权纠纷案件，从中吸取经验教训等，形成了一支能满足该院快速发展需要的知识产权工作队伍。通过加强宣传培训工作，使经营管理者和工程技术人员的培训率达到90%以上，全员知识产权宣传普及率为81%。

2.2.1.2 领导层知识产权理念

各示范企业因为有领导的重视，使知识产权文化得以推广。

东方汽轮机领导层对知识产权特别是专利的关注程度很高，不仅有意识地设立专门机构和人员管理知识产权事务，明确企业规划中知识产权工作的重要性，而且对专利开发研究、文献检索与分析的过程也积极参与，并制定相应的政策应对。东方汽轮机开展每年一次由公司主管领导亲自参加的、为期一周的“4·26世界知识产权日”活动宣传周，宣传周的重要活动之一是公司高层领导亲自为发明人颁奖，以表彰和奖励勇于技术创新、善于保护技术创新成果的职务发明人。

高金食品领导高度重视企业的知识产权工作，使公司近两年的知识产权工作有了较快的发展。公司领导把企业知识产权工作提到战略高度，认为企业知识产权战略是关系企业的生死存亡的战略，并要求企业要建立具有法律约束力的激励机制。高金食品由于公司领导知识产权意识的提高，使公司知识产权工作的机构和人员得到落实，奖励制度得到实施，资金获得到位，知识产权工作得以顺利开展。

2.2.1.3 企业的知识产权文化宣传

各示范企业把知识产权的宣传教育作为企业知识产权文化建设的重要方面，有7家单位在知识产权文化宣传方面作出了较大成绩，占调查单位的33%。

五粮液集团的知识产权理念建设是颇具前瞻性的。1985年，当我国刚刚通过《商标法》和《专利法》，五粮液集团就开始有系统的组织员工学习专利、商标等知识产权知识，领会知识产权创造的意义。在企业的建设和发展过程中，处处体现企业知识产权文化和五粮液集团品牌意识，通过宣传、展示等一系列方式塑造五粮液集团的品牌形象。这些点滴的细节在员工中牢固树立其品牌、无形资产以及知识产权的形象，使得知识产权管理成为一种企业文化。

东方汽轮机不定期以报纸、广播、电视、展板、知识抢答赛、知识产权知识竞赛、知识讲座等形式宣传知识产权的相关知识。坚持按期在公司网页上出版《东方汽轮机有限公司专利工作简报》，简报内容主要包括公司专利工作动态、专利知识、国内外专利保护的最新形势和典型专利纠纷案例、针对公司新产品、新技术研究而检索出的相关专利文献信息等，目的在于通过学习简报提高全公司职工自觉运用知识产权制度保护智力劳动成果的意识。

攀钢集团举办了形式多样的专利宣传活动，如出版《知识产权》科普读物、利用《攀钢集团日报》的“科技潮”栏目、《攀钢集团科技信息》期刊等宣传园地，广泛地宣传专利法以及其他知识产权知识。

地奥制药努力营造“尊重知识，崇尚创新，诚信守法”充满活力的知识产权文化，不断培养员工对知识产权的认知、态度、价值观和信念。地奥制药集团首先着力于创新文化建设，深刻意识到知识产权制度鼓励创新，不鼓励模仿与复制。

迈普通信标准及知识产权处利用公司的宣传媒体以及企业信息平台、公司大厅视频等宣传知识产权法律法规以及相关案例解析；另外，为了调动大家学习知识产权知识的积极性，组织开展知识产权有奖竞答活动，以达到树立全公司员工的知识产权意识的目的。

川庆钻探每年4月26日组织知识产权宣传周活动。公司培养了一大批知识产权的骨干人员，公司针对重组后长庆地区知识产权保护工作薄弱的实际，立题开展“长庆地区关键技术知识产权保护研究”的软科学课题研究。通过参与课题研究，一批科技管理人员成为知识产权工作的骨干。

九洲电器充分利用公司自办的广播、报刊、网络等媒介开展知识产权宣传活动，做好对重大、有典型意义的案例的宣传报道，编印《知识产权知识手册》上万册，宣传知识产权知识，强化公司全体员工的知识产权意识，形成了强大的知识产权宣传声势。2005年起，九洲电器每年均在全公司范围内开展“四川九洲电器集团知识产权有奖知识竞赛”系列活动。同时积极开展多种形式的知识产权交流活动。通过多层次、多渠道、多形式的知识产权宣传活动的开展，在公司形成了浓厚的知识产权保护氛围，使得知识产权知识的普及率在技术人员和管理人员中达到100%、在公司全体职工中达90%以上，有效地提高了公司全体职工的知识产权意识，也更好地促进了创建工作的开展。

2.2.2　示范企业知识产权管理组织

在调查的21家示范企业中，有18家企业设置有专门的机构管理知识产权，占调查企业的86%。在各行业中，食品纺织机构建设最有特色，机构建设较为完善的行业是电子技术、机械制造、文教科研。各行业的知识产权机构建设各具特点。以下是对示范企业的知识产权管理组织的特点分析。

2.2.2.1　设置了知识产权管理专门机构

示范企业的知识产权管理机构中，以知识产权管理机构或法务部命名的机构达15家，以某类知识产权管理机构命名的有3家，其他机构代管的有3家。

1. 家用电器

九洲电器知识产权管理机构设置较为完善，职责分工明晰。公司成立了专门的知识产权管理机构，配备了相关技术和法律专业的6名专职管理人员，管理集团公司所有的知识产权业务，并在各设计所、产品研发部以及集团下属各子公司分设兼职管理人员17人。在示范创建期间，又充实了管理人员队伍，进一步明确了人员和机构的职责。在知识产权归口管理部门和研发部门以及子公司之间建立了完善的知识产权管理网络，形成了专职管理人员和兼职管理人员的有效互动，集团管理部门通过网络、通信等途径进行信息交流和有效沟通，指导子公司积极参与示范创建工作，加强对子公司知识产权工作的指导、监督和管理，形成了覆盖整个九洲集团的知识产权工作组织网络体系。

长虹电器2005年成立法务部。法务部作为知识产权平台管理部门，各产品公司技术部门作为具体实施单位，负责自身各项知识产权工作的开展，并定期向法务部汇报工作进展情况，接受法务部的指导和考核。

彩虹电器的知识产权管理机构由公司常务副总直接领导，下设技中办为知识产权管理部门。

2. 电子技术

迈普通信设立了负责知识产权工作的专职机构——标准及知识产权处，由主管研发的执行副总裁担任管理责任人。标准及知识产权处专职负责公司专利、商标、著作权等相关的一切事务，包括权利创造、权利保护以及权利实施和权利管理等。

光明光电的机构设置较细致，职能分配也较清楚。公司设置了知识产权工作办公室，负责深入基层全方位地提供服务，协调全公司各业务主管部门对公司专利、商标、商业秘密、著作权、计算机软件等知识产权的管理工作；负责组织协调知识产权管理制度的起草、修订和监督执行；组织全公司员工进行知识产权知识的学习和教育培训，使技术人员在技术改造，技术开发过程中就具有专利意识；负责全公司的专利申请办理；负责知识产权情报的收集、整理、分析，包括检索相关领域专利，采集与分析技术信息，提出有关专利战略的建议等；公司内外以及涉外知识产权日常事务的处理；专利授权后会同有关部门完成与知识产权的资产运营，包括权利转让、许可贸易、实施、作价投资、质押等有关的管理工作；会同有关部门建立、管理知识产权档案；管理知识产权保护基金，发放知识产权奖金等日常知识产权管理工作。企业组建了知识产权三级管理组织机构，企业主管技术的领导负责知识产权工作，在公司技术中心设置知识产权管理室，由技术中心主任主管，设有专职人员负责知识产权日常事务，同时公司下属各生产车间及职能处室设立知识产权联络员，确保知识产权工作层层有人抓、处处有人管，各级管理职责清楚明确。

3. 矿冶开采

攀钢集团由主管科技的副总经理负责（集团）公司知识产权的全面管理。2004 年在原攀钢集团科技处成果专利科的基础上，成立了成果专利处，负责（集团）公司的专利、专有技术、科技成果和技术秘密等知识产权的管理，商标的管理职能由法律事务部负责管理。

川庆钻探没有以知识产权机构命名，知识产权归川庆科技信息处管理，公司总工程师主管公司知识产权工作，公司下属各二级单位科技管理部门为本单位的归口管理部门。

4. 机械制造

眉山车辆知识产权管理工作由技术中心和规划发展部负责，公司总工程师及财务总监主管，切实将企业的知识产权管理提升到战略发展的角度。该公司的知识产权管理工作注重收集、整理、掌握、研究与企业相关技术的知识产权信息。

二重机械较早就重视知识产权机构建设，知识产权办公室成立于 1995 年。知识产权办公室隶属技术中心，负责集团公司知识产权工作的归口管理。企业知识产权工作由集团公司副总经理主持，公司副总工程师分管业务，技术中心常务副主任主管全面工作。各二级单位技术领导主管本单位知识产权工作。

东方汽轮机在2009年初，在公司机构调整中将原来单一的专利办调整为知识产权与技术创新管理办公室，明确了公司知识产权管理机构，并制定了相应的机构分工和职责。

成飞工业知识产权管理重视程度高，并且管理较为完善。公司早在1987年就在公司职能部门科技处设立了成果专利室，同年在四川省专利管理局的帮助下，成立了成都飞机工业公司专利事务所，依托于公司科技发展部的成飞（集团）公司专利中心于2002年被国防专利局指定为国防专利代理机构。现成飞工业设立有知识产权工作领导小组，负责领导公司知识产权工作、制定公司相关政策、研究解决相关重大问题、作出相关重大决策。公司知识产权工作由总工程师/副总经理具体负责领导。知识产权领导小组下设知识产权管理办公室，负责公司知识产权日常管理工作，负责同上级机关的联系和公司内有关知识产权的协调工作，办公室设在科技发展部。按照“业务对口、分散集中”的管理模式：科技发展部负责公司知识产权工作的牵头管理，并负责公司的专利管理工作；经营管理部负责公司商标和网络域名管理工作；保密办公室负责商业秘密管理工作；信息技术部负责计算机软件著作权和知识产权档案管理工作。

5. 食品纺织

五粮液集团在知识产权管理能力建设方面最为引人注目的一点就是成立集团公司层面的无形资产管理办公室和法律顾问室，这两个部门不仅牵头出台了一系列与知识产权有关的内部规章制度，而且将集团公司下属21个子公司的专利、商标、版权、商业秘密等无形资产，统一归口集团公司无形资产办公室管理。这几项管理体制上的举措极大地优化了五粮液集团有限公司在知识产权创造、利用和保护方面的管理能力，提高了知识产权管理的效率。

泸州老窖于2009年成立“品创科技有限公司”专门负责科研及技术创新，并由泸州市人民政府、泸州老窖股份有限公司、市科技局、市经委、市知识产权局及入驻企业有关单位负责人共同成立“知识产权工作领导小组”。领导小组办公室设在“品创科技有限公司”科创中心，负责公司知识产权的日常工作。下设酿酒工艺中心、信息化中心、产品研发中心、农业信息化中心4个知识产权工作站，负责制定和组织实施各中心工作计划，落实创建工作方案，加强知识产权工作动态、经验、典型等工作信息传递。

高金食品成立了“知识产权工作系统建设”领导小组，由公司总经理任组长，技术部副总任副组长，技术部、投资发展部、财务部等各部门主要领导任组员，大力开展该系统建设。总经理亲自召开公司知识产权大会，部署各项知识产权工作，并强调各下层公司要第一把手来抓，要落实机构、人员，采取各种有效措施加大力度，加快开展知识产权工作。

丝丽雅 2001 年在全国同行中就率先成立了直接隶属于公司总裁的知识产权办公室，知识产权办公室积极与科技管理部联系、沟通并积极接受制造部技术人员对科技创新方面有关问题的咨询和对其专利申请工作的指导，组织专利评审委员会不定期评审。

6. 生物制药

地奥制药从战略层面高度重视地奥的知识产权工作，在总裁的直接领导和管理下建立了“地奥集团知识产权工作领导办公室”，下设“法律事务部”和“专题专利研究室”，前者由集团公司法律部管理，后者挂靠药物研究所。法律事务部负责承担集团公司与知识产权有关的法务工作，专题专利研究室负责承担整个集团公司与专利有关的日常工作。彼此权责明确，统筹兼顾，实现了高效率的人才资源配置，取得良好效果。

康弘药业设有专门的专利商标管理部门，全面负责公司的专利申请、维权、侵权监控、风险预估，商标注册保护及侵权监控等工作。

7. 文教科研

中昊晨光 2006 年设立知识产权管理办公室，设立专利和著作权、商标、商业秘密三个专业组，负责知识产权管理日常工作。领导高度重视知识产权工作，将知识产权工作作为“一把手”工程来抓，2006 年成立了以院长为主任委员的知识产权管理委员会，负责全院知识产权的重要决策工作。2007 年中昊晨光成立了国家、省市知识产权示范工作领导组织机构，主任由院长担任，副主任由副院长及院长助理担任，成员由相关部门及各厂领导担任，下设示范工作办公室，由 8 名工作人员负责具体工作，在各二级单位设立了兼职知识产权联络员，在全院范围内形成了知识产权工作网络体系。

四川大学对知识产权进行分级管理，权责明晰。设立了以主管副校长为组长，指导和监督知识产权管理办公室（知识产权示范工作办公室）的专利管理和示范工作，聘任具有专利代理资格的资深专家为专利顾问，下设以各学院、系、研究所及医院的科研秘书为信息员的知识产权管理网，制定专利工作机构与人员的工作规范统一领导和实施专利示范的各项工作。

新华文轩没设专门的知识产权管理机构。新华文轩设立公司法务部并配备专职人员 3 名总体管理公司知识产权，并在公司各事业部以及分公司配置兼职人员共计 20 人，与商标事务代理机构建立合作关系，日常监控、管理公司知识产权事务。

2.2.2.2 配备了知识产权专兼职人员

知识产权管理专职人员数量最多的是文教科研行业，尤其是中昊晨光有 35 人，其余示范企业知识产权管理专职人员数量基本是 10 人以下。从行业来看，食品纺织 19 人，文教科研 46 人，矿冶开采 8 人，家用电器 14 人，电子技术 5 人，机械制造 13 人，生物制药 10 人。知识产权管理兼职人员数量最多的是机械制造行业，从行业来看，食品纺织 0 人，文教科研 128 人，矿冶开采 93 人，家用电器 42 人，电子技术 0 人，机械制造 247 人，生物制药 30 人。比较而言，文教科研部门设置的知识产权管理专职人员较多，兼职人员也不少；机械制造行业兼职人员较多，也重视专职人员的配备。

2.2.2.3　形成了领导分管的知识产权管理体系

在示范企业中，7 家企业有领导亲自参与知识产权管理工作，占调查企业的 33%。可见，不少示范企业领导已意识到知识产权对企业竞争力的重要作用。

2005 年地奥制药集团由药物研究所所长牵头组建集团专门的专利管理部门——专题专利研究室，负责承担整个集团专利工作；攀钢集团成立以（集团）公司总经理为组长、分管副总经理为副组长，有关部门参加的攀钢集团知识产权工作领导小组，并明确了领导小组的职责；彩虹电器的知识产权管理机构也由公司常务副总直接领导，下设技中办为知识产权管理部门；高金食品成立了由公司总经理任组长的“知识产权工作系统建设”领导小组，开展知识产权管理工作。

四川大学设立以主管副校长为组长，由科技处、出版社、国资处、审计处等相关单位组成的知识产权领导小组，指导和监督知识产权管理办公室（知识产权示范工作办公室）的专利管理和示范工作。中昊晨光领导高度重视知识产权工作，将知识产权工作作为“一把手”工程来抓，2006 年成立了以院长为主任委员的知识产权管理委员会，负责全院知识产权的重要决策工作。

2.2.3　示范企业知识产权管理制度

企业知识产权管理是一个从知识产权确权、用权和维权的过程管理。只有从知识产权归属权、行为权与维护权多个维度进行制度安排，从而明晰产权主体、规范产权行使、保障产权利益。企业知识产权管理制度需在知识产权法律框架内进行，这是知识产权法律制度特性使然，也是知识产权制度企业内化的具体体现。示范企业都制定了知识产权管理制度且各有特点。

2.2.3.1　制定了各类知识产权管理制度

在调查的 21 家示范企业中，10 家制定了较为完善的各类知识产权管理办法，占调查企业的 48%。

1. 家用电器

长虹电器制定的知识产权制度涉及工作制度、专利、商标、著作以及集成电路布图设计、商业秘密、技术资料等多个方面，包括：《知识产权机构、人员管理制度》《专利产权管理制度》《奖惩制度》《专利管理办法》《商标管理办法》《版权管理办法》《集成电路布图设计管理办法》《保密制度》《技术资料档案管理制度》，并在整个公司内部应用上述管理办法规范子公司知识产权工作。

九洲电器根据示范创建工作安排和公司发展的实际情况，对《商标管理办法》《著作权管理办法》《集成电路布图设计管理办法》等公司已有各类知识产权管理制度进行了修订、补充和完善，新制定了《知识产权管理办法》《专有技术管理办法》《各子公司申请以集团名义购买涉外技术许可管理办法（暂行）》等知识产权管理制度，从制度上确保公司知识产权工作的顺利开展。

2. 电子技术

迈普通信的知识产权制度比较完善，涉及面广，规定比较详细。在标准及知识产权处的组织下，迈普公司依据不同类别的知识产权的特点，分别制定了著作、专利、商标、商业秘密等相关的流程和制度。目前专利方面已经建立的基本制度有《迈普通信技术股份有限公司专利管理办法》，确立了公司的专利管理机构和工作职责，专利申请及激励机制（包括申请阶段的奖励、授权后的奖励、荣誉证书的发放以及实施报酬等），专利信息的利用、专利实施中侵权纠纷处理等方面的管理规定；《对外合作中的管理制度》确定了合作中的专利纠纷和相关罚则等；《迈普通信技术股份有限公司专利申请流程》规范公司的专利申请操作，快速有效的履行相关专利申请程序，规定申请前要注意技术保密和查新检索，以及专利评审过程控制，保护了公司无形资产。著作权方面已经建立的基本制度有《迈普通信技术股份有限公司计算机软件管理办法》《迈普通信技术股份有限公司软件著作权登记流程》等，主要规范了公司职务作品的权利认定和归属、使用他人作品的操作条件以及侵权纠纷的处理等问题。商标方面已经建立的基本制度有《迈普公司商标管理制度》，主要确立了商标的管理机构和工作职责，规范了商标的注册、使用，同时明确了相关的保护及奖惩措施等。商业秘密方面已经建立的基本制度有《迈普公司专有技术管理办法》，主要确立了公司的专有技术管理机构和工作职责，专有技术的认定、保管以及奖惩等。

光明光电建立了一系列涵盖专利、商标、商业秘密、计算机软件和技术资料档案管理的知识产权管理规章制度。包括《成都光明光电股份有限公司知识产权管理规定》《成都光明光电股份有限公司专利管理办法》《成都光明光电股份有限公司商标管理办法》《成都光明光电股份有限公司商业秘密管理办法》《成都光明光电股份有限公司计算机软件管理办法》《企业档案保密规定》等知识产权管理文件。这些管理制度详细规定了科研开发中加强知识产权保护，防止企业专利无形资产流失，鼓励技术创新的具体措施，规范了技术人员申报职务发明专利程序，建立了知识产权保护基金以及具体规定专利、发明的奖励政策。这些制度的建立使知识产权工作有章可循，为知识产权工作的顺利开展奠定了基础，同时也保证了知识产权管理工作的规范化、制度化。

3. 矿冶开采

龙蟒集团主要参照《企业专利工作管理办法（试行）》和《示范企业专利工作管理制度制定指南》，制定了《知识产权管理办法》《专利制度管理办法》《商标管理办法》《技术合同管理办法》《商业秘密管理办法》《计算机信息安全及办公自动化保密管理规定》《职务发明创造申请专利管理办法》《职务发明奖励办法》《关于专利专项资金及专利奖励管理办法》等规定，重视利用上述相关制度来规范企业知识产权的管理。

川庆钻探重组后，公司重新修订、发布了川庆公司的知识产权管理办法，对专利、技术秘密、计算机软件著作权的保护进行了相关规定，理顺了各示范企业的管理机构并确定了具体的管理人员。

4. 机械制造

二重机械相继出台与新制定的制度有：《知识产权保护总则》《知识产权岗位规范》《专利管理办法》《专利实施及转化利益分配办法》《专利申请评审管理办法》《职务发明专利项目及专利工作奖励办法》《商标管理办法》《版权保护管理办法》《技术转让、许可管理办法》《商业秘密管理办法》《对全资、控股子公司知识产权管理的办法》《关于贸易活动中的知识产权管理的规定》《对外活动中知识产权保护的有关规定》《计算机软件管理细则》《无形资产管理办法》等。

成飞工业根据有关法律法规及《企业专利管理条例》精神，制定了《知识产权管理制度》《专利管理办法》《商业秘密管理办法》《计算机软件著作权管理办法》《商标管理办法》等规章制度并不断完善。对各项知识产权管理工作作出了明确规定。近年来，随着公司机构改革和流程疏理、制度建设，又根据新工作需要修订发布了《知识产权管理制度》和《专利管理办法》等管理制度，进一步完善了公司知识产权管理制度体系，覆盖了公司的主要知识产权工作领域。

5. 文教科研

中昊晨光建立并完善了知识产权管理制度，如《知识产权管理办法》《专利制度管理办法》《商标管理办法》《职务发明奖励办法》等，引导和激励职工积极创新，并及时将创新成果进行知识产权保护，以获取利润最大化。

四川大学通过知识产权示范工作，不断完善和制定各项科研、人才管理制度，目前已建立较为系统、完备的管理体系，如《四川大学知识产权管理条例》《四川大学科技成果奖励办法》《四川大学发明专利基金管理办法》《四川大学对外科技交流保密提醒制度》《四川大学科技成果转化管理办法》《四川大学（理工医）科技跨越行动计划》《四川大学（理工医）学院科研工作评价体系（试行）》以及“四川大学专业技术职务二级岗位（征求意见稿）”等。

2.2.3.2　形成了知识产权创造的激励机制

在调查的 21 家示范企业中，有 9 家制定了专门的激励管理办法，占调查单位的 43%。

高金食品制定了《高金食品股份有限公司专利管理办法》，内容包括专利工作的任务、专利工作者的条件、专利申请、专利技术实施、专利权保护、专利资产的管理、进出口中的专利、专利文献的利用和专利奖励等。着重修改了其中关于专利发明人或设计人奖励制度的规定，加大了对发明人或设计人的奖励力度，设立了专利申报奖、授权奖的最低限额，授权后产生经济效益的奖励和提取报酬的规定，极大地鼓励了研发人员的积极性。企业还设立了专利发展专项资金，较好地推动了企业专利技术的实施。

攀钢集团制定了《关于完善攀钢集团技术创新激励办法的指导意见》《攀钢集团技术秘密管理办法》等工作制度和管理办法，促进知识产权试点各项工作的顺利开展。尤其是将是否获得发明专利、实用新型专利分别作为评审攀钢集团（集团）公司科技进步奖特等奖、一等奖的必要条件之一，极大地激发了广大科技人员在研发活动中重视知识产权的积极性和主动性。重新修订并下发了《攀钢集团职务专利授权奖和专利实施奖管理办法》，明确规定：发明专利授权奖 8 000 ~ 30 000 元/项，实用新型专利授权奖 3 000 ~ 8 000 元/项。对实施 1 年以上并取得显著效益的专利技术根据效益按比例给予一次性奖励。对属于保密范围内的专有技术（技术秘密）项目，给予 3 000 ~ 10 000 元/项的一次性奖励。

四川大学 2007 年出台的“四川大学专业技术职务二级岗位（征求意见稿）”是学校在国家有关政策指导下，自主设置的最高专业技术岗位级别，具有导向性、激励性和标杆作用，其中专利等知识产权在岗位考核中的权重占有相当的比例。

中昊晨光充分认识到保证知识产权工作投入的重要性和必要性，制定了《关于专利专项资金及专利奖励管理办法》，设立了知识产权专项基金，主要用于专利培训、专利奖酬、专利工作事务及专利信息网络建设等费用支出，确保了全院知识产权的获取、保护、奖励以及宣传培训、专利信息利用等方面的工作经费。

彩虹电器在奖励方面，对发明人和知识产权管理人员都实行了赏罚分明的奖惩制度，不仅把申请回来的专利补助资金全部奖励给相关人员，而且公司还通过发放项目奖金、增加工资、奖励股份等形式对发明人和知识产权管理人员进行奖励。这些奖惩措施极大地提高了广大员工、特别是技术开发人员进行技术创新的积极性和主动性。通过技术创新，发明人不仅增加了自己的收入，而且也为公司带来了经济效益，完全实现了企业与员工双赢的局面。

九洲电器制定了专项激励措施，一是设立知识产权专项经费，按时划拨经费预算额度，为专利申请、维护、续展、宣传培训和奖励提供了资金保障；二是公司对专利的发明人、设计人或著作权的作者实施专项奖励。对职工的职务发明，公司提出了“两奖一酬”的构想，具体“两奖”是指对申请发明专利的，受理奖励 1 000 元，授权奖励 2 000 元；对申请实用新型的，受理奖励 500 元，授权奖励 500 元；对申请外观设计的，受理奖励 100 元，授权奖励 400 元。“一酬”是指每年年终公司对在军、民品科研项目中作出突出贡献的科研人员进行重奖，奖励额度高达上千万元。仅 2004 ~ 2008 年 5 年的时间，公司已累计发放“两奖”共 20 余万元；累计发放“一酬”近 7 000 万元。将获得专利作为员工晋级、评定职称、入选和晋级公司人才库等考核评价的重要依据。凡有发明创造经申请专利并授权的职工，在人才评定时都会给予加分奖励，凡进入人才库的员工，都会按照不同的等级获得人才津贴。

川庆钻探每年都落实专项知识产权保护费用，每年保护费用都有较大增长。为调动职工发明创造的积极性，公司规定对获专利授权的发明人、设计人进行奖励：发明专利授权奖励 10 000 元、实用新型专利奖 5 000 元、外观设计奖 3 000 元，获软件著作权奖 5 000 元。

长虹电器在《专利管理办法》中，明确了职务发明创造和非职务发明创造申请专利实施细则，在公司《劳动合同》中也明确了公司和个人的权利和义务。专利申请根据公司流程向国家申请，对于老化的技术经技术专家的审定，公司技术副总的审核后予以放弃。为了鼓励发明创造，激发发明人技术创新的积极性，明文规定单位对职务发明创造的发明人必须给予专利奖励，其中发明专利奖励不低于 2 000 元，实用新型和外观设计专利奖励不低于 500 元，公司根据自身实际情况，制定了相应的《专利管理办法》，规定了专利奖励的制度、类型和额度范围。

光明光电为促进科技人员技术创新的积极性，建立了内部激励机制，实施多样化的奖励方式。从 2003 年开始设置知识产权专项基金，由知识产权管理室统一进行管理，一方面为公司科技人员申请专利及专利权的维持提供经费上的支持，另一方面就是实施奖励：不仅在申请与授权阶段对发明人给予奖励，而且在每年的工作评价中，对于在知识产权管理工作中成绩突出的个人与单位，也给予表彰奖励。

2.2.3.3 部分企业知识产权限于专利管理

在调查的 21 家示范企业中，有 3 家仅制定了专门的专利管理办法，占调查单位的 14% 。这几家单位基本只对专利进行管理，对其他知识产权未予重视。

眉山车辆建立健全完善的专利管理制度，为企业将专利管理融入到生产、销售、研发的各个环节奠定基础。专利管理机制逐步适应市场竞争的需要，加强与竞争对手专利在市场竞争力上的跟踪分析。

高金食品制定了《高金食品股份有限公司专利管理办法》，内容包括专利工作的任务、专利工作者的条件、专利申请、专利技术实施、专利权保护、专利资产的管理、进出口中的专利、专利文献的利用和专利奖励等。

地奥制药制定了整套专利工作管理制度，包括：《成都地奥制药集团制药集团有限公司专利工作管理制度》《药物研究所专利工作管理细则》《企业技术保密制度》《企业资料移交和技术保密制度》和《劳动协议》中的有关知识产权的章节。这一整套规章制度覆盖了集团研发、生产、经营和销售的每一个环节，并在实施和执行中不断得到修改和完善。同时还制定了专利档案管理制度，建立并完善了电子化的专利流程管理表、统计表，每月进行更新和信息跟踪。所有交接文件与 126 份专利档案在确定密级后均分类分册入库存放，并对专利文件档案入库、借阅、复制等程序进行严格规定和有效管理。

2.3 示范企业知识产权能力运行

企业知识产权能力贯穿企业研发、生产与营销的各个环节，运行在知识产权创造、运用与保护过程之中。下面是对各示范企业知识产权的创造、运用与保护运行的概述。

2.3.1 示范企业知识产权创造

2.3.1.1 自主创新为主，具有检索意识

对各示范企业技术创新模式统计，原始创新占44%，集成创新占33%，引进消化吸收再创新占22%。示范企业技术创新模式主要以自主原始创新为主。示范企业具有利用专利文献的意识，在开发新技术、新产品前，56%的示范企业进行了专利检索；22%的示范企业进行了部分专利检索；22%的示范企业建有专利数据库。

2.3.1.2 发展突破为主，具有确权意识

对示范企业所处技术发展阶段而言，正处在发展阶段即示范企业拥有一定技术创新或正通过引进技术、消化吸收，逐步形成自主技术阶段的占22%；处于突破阶段，即示范企业拥有大量自主知识产权的生产技术，技术实力处于同行业一流水平阶段的占44%；处于高级阶段，即示范企业拥有规模自主知识产权，技术实力处于国际水平，重视、参与相关标准制定阶段的占33%。

示范企业在保护自己的新技术、新产品、作品权利方面，尽早申请专利的占89%，采用商业秘密保护的占11%，其中申请权利登记的占33%，加强内部管理的占44%；商标方面，认为申请注册商标主要目的是为打造驰名商标而自愿注册的占44%，为防止他人侵害而自愿注册的占55%。

示范企业对于新开发的技术或产品，仅对核心技术申请专利的占33%，核心技术不申请专利而对其他部分申请的占22%，二者均申请专利的占11%，其他情况占33%；示范企业认为专利对保护示范企业创新效果显著的占66%，认为有一定效果的占22%；对于本应属于单位职务发明、作品，存在职工以个人名义申请行为的占33%，而66%的单位不存在这样的行为；对于委托、合作开发的新技术或产品、作品，其权利归属在合同中约定的占89%，根据具体情况协商仅11%。

2.3.2 示范企业知识产权运用

2.3.2.1 知识产权的一般利用

1. 专利运用

示范企业有闲置专利技术的占66%，没有闲置专利技术的占33%。在有闲置专利技术的企业中，闲置的原因是主要用于技术领域战略防御的占50%，没有产业化价值

的占33%，没有能力产业化的占16%。

示范企业有专利许可、转让的占56%，原因是本示范企业技术先进的占60%，其他原因占20%；示范企业没有专利许可、转让的占44%，原因是出于技术领域战略防御的占75%，没有合适受让方的占25%。

示范企业目前使用的专利是受转让或被许可的仅有22%，其中目的是为了进一步进行技术开发需要的占50%；77%的示范企业不受让或被许可专利，其中理由是认为本企业技术先进的占71%。

2. 商标运用

示范企业商标使用前即申请注册的占89%，在使用一段时间后才注册的占11%。示范企业不同等级的商品使用不同商标的占55%，所有商品使用同一商标的占33%，同时使用主商标和从属商标的占22%。

示范企业没有转让、许可他人使用商标的占89%。其中因为出于战略防御的占62%，没有这方面考虑的占25%，没有合适的受让、被许可方的占13%。示范企业有转让、许可他人使用商标的占11%，目的是实施商标战略的需要，其中67%的企业对商标被许可方要进行管理。

在示范企业中，没有受让或被许可使用他人注册商标的企业，原因是认为自己有注册商标的占89%，认为行业封锁的占11%。

3. 著作权运用

示范企业的著作权有转让、许可情形的占11%，原因是认为通过许可可以得到使用费；示范企业没有著作权转让、许可的占89%，原因是用于战略防御的占50%，没有这方面考虑的占25%，无合适受让、被许可方的占38%。

2.3.2.2 知识产权的价值利用

在调查的示范企业中，没有任何企业将知识产权用于质押贷款，但其中有88%的企业已有这样的计划；示范企业将知识产权作为无形资产作价入股的占22%，其中11%已作价入股，并且权利人已经变更为本示范企业股东，而另外11%已作价入股，但仍为原权利人所有。没有作价入股的达67%；在使用他人失效知识产权方面，刚失效即使用的占33%，在使用时再查知识产权是否已失效的占56%。

示范企业中，知识产权经专业机构评估无形资产价值并且已经入账的占22%，知识产权经专业机构评估了无形资产价值但未入账的占22%，尚没有请专业机构评估示范企业知识产权的无形资产价值，但已列入计划的占33%，完全没有计划的占22%。

示范企业都非常愿意将公司的专利用于标准中，但要收取一定的专利使用费。示范企业愿意将专利纳入技术标准，采用专利联盟策略，组成“专利联盟”而实现优势互补的占33%；采用抢占策略，即在标准制定时，力争把对自己最有利的、最熟悉的技术置入标准，掌握技术主动权的占67%。

2.3.3 示范企业知识产权保护

2.3.3.1 设有知识产权保护制度

各示范企业制定了大量的知识产权管理制度，包含知识产权保护制度。所有示范企业都制定了专利管理办法，制定商标管理办法的达 67%，制定版权（含计算机软件）管理办法的占 44%，制定技术秘密审鉴备案制度的占 33%，制定保密制度的占 78%；制定知识产权相关合同管理制度的占 55%，制定竞业限制协议的占 22%；制定技术创新研发查新、立项制度的占 11%；制定无形资产评估制度的占 11%；在劳动合同中约定了知识产权归属，明确了员工保护示范企业知识产权义务的达 67%；制定知识产权战略的占 33%。

示范企业还制定有专门的知识产权保护措施。在知识产权管理与保护体系化、模式化措施方面，有专利权商标性保护制度的达 67%，有著作权商标性保护的占 22%，有技术成果商业秘密保护的达 44%，成果专利商业秘密综合保护的有 33%，而分别管理与保护的有 11%。在示范企业保护商标的主要方式中，注册防御商标的占 44%，尽量先申请的达 89%，申请认定为驰名商标的占 44%，及时对他人的注册商标提出异议的占 22%。

2.3.3.2 具有知识产权维权保障

发生知识产权侵权时，示范企业采取维权措施达 89%，其中，63% 的示范企业有维权专项经费保障，75% 的示范企业有分管领导。所有示范企业与知识产权中介服务机构都有过合作，合作对象中，律师事务所的律师占 11%，专利代理机构占 89%，商标代理机构占 67%。

2.3.3.3 对知识产权纠纷有不同认识

在知识产权保护方面，示范企业认为知识产权法律制度不完善的占33%，认为知识产权法律人才缺乏的占 78%。同时，认为知识产权纠纷产生的原因是多方面的，见表 2－3。

表 2－3　示范企业发生知识产权纠纷的主要原因

主要原因	合同不完善	开发形式多样	内部员工跳槽	竞争对手侵权	保护意识淡薄	员工自立门户
比例	11%	22%	11%	66%	22%	22%

2.4 示范企业知识产权管理态势

运用调查的资料信息，上文对四川省示范企业知识产权发展状态、知识产权能力水平及其运行作了阐述，下面依据知识产权企业内化理论对示范企业知识产权管理状态从其发展趋势、知识产权能力水平及其运行态势试做评析。

2.4.1　示范企业知识产权发展趋势

示范企业知识产权发展状态良好，尤其在作为示范单位后，知识产权创造、运用与保护意识显著增强，知识产权发展状态呈现出一定的特点。

2.4.1.1　拥有一定的知识产权，知识产权发展态势良好

示范企业都拥有一定数量、质量和不同类别的知识产权且各自侧重点不一样，表明其对知识产权战略的重视和实施已经有了较长时间，并且都度过了企业知识产权的初级阶段，进入了较为成熟的发展阶段。

2.4.1.2　专利拥有量较多，且各有特色

从统计结果看，各示范企业对专利都很重视，各个行业专利拥有都较多。在11家重视知识产权战略实施的单位中，有7家重视专利战略实施，对专利的重视直接导致了专利量的增加。各示范企业在专利的创造和申请中，对发明，实用新型、外观设计的某一方面更加重视，从而形成专利权的拥有具有不同特色。如五粮液外观设计达1 573件，发明仅22件，而四川大学发明达1 100件。

2.4.1.3　知识产权发展行业特色明显

示范企业根据自己行业特点，集中发展某一方面的知识产权，使其知识产权发展呈现出行业特点。专利的拥有量较多地分布在以下行业：家用电器1 683件、矿冶开采941件、食品纺织1 987件、文教科研1 446件；三个行业商标拥有量明显较多的是食品纺织1 732件、家用电器412件、生物制药339件；三个行业著作权拥有量明显稍多的为文教科研614件、家用电器61件、电子技术86件，其中文教科研著作权拥有量遥遥领先。

企业一般会根据自身的经营特点和经营战略决定侧重于某项，或某几项知识产权的管理，在此基础上形成知识产权特色与优势，有利于提高企业市场竞争力。但大多数企业还是仅限于自发、零散，缺乏行业或经营需要的自觉规划、协调的知识产权管理战略。

2.4.1.4　知识产权的发展不太均衡

有些示范企业对专利的重视程度较高，但对商标、作品等其他知识产权的利用重视不够。示范企业对商标的重视程度还不够，还没充分意识到驰名商标对企业发展的重要性；虽然很多企业已具备驰名商标的条件，但驰名商标的拥有量与品牌创建还不尽如人意；有的对国内商标注册非常重视，但国际注册方面却太过忽视。著作权方面，拥有著作权的企业数量较少，仅有9家单位拥有著作权，占调查单位的43%，比例还未达到一半。示范企业对知识产权的认识不全面、深入，还停留在仅对某一方面的重视。

企业单一性发展的知识产权会使其未来竞争非常被动，只有综合发展知识产权，才

会为企业带来更大的市场竞争力。企业需要在根据自身的经营特点和战略有所侧重的基础上，重视知识产权的综合发展与管理，构建知识产权管理体系，形成企业知识产权综合优势。

2.4.1.5 示范后知识产权成绩显著

示范企业评为试点单位后，所作出的知识产权成绩显著，专利申请和商标申请保持着较高的增长率。如长虹电器专利申请在示范试点期间取得了长足的进步，从2005年的114件到2006年的226件，专利增长98%；2007年的326件，较上年增长44%；2008年的407件，较上年增长25%，每年都保持着很高的增长率；攀钢集团示范试点期间，专利申请量实现较大幅度增长。2007年比2006年递增148%；2008年比2007年递增153%。二重机械2007年在2006年创造历史最高水平的基础上再创新高，为2006年的133%，2008年为2007年的200%。从这些数据可见，行政主管部门的推动与示范的自我激励对企业知识产权管理工作具有举足轻重的作用。

2.4.1.6 知识产权行业协会作用有待发挥

行业知识产权呈现特色，为行业协会作用发挥提供了可能。行业协会（组织）推进了行业企业间知识产权保护的互动，实现知识产权保护信息、资源共享，共同发展。行业协会可以民主、自治促进行业知识产权的尊重与保护，构建行业知识产权预警机制，为行业企业提供切实帮助与服务，并可从专业角度指导整个行业企业的知识产权工作。中国电子视像行业协会在中国彩电发展的作用是典型而重要的，但示范企业发挥知识产权行业协会作用还不够。

2.4.2 示范企业知识产权能力水平评价

示范企业知识产权能力水平体现在企业知识产权理念、知识产权制度和知识产权组织设置等方面，整体水平较高，具体方面还有有待建设、提升。

2.4.2.1 知识产权理念增强，部分企业知识产权意识有待提升

观念是行动的先导。示范企业重视员工的知识产权培训，通过报刊、电视、广播、会议、讲座等多种形式，多层次、多渠道地培训员工，努力营造知识产权氛围，提升员工知识产权意识；重视企业领导的知识产权理念培育；领导者加强自身的知识产权意识，把知识产权管理列入领导工作议事日程，在人力、物力、财力上给予必要保障；企业还重视知识产权文化形成与建设，企业知识产权由“制度形态”转向“文化形态”，把知识产权的宣传教育作为企业文化建设的重要方面，增强企业领导层、员工与企业对知识产权的认知、价值观和信念。

对现代企业，尤其是集团企业、高新技术企业而言，最主要的资产已并非厂房和设备，而是研究开发成果以及知名的商标、商业秘密等知识财产。它们是企业获得高额销

售、高额利润的源泉，是企业在与同行竞争中成败的关键，而这是以企业对知识产权管理的重视程度作为前提的。但少数示范企业对知识产权工作的重视仅限于文件、宣传等一些形式，主要领导的工作并没有涉及企业知识产权，知识产权意识远未成为企业文化、理念。企业内部人员可能了解知识产权的较多，但对于怎样科学地管理，怎样发挥其最大作用，怎样更好地和经济效益结合起来，却知之甚少。

2.4.2.2　知识产权管理机构较为完善，部分企业管理机构职能还需专业化

知识产权先进观念的实现与制度的有效实施有赖合理的机构设置和人员配备。示范企业知识产权管理机构主要有三类：一是设置专门的知识产权管理机构或以专利、商标机构称谓的专门管理机构；二是隶属技术、科研或法务部门的知识产权管理机构；三是由其他机构代管、代办知识产权事务的管理机构。还有部分企业在知识产权管理机构之上，企业主要领导牵头、企业内部各重要相关部门负责人参加成立的“知识产权工作领导小组”。大部分企业知识产权机构设置隶属于总部，由总裁或主要领导分管，也有企业没有专门领导分管。大部分企业还围绕知识产权部门在企业下属机构设置相关组织、配备相关人员形成企业知识产权网络管理体系。

企业知识产权管理机构的设置，应当与企业产业特点及公司规模相协调。根据知识产权管理机构在企业组织体系中的地位，大致可分为3种模式：直属于最高管理者、隶属于研究与开发部门、隶属于法律部门。每种模式各有特色与优势：将其知识产权管理机构直属于最高管理者的，可以获得企业最大的重视和支持；将其知识产权管理机构置于研究与开发部门之中的，最大优点就是有利于研发人员与知识产权管理人员的交流与合作，可以对企业自主研发的知识产品给予更有效的保护；将其知识产权管理机构设置在法律部门之中的，可以获得对知识产权更为迅速的法律保护。国外企业的知识产权管理机构一般直接隶属于公司总部，与生产、营销、技术、财务部门共同组成企业高层管理机构，如IBM公司、三菱公司、富士公司、东芝公司等。对于三种模式的选择则要因地制宜，因企业、行业而异。

有效的管理活动有赖于机构设置的合理设置与有效运转。管理机构设置不仅应当具有明确的目的性，还必须是完整统一的，不仅节约人力、物力及财力，并且能合理有效地运用资源，以最小的投入求得最大的产出。企业面对如此众多的知识产权，必须有一个科学的管理机构，负责企业日常知识产权管理工作，制订企业知识产权产业策略、各项管理制度，并监督制度的实施情况，切实保证企业知识产权工作落到实处。这也是现代企业制度对企业管理的要求。总之，不能对哪种模式更好采取一言以蔽之的态度，只能是各个企业经过长期的研究总结，挖掘自身特点，借鉴成功经验，设置与企业知识产权发展、企业市场竞争相适应，对本企业适当的知识产权管理机构。

2.4.2.3　配有专门知识产权管理人员，队伍建设尚需加强

知识产权管理是一项专业性很强的业务，企业应根据其自身规模、经营性质等，不

仅要设立适合本行业本公司的专门的知识产权管理机构，而且要引进和培养知识产权管理专门人才。各示范企业配备了知识产权管理人员，但对知识产权管理人员重视程度不够，体现在以下方面。

1. 知识产权管理人员配备数量不够

在调查单位中，虽然所有企业都设置了知识产权管理机构，但在人员数量配备方面重视程度还不够。绝大部分企业的知识产权管理专职人员不到10人。国内外有很多先进企业都很重视这一点，如美国电话电报公司仅专利部就有250多人；日立公司知识产权部有专利管理人员320多人；我国海尔集团公司设有独立的法律事务中心，专职人员20多人，其中也配有专门负责企业专利法律事务和商标法律事务的人员。

要想健全知识产权管理机构，引进和培养专门人才是首要的一点。企业知识产权管理工作最终要通过知识产权管理人员进行落实，因而知识产权管理人员的素质，对企业知识产权管理工作具有很大的影响。由于知识产权本身是跨法律、经济、科技、管理等方面内容的一种综合性的权利，是企业重要的无形资产，因此，企业的知识产权管理工作要求管理者具有复合型的知识背景及管理与服务相结合的能力，能在运用相关知识的同时，又能够为企业知识产权战略的制定作出高瞻远瞩的规划。当然，在人才的选择和培养方面也要有所侧重，我们不可奢望有比比皆是的全才存在，而应该据岗择人，选择在法律、科技、管理等某一方面有突出特长且又对其他知识有较好掌握的人才，安排在能发挥其特长的知识产权管理岗位上。企业也应重视在运营的过程中结合本行业及本企业的特点培养适合自己的知识产权管理人员。

2. 知识产权管理人员专门知识欠缺

企业知识产权管理更多的是运用法律手段对知识产权进行有效的利用和保护。企业知识产权管理人员的能力和水平的高低直接决定了企业自主保护知识产权的效果。在示范企业中，仅有3家单位配备有专门的法律人员。大多数企业的相关人员基本上没有接受过系统的知识产权教育或培训。

知识产权管理是一项跨法律、经济、技术兼具专业性与综合性管理工作，最终要通过知识产权管理人员落实。企业知识产权管理人员的知识、能力和水平的高低直接决定了企业自主保护知识产权的效果。人力资本是企业发展的根本。因此企业不仅要设立专门的知识产权管理机构，同时要重视知识产权管理人员配备，重视知识产权管理队伍的建设。在示范企业中，虽然示范企业大部分设置了知识产权管理机构，但在人员配备方面重视不够。企业知识产权管理人员兼职居多，专职人员最多的也不到10人；相关管理人员基本上没有接受过系统的知识产权教育或培训，法律知识严重欠缺，有的企业甚至是工作不好安排临时负责知识产权管理，极大地严重影响了知识产权管理的效果，直接影响到企业竞争力。

企业在知识产权管理中，一方面，在研发、设计初期，知识产权部门就要对技术、设计人员提出知识产权保护的法律要求，让他们注意哪些领域可以获得知识产权，技术、设计人员也要向知识产权部门提供技术背景及来源。企业进行知识产权转让交易时，知识产权部门与研发、设计人员应共同讨论转让方式和费用问题，向受让方提出的商业秘密保护条款如何设计的问题等等。研发部门在技术开发策略的指导下工作，并与知识产权部门保持密切联系，这不仅有利于对研究成果的及时保护，而且通过知识产权部门对知识产权文献等情报的分析，可以指导研发、设计部门的工作，帮助其节省时间和费用。而这一切都离不开法律知识。科技管理人员往往由于对有关法律、技术贸易的理解不全面、不彻底甚至不正确，因而达不到有效保护知识产权的目的。另一方面，即使配备了专、兼职管理机构或专、兼职管理人员的企业，在知识产权管理上也多流于形式，实际效果不佳。这严重滞后了企业知识产权保护工作的有序开展。

可以看出，虽然各示范企业对知识产权管理都很重视，但对知识产权管理人员的极大忽略严重影响了知识产权管理的效果，直接影响到企业竞争力。从国际形势看，入世后，中国在世界市场上的影响越来越大，知识产权也就成为我国对外经贸摩擦的主要问题之一。可见，要想成为一个有国际竞争力的企业，配备具有法律知识的管理人员是必需的。所以各示范企业对知识产权管理人员的重视还应进一步加强。

2.4.2.4　知识产权管理制度健全，管理制度的实施有待深化

示范企业制定了较为健全的知识产权管理制度，总体管理的有《知识产权管理办法》《无形资产管理办法》《科技成果奖励办法》《知识产权机构、人员管理制度》；具体涉及专利管理、商标管理、版权管理、商业秘密管理、集成电路布图设计管理、专有技术管理等；细化的专利管理制度，如《职务发明创造申请专利管理办法》《职务发明奖励办法》《发明专利基金管理办法》《职务发明专利项目及专利工作奖励办法》《关于专利专项资金及专利奖励管理办法》等；有程序性衔接制度，包括专利申请流程、软件著作权登记流程、《对全资、控股子公司知识产权管理的办法》；知识产权实施配套制度，如《专利申请评审管理办法》《专利实施及转化利益分配办法》《技术转让、许可管理办法》《科技成果转化管理办法》；知识产权相关配套制度的有《对外科技交流保密提醒制度》《（理工医）科技跨越行动计划》《（理工医）学院科研工作评价体系》（试行）、“四川大学专业技术职务二级岗位（征求意见稿）”、《关于贸易活动中的知识产权管理的规定》《对外活动中知识产权保护的有关规定》《对外合作中的管理制度》各子公司申请以集团名义购买涉外技术许可管理办法（暂行）》《计算机信息安全及办公自动化保密管理规定》《技术资料档案管理制度》涉及各方面的知识产权管理，从制度上基本可以达到综合管理。知识产权的综合管理，可以使企业形成知识产权体系化。

另一方面，部分企业仅限于专利管理制度的制定，商标、商业秘密等其他知识产权管理制度存在缺失，没有形成知识产权管理制度体系；有的企业知识产权管理制度缺乏可操作性和科学性，缺乏与国家知识产权制度的全面衔接、融通，尤其是与知识产权相关法律制度如《对外贸易法》《科学技术促进法》等的衔接。还有合作、委托创新制度，专门的转让、许可制度也较少。只有健全科学的管理制度，才能提高知识产权的管理能力。

2.4.2.5 建有知识产权创新激励机制，但激励机制有待完善

示范企业都很重视知识产权激励机制，在调查的21家企业中，有9家制定了专门的激励管理办法，占调查单位的43%。可见许多示范企业都意识到了激励机制对企业发展的重要性。

调查结果显示，还有的企业没有设置激励制度，或者激励制度不完善。企业的激励力度还不够，这不利于提高员工积极性。企业员工的职务发明激励机制通常采取物质激励与精神激励相结合的方法，鼓励和调动职工参与专利管理的积极性。良好的激励机制不但能提升员工的创新效率，而且也能使增强员工对企业的认同感，有为之贡献才智的愿望，这正是知识产品研发的不竭动力。很多国外企业都制订了有关知识产权的奖励制度并严格遵照执行。例如，日本东芝公司对发明创造有不同阶段的评价标准，即提出申请给予5 000~6 000日元的奖金，获得专利后视产品使用情况另外给予奖励，最高的奖金1年可以达到60~100万日元。美国IBM公司为激励发明而创立了累积记分制。示范企业奖金从几百元到几万元不等。只有加强激励制度，才会有更多的创新，以促进企业的发展。

2.4.3 示范企业知识产权能力运行评析

2.4.3.1 示范企业知识产权原始创新能力逐步提升

从调查结果看来，各示范企业主要技术创新模式以自主原始创新为主。并且各示范企业为了保护自己的新技术、新产品、作品权利方面，尽早申请专利。可见各示范企业对于知识产权主要通过自身创新能力来实现。技术创新是获得技术，提高企业竞争力的根本途径，各示范企业不仅已充分认识到知识产权对于企业竞争力的作用，而且认识到保护知识产权也是提高企业竞争力的途径之一。虽然各示范企业的知识产权创新能力与自身纵向比较已经很大进步，但和国内同行业的横向比较，还需进一步加强。

2.4.3.2 示范企业具备知识产权运用能力，运用水平有待提升

示范企业重视实施知识产权，大部分专利是自行实施，有56%的示范企业有专利许可、转让，而使用的专利是受转让或被许可的仅有22%。示范企业有进行知识产权融资、人股、贸易的情况；90%的示范企业没有转让、许可他人使用其商标的情况，也没有著作权转让情况。知识产权管理是企业运用知识产权法律制度促进知识产权使用、融资、投资、贸易等活动以实现知识产权资源的最佳效益。知识产权的运用目的是为单

位创造财富，企业可根据自身的特点和发展需要，适时考虑多形式利用知识产权，避免闲置和利用不充分。从调查统计看，知识产权运用能力不高体现在以下几个方面：

1. 知识产权的闲置较为严重，利用率低

从示范企业统计看，知识产权的闲置较为严重，有闲置专利技术的单位占66%，达到一半以上，这造成巨大的资源浪费。各个企业都在知识产权创造方面都投入了大量的人力、物力，但创造之后却不去利用，无疑对企业和社会来说都是巨大的浪费。

2. 企业之间进行技术合作开发与转化做得不够

示范企业较多仍倚重“封闭型”的自行产业化或技术储备模式，选择技术合作和技术贸易（转让和许可）等“外向型”模式比例较小。这反映出目前示范企业利用知识产权的方式还比较单一和初级，合作开发、转让和许可等方式有很大发展空间。

专利权除自己实施专利外，也可以转让专利权，或者许可他人使用自己的专利权，还可以交叉许可。随着技术开发和产业化难度的加大，技术开发经费的投资规模要求也越来越大。由于单个企业技术开发和转化能力有限，技术开发投资风险增大，因而，企业之间结成联盟进行技术合作开发和转化，将成为未来发展的趋势之一。此外，从比较优势、经济节约和跨越式发展战略方面来看，技术许可和转让也是当今技术引进的主要渠道之一。所以各企业对技术合作开发和转化也要给予足够重视。

3. 知识产权的资产价值利用不够

承认知识产权等典型智力资源在企业价值创造中的作用，将其资本化是国际上的通行做法。但示范企业中，没有任何企业将知识产权用于质押贷款；将知识产权作为无形资产作价入股仅占22%；经专业机构评估过示范企业的无形资产价值，并且无形资产价值已入账的也仅占22%。可见，知识产权作为资本和进行量化的仅占少数，各示范企业对知识产权的资产价值利用还远远不够，特别是在意识方面还没有重视。根据物权法、公司法等法律法规的规定，知识产权可以质押、出资等。如果无形资产在企业价值中得不到反映，这必然使得示范企业在与其他企业进行联营、兼并及商务交往中处于不利地位。

4. 商标权运用能力不高

许多企业虽注册了商标，但相应的联合商标、防御商标、从属商标、等级商标等商标制度运用不充分。联合商标，是指商标所有人在自己生产或销售的相同或类似的商品上注册的几个相互近似的商标，即将与注册商标近似的商标注册于相同或类似商品上形成的相互联系的商标。例如，杭州娃哈哈有限公司除了注册“娃哈哈”商标外，又在同类商品上注册了“娃娃哈”“哈娃娃”“哈哈娃”“娃哈娃”等商标，其中“娃哈哈”为正商标，后面几个都是联合商标。联合商标的使用对企业有多方面的益处，从权利保护的角度看，它扩大了注册商标专用权的保护范围，有利于防止因他人商标与自己近似从而产生被消费者误认的情况。防御商标又称防护商标，是同一商标所有人在已经核定使用的商品之外的商品上注册的同一著名商标。注册防御商标的目的不是为了使用，而是为了防止他人利用法律不授予注册商标在非类似商品上的专用权而在非类似商品上使用他人的驰名商标，从而损害驰名商标的信誉，冲淡驰名商标的显著性。典型的案例是，日本索尼公司的驰名商标“SONY”在世界上170多个国家进行了注册，不局限于电子产品。有位投机商人使用“SONY”商标经销巧克力，在消费者中造成了混淆。索尼公司认为损害了其声誉，对该商人提出控告，最终以投机商人停止侵权并作出赔偿告终。因此防御商标既是对商标权的运用，也是对驰名商标的保护。可见大多企业没有充分利用这些制度，使本企业知识产权没有得到充分利用。

综观国内外，企业之所以有继续通过技术创新取得并保持知识产权的内在动力，其根本原因就在于通过有效利用知识产权可以取得可观的经济效益。当今世界，企业价值的取得，正在向主要依靠对无形资产特别是对知识产权的利用方面转移。

2.4.3.3　示范企业知识产权保护意识强，保护能力有待提升

不仅在国内市场，在国际贸易中知识产权问题也被视为重中之重，知识产权已成为我国对外经贸摩擦的主要问题之一。这些都需要各个企业加强知识产权保护。示范企业制定的知识产权保护制度较为完善。每个企业都制定了知识产权管理制度，只是数量不同，重视的方面不同而已；保护意识较强，保护能力也有所增强，如彩虹电器通过进行网上监测，加大对公司拥有的中国驰名商标和四川省著名商标的保护力度，及时发现涉嫌侵权的注册申请并提出异议，加强对自主品牌的保护。光明光电在国内四个类别注册商标14个，在国外11个国家和地区注册商标29个，加大品牌国际保护。当发生知识产权侵权后，示范企业采取维权措施达89%。可见各示范企业知识产权保护意识较强，但保护能力却不太强，主要原因体现在以下方面：

1. 缺乏知识产权法律人才

各示范企业知识产权保护意识较强，但保护能力却不强，主要是对知识产权法律制度的利用能力较弱。在示范企业不能很好利用知识产权制度的主要原因中，因缺乏知识产权法律人才的占78%。可见，企业知识产权保护能力不强的最大原因是缺乏知识产权法律人才。

保护制度是当自己的专利权受到侵犯或可能受到侵犯时，如何保护自己的专利权的制度。主要有专利无效制度、侵权责任制度以及诉前保全制度、禁令制度等。只有充分重视法律人才，认识到法律知识对知识产权保护的重要性，才能提高企业的知识产权保护能力。企业知识产权管理人员的能力和水平的高低直接决定了企业自主保护知识产权的效果。绝大多数企业的相关人员基本上没有接受过系统的知识产权教育或培训。科技管理人员往往由于对有关法律、技术贸易的理解不全面、不彻底甚至不正确，因而达不到有效保护知识产权的目的。而法律人才会运用自己的法律知识，利用现行法律制度，与企业的管理结合起来，真正实现企业知识产权的保护。

2. 过于依赖知识产权中介服务机构

所有企业都与知识产权中介服务机构进行有过合作，合作对象中，专利代理机构占 89%，商标代理机构占 67%。可见大多数示范企业比较重视和知识产权中介服务机构的合作，但这也有些弊端。因为在知识产权的创造、运用、保护过程中，中介服务机构不能完整地给企业提供知识产权服务，并且对企业知识产权了解不全面，具有临时性，不能服务于知识产权战略，不能很好地把知识产权管理和企业的管理以及企业的经济效益结合起来，以致降低了企业的知识产权能力。

第3章　示范企业知识产权管理中制度运用案例分析

根据知识产权制度企业内化理论，示范企业上述管理态势是示范企业对知识产权制度的认识、理解与内化，为此，在上述企业知识产权管理态势研究的基础上，挖掘总结汇报的实例，采用案例分析的方式，结合个别访谈、实地调查的方法补充、校正，对四川省知识产权示范企业认识、运用知识产权制度案例进行分析、研究，进一步探究、判断示范企业对国家知识产权制度的认识水平、内化状况与运用能力的实际状况。

研究中，首先，我们全面查找、梳理了21个示范企业在其知识产权管理中已经实际运用的知识产权制度二级制度（或称二级因子、子制度、制度规则）情况；其次，借鉴专利制度二级因子构成筛选原则，按照专利制度、商标制度与其他知识产权制度，以及确权、用权与维权的分类原则，对相关知识产权制度的二级制度进行了分类，选择、分析了示范企业知晓、运用的知识产权制度二级制度案例；最后，由于阐述的形式与研究的逻辑正好相反，因而本部分从分析代表知识产权制度的二级制度的案例开始，在此基础上，依据知识产权制度企业内化理论对示范企业运用知识产权制度案例状态进行评析。

3.1　专利确权制度运用案例

3.1.1　专利文献检索制度

3.1.1.1　法律规定

《专利法》第61条规定："专利侵权纠纷涉及新产品制造方法的发明专利的，制造同样产品的单位或者个人应当提供其产品制造方法不同于专利方法的证明。专利侵权纠纷涉及实用新型专利或者外观设计专利的，人民法院或者管理专利工作的部门可以要求专利权人或者利害关系人出具由国务院专利行政部门对相关实用新型或者外观设计进行检索、分析和评价后作出的专利权评价报告，作为审理、处理专利侵权纠纷的证据。"该法第62条规定："在专利侵权纠纷中，被控侵权人有证据证明其实施的技术或者设计属于现有技术或者现有设计的，不构成侵犯专利权。"

3.1.1.2 案例事实

1. 丝丽雅案例

丝丽雅在四川省知识产权局的支持下，建立了一个纺织行业的专利专项数据库。该专题数据库涵盖了丝丽雅所关注的所有技术领域，包括七国两组织（中国、美国、日本、英国、法国、德国、瑞士，欧洲专利局、专利合作条约组织）专利文献摘要共40多万条，并且提供强大的检索功能，具有丰富的检索入口，全中文操作界面，通俗易懂、简便快捷，使企业应用人员能够方便、迅捷地查询准确、详尽的专利信息。该专题数据库还配置了专利战略分析系统，可以对专利文献数据进行分析，是企业制定和实施专利战略的有利的工具。

同时，丝丽雅在技术开发方面也作了很多规范性制度，比如开发前要求必须进行检索查新工作等。因此，丝丽雅技术开发人员在新技术开发过程中都比较重视专利信息的利用，在开发前通过中国知识产权局网、纺织行业书刊、四川省知识产权局信息中心对拟开发技术都进行了检索查新和资料收集，并对检索出来的资料进行技术分析，并据此作为本项目立项、申报专利等工作的依据。与此同时，为跟踪纺织行业技术发展趋势和了解竞争对手的专利情况，丝丽雅每月都根据公司科技管理部要求检索的内容以及自定检索词进行专利文献检索。丝丽雅知识产权办公室对检索到的内容通过公司信息平台进行公开，要求公司技术人员察看分析，作为技术开发的参考资料。

2. 地奥制药案例

地奥制药将专利信息检索制度的功能运用到项目研发决策、研发路径调整、专利申请、专利权使用、专利权维持、专利权保护等从知识产权创造到保护的全过程中。

第一，地奥制药通过购买 Derwent、Thomson Pharma 等商业数据库和使用各国免费专利文献建立了适合自身需求的专利文献检索系统，并构建了地奥心血康（软）胶囊等5个上市产品和地榆总苷等8个在研项目的专题专利数据库。地奥制药规定，在立项决策前，须通过专利信息检索跟踪全球新药动态和治疗趋势、分析竞争对手技术走向和战略意图，评估各种专利风险，从而了解当前技术现状、发展趋势，以避免重复研发、浪费资源。

第二，地奥制药在科研进程中，利用专利信息检索持续跟踪技术发展动态，并通过购买的恒和顿专利分析软件，评估在研项目的技术前景，是否侵犯他人专利，竞争对手布局、技术发展趋势等，不断修正研究方向，防止重复研究。

第三，研究结束后，地奥制药通过专利信息检索，保持跟踪本领域专利申请和技术发展趋势，并通过购买的恒和顿专利分析软件，完成与产品和项目相关的专利分析评估报告，对主要竞争对手的重点研发领域和划定的专利独占范围以及其专利权的稳定程度形成充分的认识，从而有效地制定并不断调整、完善自身专利保护体系。

第四，地奥制药对创新发明成果严格按照“地奥专利申请表”规定的程序对成果是否符合专利“三性”进行内部评议，并依据“在先申请”原则，适时申请专利：先由发明人向公司提交专利申请请求，阐述其发明创造的技术方案、技术效果和自我检索的新颖性情况，以及希望申请该专利的时间、类别等要求；然后由公司专利研究室对该申请进行全面的查新检索和技术分析，以判断其新颖性和创造性并作出风险评估，同时确定是否申请专利及申请的时机、种类、国别；最后由公司主管领导对该申请进行全局性考虑和最终审核。全部程序通过后，即可向国家知识产权局提交专利申请。在这个专利申请的决策过程中，地奥制药通过运用专利信息检索制度，不仅仅是确定发明创造是否符合“三性”，而且判断何时申请。显然，地奥制药并不认为发明创造申请专利越早越好，而是强调越“适时”越好，而对“适时”的把握是通过专利信息检索来实现的。

第五，地奥制药通过专利信息检索对专利技术的运用前景进行评估，进而决定是否维持专利权。地奥制药每年定期对公司全部专利进行梳理，以对专利前景和权利稳定性进行评级，同时按上市产品专利、在研项目专利、初筛项目专利等三大领域对公司专利进行分类，并根据公司整体战略以及具体项目进展对每一项专利单独评估，以作出维持、放弃或加大外围专利申请力度的决定。截至2009年2月，因技术更新换代或由于丧失开发前景等原因，地奥制药已放弃4件专利的维持。

3. 二重机械案例

二重机械于2007年年初，正式启动了“企业知识产权战略管理信息平台建设工程”。平台工程主要内容之一便是构建一个具有专利战略分析研究功能的局域网版的中外专利数据库。2007年11月，二重机械建设的局域网版中外专利数据库正式安装调试完成。该局域网版中外专利数据库资源为七国两组织（中国、美国、日本、德国、英国、法国、瑞士，欧洲专利局、世界知识产权组织）除A部（人类生活必需）以外的全部国际专利分类的专利文摘信息数据库，以及B部（作业、运输）的部分中国专利说明书6万余条。该专利数据库架构的两个平台为：专利信息检索平台和专利战略分析平台。

二重机械建设专利信息检索平台系统由中国专利检索系统、外国专利检索系统和专利信息统计系统组成，该平台实现了在同一中文界面下对世界各国专利信息的统一检索和浏览。专利战略分析平台是对专利信息进行深层次使用的工具，是将竞争战略分析中的分析项目和专利信息的内涵相结合，便于使用者从经济竞争角度对专利信息中的经济、技术和法律信息进行综合分析。二重机械专利战略分析平台对分析项目进行了“模块固化”设计，属于“傻瓜”型分析软件，具有分析功能、检索功能和管理功能等三大功能，二重机械员工均可在自己工作的电脑上通过局域网实现对本地数据库的检索、分析及利用。

为使公司员工能够方便进入互联网阅览外国专利说明书全文以及本库没有的专利说明书全文，二重机械还另外安装了一套直接登录知识产权出版社专利数据库的检索系统。该系统和公司的专利数据库这两套系统同时安装在公司的中外专利信息检索平台上，员工可以根据工作需求，选择登录不同的专利信息系统以满足具体工作需要。除此之外，二重机械还针对各级技术、经营、管理、情报、知识产权等领域的领导、专家、学术带头人、骨干等举办专利信息检索利用及战略分析知识的培训班。

二重机械通过组织国际专利文献检索，检索竞争对手国内外的专利申请情况及技术文献的公开发表情况，为自主转化打下基础，同时为潜在的知识产权纠纷提供证据准备。

3.1.1.3　评析

第一，基于对专利文献检索制度的正确认知，示范企业不仅花费巨资积极建立并完善专利文献检索平台，而且实际在各层面较为充分地运用了文献检索制度。在企业科研立项、新产品研发、技术设备引进和技术合作、产品出口、专利维权等各方面起到至关重要的作用（王素文、李忠芳，2002）。

第二，示范企业逐步学会多维度运用专利文献检索。示范企业大都坚持了在研发前进行专利文献检索，重视对相关专利技术进行知识产权状况、国内外现状及发展趋势、研究热点和难点进行分析，以避免重复投入，节约研究的资金、人力和时间；重视运用该平台跟踪行业技术发展趋势和了解竞争对手的专利情况；重视对国内外同行主要竞争对手的专利申请开展定期跟踪工作；重视在引进专利技术之前进行专利文献检索，分析待引进专利技术效力、与现有技术相比的优势，避免浪费资金，确保引进值得购买的专利技术等。

第三，部分示范企业专利信息检索平台构建趋于高级化，其对专利文献检索制度的深化运用为其他企业运用专利文献检索制度提供了典范。比如，在平台构建方面，二重机械不仅构建了专利信息检索平台，还构建了专利战略分析平台。在对专利文献检索的运用方面，部分示范企业在进行技术创新时进行专利文献检索已成为常规化途径；不仅在国内而且在国际层面进行检索；不再是一般化地进行文献检索和运用，而是越来越重视通过文献检索对专利信息中的经济、技术和法律信息进行综合分析和运用。比如，地奥制药对专利文献检索制度的运用贯穿于项目研发决策、研发路径调整、专利申请、专利权使用、专利权维持、专利权保护等从知识产权创造到保护的全过程中，属于对专利文献检索制度深入运用的典范，值得其他企业借鉴。

3.1.2　专利申请在先制度

3.1.2.1　法律规定

《专利法》第 9 条第 2 款规定：“两个以上的申请人分别就同样的发明创造申请专利的，专利权授予最先申请的人。”

3.1.2.2 案例事实

1. 眉山车辆案例

眉山车辆自“十一五”以来，专利工作取得显著成就，公司注重运用专利申请在先制度，对新开发的技术或者产品尽早申请专利。截至2010年6月，眉山车辆累计在国内提出专利申请150件，其中发明专利申请50件，实用新型专利申请100件，已获专利授权103件，其中发明专利授权19件，实用新型专利授权84件。除此而外，眉山车辆还进行国际专利申请，如“摇枕、侧架整体制芯工艺”已通过PCT国际专利申请，该专利在2009年获第十一届中国发明优秀专利奖。

2. 康弘药业案例

康弘药业充分意识到专利申请在先制度的价值，结合自身实际形成了一整套的专利申请战略，对公司研发的技术产品都尽早申请专利。首先，康弘药业设有专门的专利管理部门及专利管理人员，其重要职能之一就是负责公司的专利申请。其次，康弘药业制定了相关专利申请规章制度，其中，《专利管理规程》详细规定了如何挖掘创新技术提出新申请、专利申请流程、各种费用的缴纳和职务发明的申请及奖励办法等；《专利管理室部门职责》详细规定了专利管理部门的职责，如专利申请文件的撰写和审查意见的答复，同专利代理机构的沟通和协作，专利申请和维护性的流程工作等。再次，根据项目研发情况，康弘药业形成了从提出申请、专利撰写、答复实审、授权到侵权监控等完善的专利申请及维护流程，能够及时将研究成果转化为知识产权。目前，康弘药业所有在销品种都具有自主知识产权，所有上市产品都具有发明专利，而且针对重点产品，其专利网也在不断地完善。迄今，康弘药业共提出专利申请100余件，其中包括4件PCT专利，已获授权48件（其中包括2件美国专利、2件俄罗斯专利、1件韩国专利、1件印度专利）。2007年至2008年期间，康弘药业累计提出发明专利申请16件，其中1件PCT申请，获得发明专利授权5件；2009年以来，康弘药业累计提出发明专利申请27件，其中1件PCT申请，获得发明专利授权14件。

3. 长虹电器案例

长虹电器在被评为知识产权试点单位以前（2005年以前，含2005年），历年专利申请总量为683件，其中发明专利仅97件。与之相对比的是，截至2006年，海尔集团累计申请的专利达7000多件，是长虹电器的10倍还要多。同为家电行业的龙头企业，与长虹电器相比，海尔集团在专利申请量的优势上是显而易见的。可见，长虹电器在早期对专利申请在先制度的运用不尽如人意。

这种情况在长虹电器被评为知识产权试点单位以后大为改观，其专利申请在试点期间取得了长足的进步：2005年为114件，2006年为226件，2007年为326件，2008年为407件，每年都较上年保持着很高的增长率，且2006年、2007年和2008年三年的专利申请量比以前申请的总和还多。由此可见，长虹电器用数据展示其较为充分地运用了专利申请在先制度，取得了在专利申请量上的优势。

3.1.2.3　评析

第一，示范企业重视利用专利申请在先制度，从实质层面促进了自身专利数量的跃进和飞跃。长虹电器在被评为知识产权试点单位前后专利申请数量的对比，充分证实了重视运用专利申请在先制度能产生巨大的实际效用。拥有数量众多且质量很高的知识产权，往往就代表着巨大的竞争力。知识产权尤其是专利权拥有数量的持续增加，是示范企业迈向知识型企业的重要标志，也是其竞争力的重要保证。

第二，示范企业应进一步把握好专利申请时机，以使自身发明创造获得最优、最适当的专利权保护。选择恰当的专利申请时机，关键在于发明创造的成熟程度，发明创造不成熟而申请，可能不是好事；新产品已经在销售，出现仿制品时才申请，发明创造将失去新颖性而无法得到保护；耗费巨资研制的新技术，如果忙于鉴定而未抓紧时机申请专利，结果可能被别人抢先申请而失去专利保护。一项发明创造从得到实验室验证后到应用研究、开发研究或工业性中间实验之前，往往是申请专利的最佳时机。

第三，示范企业应进一步深化运用专利申请在先制度，在提升专利申请数量的同时进一步提升专利申请质量。拥有高质量的专利，才真正代表企业的竞争力。从示范企业历年专利申请情况统计分析，其在重视运用专利申请在先制度，采取积极措施进行专利申请后，其专利申请数量和最终获得的专利授权数量大都呈现爆发式或显著的增长，但专利质量却存在相当的问题。这主要表现为发明专利绝对数量较少，而且在所有专利申请和授权总数中所占比重不高，重大的创新发明较少等。因此，示范企业今后在运用专利申请在先制度时，不仅应力争在专利申请数量上能持续增长，更应在专利申请质量上力图有重大突破。

3.1.3　专利职务发明制度

3.1.3.1　法律规定

《专利法》第6条规定：“执行本单位的任务或者主要是利用本单位的物质技术条件所完成的发明创造为职务发明创造。职务发明创造申请专利的权利属于该单位；申请被批准后，该单位为专利权人。非职务发明创造，申请专利的权利属于发明人或者设计人；申请被批准后，该发明人或者设计人为专利权人。利用本单位的物质技术条件所完成的发明创造，单位与发明人或者设计人订有合同，对申请专利的权利和专利权的归属作出约定的，从其约定。”

《专利法实施细则》第77条规定：“被授予专利权的单位未与发明人、设计人约定也未在其依法制定的规章制度中规定专利法第十六条规定的奖励的方式和数额的，应当自专利权公告之日起3个月内发给发明人或者设计人奖金。一项发明专利的奖金最低不少于3 000元；一项实用新型专利或者外观设计专利的奖金最低不少于1 000元。由于发明人或者设计人的建议被其所属单位采纳而完成的发明创造，被授予专利权的单位应当从优发给奖金。”该细则第 78 条规定：“被授予专利权的单位未与发明人、设计人约定也未在其依法制定的规章制度中规定专利法第十六条规定的报酬的方式和数额的，在专利权有效期限内，实施发明创造专利后，每年应当从实施该项发明或者实用新型专利的营业利润中提取不低于 2% 或者从实施该项外观设计专利的营业利润中提取不低于 0.2%，作为报酬给予发明人或者设计人，或者参照上述比例，给予发明人或者设计人一次性报酬；被授予专利权的单位许可其他单位或者个人实施其专利的，应当从收取的使用费中提取不低于 10%，作为报酬给予发明人或者设计人。”

3.1.3.2 案例事实

1. 二重机械案例

二重机械秉承《专利法》和《专利法实施细则》的精神，结合本集团的实际情况设立发明专利申请奖励、专利获权奖励、获“国家专利奖”项目特殊奖励、专利实施利益分配、专利工作奖励等，大大激发了员工的发明热情，为集团的专利申请创造了良好条件。2001 年年底，二重机械在公司出台的《职务发明专利项目及专利工作奖励办法》《专利实施及转化利益分配办法》两项制度中，引入市场分配机制，加大了专利奖励力度。2002 年，公司专利申请数量较上年增长数倍。2003 年，二重机械再次调整专利奖励标准，使得专利获权奖励金额大幅度高于对应等级的公司科技成果奖励，把专利激励机制提高到了一个新的高度。二重机械还运用无形资产评估理论中的贡献原则、替代原则、预期收益原则和变化性原则，在职务发明专利获权项目奖励评审指标中，设立了“技术贡献、市场贡献、经济贡献、战略贡献及对专利制度和功能的利用效果”等 5 项一级评审指标和 33 项二级评审指标，对专利权可能为企业带来的经济及保护效益作出评价，并依据价值大小来推荐奖励等级。

2. 东方电气案例

东方电气根据《专利法》和《专利法实施细则》中的制度规定，在公司内部制定的《专利法实施细则》中加大了对职务发明创造申报专利获权后的奖励力度，规定职务发明创造的发明人（或设计人）在申报专利获得专利证书后，公司将给予发明人或设计人一次性奖励，其中一项发明专利奖励 10 000 ~ 20 000 元、一项实用新型或外观设计专利奖励 2 000 ~ 5 000 元。除了对发明人进行物质奖励的办法以外，东方电气还对发明人予以精神鼓励，比如进行公开的颁奖仪式，以表彰和奖励在公司专利工作中作出贡献和显著成绩的发明人和有关人员。另外，公司还努力探索以专利技术入股以及采取期股、期权等方式奖励职务发明人。东方电气的这些措施，充分发挥了专利制度激励机制，调动了科技人员发明创造的积极性，有效地推动了公司的科技创新。

3. 丝丽雅案例

丝丽雅为了激发科技人员的创新热情，设立了三步奖励制度：课题提出奖、课题方案奖、课题实施和创造效益奖；在全公司设立“合理化建议”奖，成立“合理化建议”

专项奖励基金，对员工提出了一个好“点子”，首先给予“建议奖”，经研究采纳后再给予“采纳试验奖”，转换成产品，产生出效益后，再给“效益奖”，并明确提出“宁可错奖三千，不可漏掉一个”。丝丽雅对新产品项目实行经理承包制度，把科技人员的个人经济利益与科研项目的成败联系在一起，将科技责任制加进经济责任制，落实到管理者头上，公司领导年薪 50% 与完成科技创新目标挂钩，部门管理者的考核也与科技创新目标挂钩，从分配、权利、责任等多方面把企业最优秀人才吸引、集中到企业的产品开发工作中来。现在，丝丽雅高层科技人员，人人都是科研课题组经理人，中层科技人员 50% 都承担着科研项目，形成了一支专兼职相结合、规模庞大的科技队伍，为企业储备了技术革新力量。公司近年每年在专利方面的奖励达到数百万元。

3.1.3.3　评析

第一，示范企业大都比较重视且实际地运用了专利职务发明制度，并结合自身实际，制定了名称不一的规则和细则。部分示范企业对职务发明制度的运用体现了一定的创新性、延伸性、灵活性、细分化特色，深化了对职务发明法律制度安排的理解和实际运用。另外，不同行业、不同类型的示范企业对职务发明法律制度的运用也各具特色，比如，丝丽雅公司从事产业属于纺织行业，该行业具有技术性不太高、创新较易的特色，职工个人容易作出职务发明，因此，其职务发明激励措施更多地体现了促进全员创新的特色。

第二，示范企业积极运用专利职务发明法律制度，成效明显。通过综合分析，发现：示范企业充分运用专利职务发明制度，极大地促进了员工创新积极性，企业职务发明数量逐年提高，职务发明专利实施比重逐渐增加、实施步伐加快，有力地促进了企业经济效益和管理水平的提升。

第三，示范企业对专利职务发明法律制度的深化、创新、灵活运用程度远远不够。这主要表现在：职务发明人权利部分得到体现，地位提升，但企业权利仍然处于首要地位；激励措施不够细分，措施本身创新力度远远不够；面对现代大科学时代科技创新发明特性，对如何有效激励团队职务发明等方面缺乏规定，难以激励员工进行团队合作进行大型、复杂科技发明。

第四，我国职务发明法律制度应进一步完善。首先，《专利法》第 6 条中关于“主要利用本单位的物质技术条件”所完成的发明创造为职务发明的规定不够科学，对于什么样的利用才是“主要利用”，判断标准难以把握；发明人与单位之间往往就职务发明权利归属往往缺乏约定，因此单位可以直接获得此类专利的权属，而将发明人排除在外，不利于此类专利的后续实施与改进，阻碍了科技的发展与进步。其次，《专利法实施细则》关于发明人离职后 1 年内作出的与原单位职务有关的发明归职务发明的规定存在可规避性，也没有对发明人转职两个以上单位的情况作出规定。最后，法律规定的职务发明奖金数额过于具体，报酬方式过于单一，缺乏对发明人与单位之间自由约定权利的有力保障，也没有体现千差万别的发明创造本身具有的经济价值（李艺虹、傅剑清，2006）。

针对上述缺陷，我国职务发明法律制度应在结合我国实际情况并借鉴他国立法基础上进一步完善，首先，对单位和发明人就专利权利归属和利益分配方式自由约定权利予以实质保障，特别是对处于相对弱势的发明人一方这种约定权利予以实质保障，以真正促使单位重视对发明人权利的保护，提高科研技术人员从事发明创造的主动性和积极性。其次，对《专利法》第6条中关于“主要利用本单位的物质技术条件”所完成的发明创造为职务发明创造的规定进行完善和修改。再次，对于受雇人于非职务范围所完成的发明创造的权利归属，立法可以借鉴我国台湾地区“专利法”、日本专利法的规定，将专利申请权和专利权归于受雇人所有，但赋予雇用人在向受雇人支付合理的技术使用费后，有优先实施该发明创造的权利。最后，对专利法关于职务发明的奖励措施的规定进行修改和完善，根据鼓励科技创新的原则，在肯定发明人有获得报酬的权利前提下，丰富发明人获得报酬的形式。

3.1.4 专利合作发明、委托发明制度

3.1.4.1 法律规定

《专利法》第8条规定：“两个以上单位或者个人合作完成的发明创造、一个单位或者个人接受其他单位或者个人委托所完成的发明创造，除另有协议的以外，申请专利的权利属于完成或者共同完成的单位或者个人；申请被批准后，申请的单位或者个人为专利权人。”

《合同法》第340条规定：“合作开发完成的发明创造，除当事人另有约定的以外，申请专利的权利属于合作开发的当事人共有。当事人一方转让其共有的专利申请权的，其他各方享有以同等条件优先受让的权利。合作开发的当事人一方声明放弃其共有的专利申请权的，可以由另一方单独申请或者由其他各方共同申请。申请人取得专利权的，放弃专利申请权的一方可以免费实施该专利。合作开发的当事人一方不同意申请专利的，另一方或者其他各方不得申请专利。”第341条规定：“委托开发或者合作开发完成的技术秘密成果的使用权、转让权以及利益的分配办法，由当事人约定。没有约定或者约定不明确，依照本法第61条的规定仍不能确定的，当事人均有使用和转让的权利，但委托开发的研究开发人不得在向委托人交付研究开发成果之前，将研究开发成果转让给第三人。”

3.1.4.2 案例事实

1. 成飞工业案例

成飞工业与众多企业、研究单位就某些特定项目展开合作，譬如：成飞工业依托某企业技术中心研制的某系列无人机项目取得了自主知识产权，在该项目上申请国防专利

近30项；通过产、学、研合作开展了大量科研课题研究，就形成的科研成果同合作方联合申请专利。可以说，成飞工业通过运用合作发明制度整合了各方的资源优势，在较短的时间内取得了骄人的专利成果。

2. 眉山车辆案例

多年来，眉山车辆一直站在货车发展技术前沿，加强与西南交通大学、北京交通大学、铁道科学研究院、四方车辆研究所等高等院校、科研院所的合作，推动研究项目的顺利开展。并通过建立博士后科研工作站，与西南交通大学等院所建立创新联盟，提高产品的自主创新能力，优化产品性能。近年来，眉山车辆的产品研发工作很好地贯彻了合作创新、合作研发这一思路，在70吨级焦炭运输专用敞车、30吨轴重副构架式径向转向架、80吨级以上载重货车开发、国际货车出口项目的开发上，与其他科研单位进行了广泛的合作。同时，眉山车辆还加强与国外知名企业、著名铁路专家合作，建立了长期、持续的产、学、研合作关系，增强了企业的科技创新能力。对于合作开发的新技术或产品，其权利归属由合作的主体在不违背法律规定的前提下根据具体情况协商。

3. 康弘药业案例

康弘药业技术中心通过国际合作，已成功搭建了在国内处于领先水平，与国际同步的3个产品技术创新平台（蛋白质基因工程技术平台、小分子药物研发技术平台、中药研发技术平台）和3个产业化技术平台（生物药技术平台、化学药技术平台、中药技术平台）。通过这些平台，技术中心已成功完成20余个新药研究项目，其中年产值超亿元的产品包括“松龄血脉康胶囊”“一清胶囊”“盐酸文拉法辛缓释片”（商品名：博乐欣）、“枸橼酸莫沙必利分散片”（商品名：新络纳）、“阿立哌唑口崩片”（商品名：博思清），正处于研发阶段的新药有10余项，其中国家一类新药8项，包括抗肿瘤一类生物新药KH901、治疗由眼底病变新生血管生长引起相关疾病的眼科一类生物药物KH902、抗肿瘤血管生长一类生物新药KH903、一类化学新药肿瘤多药耐药逆转剂W198等。

康弘药业技术中心坚持产、学、研结合，与国内外10多所高校、科研院所建立了密切的合作关系，并与科研院校联合共同研发了多个创新药物。此外，该技术中心承担了国家“创新能力平台建设项目”，国家“重大新药创制”专项项目，与四川大学、浙江大学联合承担了3项国家“863”计划，同时还承担了多项省、市科技计划项目，并在国内外著名杂志上发表了一系列高水平文章。

康弘药业通过自主研发创新和合作开发，充分发挥专利制度对企业的保障作用，有效地促进了专利工作的开展，对企业抢占市场先机，获取经济利益和实现持续发展提供起到了关键性的作用。

3.1.4.3 评析

第一，示范企业应进一步深化运用专利合作发明和委托发明法律制度。我国在相当长的时间内仍然处于技术追赶阶段，重大装备制造业的技术进步需要依靠引进、消化、吸收、再创新，同时由于历史因素，我国大企业所处的区域状况存在较大差异，因此就需要不同区域的企业，针对不同的利益诉求，抛开区域概念，以技术项目作为出发点，在引进、消化、吸收和再创新的各个环节统一协作，进行资源的合理整合，避免各自为战，从整体上增强我国各地区创造、运用、管理、保护知识产权的能力。

第二，示范企业与合作单位进行合作发明与委托发明时要特别注意签订严格的书面合同明确专利权属，以免产生不必要纠纷。明确具体的合同约定，不仅有利于明确在合作开发与委托开发过程中各方权利义务关系，而且是避免可能产生的专利权属纠纷的有效方式和手段。同时，采用合作开发或委托开发方式，企业应在协议中力争将合作或委托伙伴作为资源提供者而非利益共享者。

第三，示范企业采取合作发明与委托发明时要防止自身核心技术、商业秘密的泄露。特别是作为国防研发、生产单位的企业，很多技术开发和发明成果都属于国家秘密的范畴，因此，在选择合作单位时须注意到相关保密制度的规定，防止泄密事件的发生。

第四，示范企业企业采取合作发明与委托发明时要权衡技术引进与合作研发的利弊。在很多技术领域，与国外相比，我国并无比较优势，而这些技术领域很大部分国外已有成熟技术或即将淘汰技术。因此，企业需要充分权衡技术引进与自主创新投入的均衡点，一方面，要避免将大量的科研经费投入到国外已经成熟或者即将淘汰的技术，而应通过以较低成本引进、吸收国外的先进技术，增强技术吸收能力；另一方面，要通过结构型调整与引导，加强产学研等创新主体间的合作研发，增强自主创新能力。

第五，示范企业应强化企业集团内部知识资产的管理。示范企业集团及其子公司进行了大量的发明专利联合申请，但如何对这部分庞大的合作知识产权资源进行管理，如何清晰划分企业集团内部科技成果权利归属，并在此基础上促进知识产权在企业集团内部的自由流动，专利技术在企业集团内部得到共享，并以此加速自主创新的步伐，是值得示范企业重视的课题。

3.1.5 国防专利申请制度

3.1.5.1 法律规定

《专利法》第4条规定："申请专利的发明创造涉及国家安全或者重大利益需要保密的，按照国家有关规定办理。"

《专利法实施细则》第7条规定："专利申请涉及国防利益需要保密的，由国防专利机构受理并进行审查；国务院专利行政部门受理的专利申请涉及国防利益需要保密的，应当及时移交国防专利机构进行审查。经国防专利机构审查没有发现驳回理由的，由国务院专利行政部门作出授予国防专利权的决定。国务院专利行政部门认为其受理的发明或者实用新型专利申请涉及国防利益以外的国家安全或者重大利益需要保密的，应当及时作出按照保密专利申请处理的决定，并通知申请人。保密专利申请的审查、复审以及保密专利权无效宣告的特殊程序，由国务院专利行政部门规定。”

3.1.5.2 案例事实

1. 九洲电器案例

九洲电器根据其发展战略规划，在专利申请上民、军并举，在重视抓好民品专利申请的同时，重视加强军品国防专利的申请工作，以促进公司在军品领域形成自主强势的知识产权，保证在该领域内的领先地位。

2. 成飞工业案例

成飞工业作为我国设计、研制和成批生产现代歼击机的大型航空高科技企业和重要基地，大量发明专利只能申请国防专利，而国防专利的申请、审查、授权和实施等各个环节的相关文件资料均属于国家秘密，这些资料的知悉范围均由国防专利机构确定。2002年，成飞工业专利中心被国防专利局指定为国防专利代理机构，该机构的成立有利于成飞工业更加积极地申请国防专利，加大对发明创造的保护力度。

3.1.5.3 评析

第一，企业应充分理解并积极运用国防专利申请制度，做好相关技术的“军转民”，以及民用技术的“民转军”工作；“军转民”“民转军”过程中应充分尽到保密义务。

第二，美国及发达国家在技术“军转民”“民转军”“军民两用”方面的经验值得借鉴。对于发展军民两用技术，发达国家多采取了政府与企业共同负担、共享成果的方式，从而使资金、人员、技术、设备等资源得到优化配置，并带动了民用工业的广泛发展。特别是冷战结束后，美国积极制定推进“军转民”“民转军”“军民两用”技术的各种政策和计划，为两用技术的大规模发展创造了体制和机制上的条件，促进了两用技术的顺利发展。先为军用后转为民用的军用技术，符合冷战结束后军用技术结构调整和扩散的趋势，因此成为各美国以及世界其他军事大国和地区军事工业发展的新趋势（陈友谊，2002）。

改革开放后，尽管我国有关部门在“军转民”和发展“军民两用技术”等方面做了大量工作，国防科技工业向民用部门转移了大量军转民技术产品，不仅给军工企业带来生机和活力，促进了国防科技工业本身发展，同时也为国民经济整体素质的提升和综合国力的增强作出了贡献，但许多深层次问题尚待研究解决，比如，我国民用高新技术产业已有较大发展，但由于体制、法规与军用标准中存在的种种限制，民用高新技术优质资源却不能及时、有效、有序地为国防现代化建设服务，浪费了不可估量的巨大资源。

因此，我国可以借鉴国外的成熟做法，根据我国的国情、军情，建立军民融合的科技创新体系，这不仅能够促进军民两个领域的双向技术交流，增强国防科研生产能力，推动国民经济发展，还可降低装备采办费，节约大量资金，同时，可以加快打破军工自成体系、自我封闭、分工过细、军民分割的状态，充分调动各行各业的积极性、主动性、创造性，充分发挥全社会的科技和生产优势，构建基于本国高新技术核心竞争力的国家安全体系，使武器装备的发展更好地根植于整个国民经济和科技基础之中。

第三，运用国防专利申请制度应明确一般创造发明技术与保密技术的边界。不管是“军转民”，还是“民转军”或“军民两用”技术，都可能涉及国防安全而需要保密，而对于不涉及国防安全的技术则无须保密。因此，应明确一般创造发明技术与保密技术的边界，既不无限制地扩大保密范围，也要防止泄露秘密。

3.1.6 专利国际申请制度

3.1.6.1 法律规定

《保护工业产权巴黎公约》第2条〔本联盟各国国民的国民待遇〕第（1）项规定：“本联盟任何国家的国民，在保护工业产权方面，在本联盟所有其他国家内应享有各该国法律现在授予或今后可能授予各该国国民的各种利益，一切都不应损害本公约特别规定的权利，因此，他们应和各该国国民享有同样的保护，对侵犯他们的权利享有同样的法律上的救济手段，但是以他们遵守对各该国国民规定的条件和手续为限。”

《专利合作条约》（PCT）是继《保护工业产权巴黎公约》之后专利领域的最重要的国际条约，我国1993年成为PCT正式成员国。其第3条〔国际申请〕第（1）项规定：“在任何缔约国提出的保护发明的申请都可以按照本条约规定提出国际申请。”

我国《专利法》第20条规定：“任何单位或者个人将在中国完成的发明或者实用新型向外国申请专利的，应当事先报经国务院专利行政部门进行保密审查。保密审查的程序、期限等按照国务院的规定执行。中国单位或者个人可以根据中华人民共和国参加的有关国际条约提出专利国际申请。申请人提出专利国际申请的，应当遵守前款规定。国务院专利行政部门依照中华人民共和国参加的有关国际条约、本法和国务院有关规定处理专利国际申请。对违反本条第一款规定向外国申请专利的发明或者实用新型，在中国申请专利的，不授予专利权。”

3.1.6.2 案例事实

1. 地奥制药案例

地奥制药在其发展的第二阶段即国际化发展阶段，为了开拓国际医药市场，参与国际竞争，运用PCT制度，通过对自身相关技术及市场信息的认真调研和分析，选择部分具有国际市场潜力的药品发明进行PCT国际专利申请，截至2009年2月，地奥制药共提出国外专利申请 16 项，占其整个国内专利申请总量的 12.7%，其中包括其拳头产品“地奥心血康胶囊”的 PCT 国际专利申请，该专利申请将为“地奥心血康胶囊”进入欧盟和其他国家的主流药品市场提供有力支持。

2. 龙蟒集团案例

龙蟒集团的子公司四川龙蟒福生科技有限责任公司拥有“S－诱抗素”的完全自主知识产权，并申请了 10 项 PCT 国际发明专利。该公司是世界唯一能工业化生产“S－诱抗素”并已开发出系列应用制剂产品的企业，同时形成了“S－诱抗素”研发体系、专家顾问网络和应用推广体系。龙蟒福生公司现已与知识产权许可、国际市场研究发展等领域的有关组织和业内公司建立了战略合作伙伴关系。以“S－诱抗素”为主导的龙蟒集团的研究开发、原药及制剂生产、农业推广应用的产业链可望形成每年数十亿元产值的产业规模。

3. 光明光电案例

光明光电针对高附加值光学玻璃品种的国际市场区域，积极开展了两项专利的 PCT 国际专利申请工作，现该两项专利已分别顺利进入日本、韩国国家阶段。

3.1.6.3　评析

第一，部分示范企业重视运用专利国际申请制度，在保护自身产品国内市场的同时，也有力地保护了自身产品的国际市场，有效地避免了各种侵权纠纷，促进了企业市场的拓展和效益的提升。部分企业不重视、不及时对自身创造发明申请国际专利保护，则自身创造发明不仅容易被竞争对手恶意抢先申请专利保护，导致企业自身创造发明难以得到国际保护，而且企业出口该专利产品反而对恶意抢先申请专利国际保护方构成“侵权”，进而导致首先作出该项创造发明的企业丧失广阔的国际市场。

第二，企业在国际化进程中，应不断深化对专利国际申请制度的理解并积极运用该制度。企业依据《保护工业产权巴黎公约》《专利合作条约》等条约规定，对自身发明申请国际专利，有利于对企业自身创造发明获得突破一国或地区局限的全方位的全域保护，有利于保护企业主要出口市场等。长虹电器近年遭到多次国际诉讼，根源于其他企业对自身诸多产品申请了国际专利保护。这种困境深刻警示企业在国际化过程中必须充分运用专利国际申请保护制度，为自身创造发明进行全域甚至全球保护。

第三，企业应根据专利国际申请制度，深入研究向外国申请专利的策略和途径。首先，应充分结合专利申请优先权制度运用专利国际申请制度。其次，企业对自身创造发明向国外申请专利，目的是利用在国外获得专利保护的有利地位和条件，保护产品、技术的出口，占领国外市场，因此需要系统研究市场行情，选择和研究申请的国家和地区的市场前景。再次，结合企业市场经营战略，如果企业要在众多国家保持专利权的基础上积极扩大出口，则需考虑进行广泛的申请；如果要从事境外生产、许可转让、合资经营，则申请范围应包括生产所在地国家、潜在的被许可人所在国或有生产潜力的国家；

如果只想出口到某些国家和地区，则只需选择有限的国外保护范围，即主要的市场所在国和竞争对手所在国。

3.2 专利用权制度运用案例

3.2.1 专利实施制度

3.2.1.1 法律规定

《国家知识产权战略纲要》第（12）项规定："推动企业成为知识产权创造和运用的主体。促进自主创新成果的知识产权化、商品化、产业化，引导企业采取知识产权转让、许可、质押等方式实现知识产权的市场价值。充分发挥高等学校、科研院所在知识产权创造中的重要作用。选择若干重点技术领域，形成一批核心自主知识产权和技术标准。鼓励群众性发明创造和文化创新。促进优秀文化产品的创作。"

《专利法》第11条规定："发明和实用新型专利权被授予后，除本法另有规定的以外，任何单位或者个人未经专利权人许可，都不得实施其专利，即不得为生产经营目的制造、使用、许诺销售、销售、进口其专利产品，或者使用其专利方法以及使用、许诺销售、销售、进口依照该专利方法直接获得的产品。外观设计专利权被授予后，任何单位或者个人未经专利权人许可，都不得实施其专利，即不得为生产经营目的制造、许诺销售、销售、进口其外观设计专利产品。"

3.2.1.2 案例事实

1. 川庆钻探案例

川庆钻探的发明创造大都针对生产需要解决的技术难题而产生，因此其专利实施率在95%以上。中石油集团公司高级技术专家、川庆钻探地球物理勘探公司党委书记、总地质师李亚林博士提出："企业自主创新不是关起门来搞研究，更不是多少论文能获奖，其成功的标准应该是所研究出来的东西是否符合生产实际，能应用于生产、能解决更大的生产难题。"2005年，物探公司适时提出了"研发平台前移"观念，要求科研人员每年多次不定期深入到勘探一线。物探公司经理孙建库指出："如果不这么做，科研人员就不会知道我们生产一线最迫切的需要，就很容易造成研发资源的浪费。"

2. 中昊晨光案例

中昊晨光2008年4月成立了四川省唯一一家依托企业组建的省级有机氟材料重点实验室，该实验室有较强的科研能力，且非常注重自主知识产权的转移、实施及其产业化，其申请专利项目实施率达100%。

3. 地奥制药案例

地奥制药充分运用专利实施制度，取得了良好效益。以专利产品地奥心血康（软）胶囊为例，由于地奥制药对产品专利进行了行之有效的转化实施和明确的市场定位，其在地奥制药成为知识产权试点单位期间累计产值超过145 000万元，累计利税逾43 800万元。在2004年至2006年三年时间内，地奥制药拥有自主知识产权的产品销售收入已占到其总销售收的85%以上。此外，地奥制药尚有其他多项专利产品如脂必泰胶囊、乳腺增生口服液、紫黄精片等，已上市销售，并逐步实现产业规模。地奥制药还适应市场经济和资本运营的发展趋势，深入开展对知识产权价值评估、知识产权抵押或贷款、知识产权折价投资或入股、引进科技风险投资等新兴市场手段的现实可操作性、配套政策和相关财务统计标准的研究，重点关注高新技术、高附加值产品、传统优势项目领域，以储备新的经济增长点和支撑点。

3.2.1.3 评析

第一，示范企业在重视技术创新并获取诸多专利基础上，愈益重视专利的实际实施和运用，正因为如此，专利技术本身不仅得到实际运用，也成为企业市场拓展、技术不断更新的核心关键因素，促进了企业的持续创新和发展。

第二，示范企业应持续深入加强专利实施推进工作。专利实施不仅是企业专利由潜在生产力转化为现实生产力的重要途径，也是企业技术创新的重要形式。过去短短的20多年内，我国专利的申请量、授权量连年增长，但对专利的实施和有效利用尚处于初级阶段，专利技术产业化中存在的问题已成为我国现阶段要解决的突出难题。比如，科技中介机构不够发达，企业对于市场论证不准，对技术消化、吸收不好，创新机能不强，专利工作人才缺乏，专利大多为实用新型和外观设计，发明专利的数量少，有核心竞争力的发明专利数量更少等，都是专利实施转化率低的重要原因。

第三，我国专利实施法律制度可以在借鉴他国立法经验基础上进一步完善。我国关于专利实施的法律制度规定尚不够完善，比如在激励机制方面，我国《促进科技成果转化法》《促进科技成果转化的若干规定》《合同法》《专利法》及《专利法实施细则》在专利实施后对发明人的激励机制中，存在多头立法、相互冲突的问题，比如获得奖励或报酬的主体规定不一致，对作出重要贡献的人的范围没有清楚界定，对于转让或许可他人实施得到的转让费、许可费分配给成果完成人或发明人的比例规定不一致，对于单位自行实施或与他人合作实施后，给予成果完成人或发明人的奖励或报酬计算基准、计算期限的规定不一致，在实践中难以具体操作执行。

发达国家在专利实施方面的立法值得我国借鉴。美国技术转移法律法规涉及技术转移过程中的各个部门和环节，并且适应经济发展的要求不断修订完善，使得美国现有的技术转移体系有了一个良好的法律支撑环境，为美国提升其综合国力及科技成果转化率作出了突出贡献。纵观美国技术转移法律几十年的发展变化，从政府出资研究成果专利权归政府所有，到放权让利给研究的承担者，可以由他们向企业发放独占许可，再到授权给联邦实验室参与到合作开发协议中，将协议研究所产生的专利权自主安排，对公有领域向私有领域的技术转移的限制越来越少等，体现了在法律上从追求一种静止的绝对公平到追求切实可行的实际效率的转化过程。另外，其立法还比较充分体现出以人为本、尊重知识、尊重人才的理念，使发明的创造者能够切实分享到发明创造的回报。

另外，英、法等国法律制度中规定的当然许可制度也值得借鉴。所谓专利当然许可是指专利权人在申请并取得专利权后向专利局请求登记，在专利权的有效期间内，任何人可以不经与其另行谈判，只需交纳一定数额的使用费就可以实施其专利技术的一种许可形式。英国、法国、欧盟的专利制度中均设置了专利当然许可制度。专利当然许可制度为专利权人、专利被许可人建立了一个便捷、可靠的信息平台。使潜在的被许可人通过专利公报或专利局网站，可以方便地得知哪些专利的专利权人希望许可他人实施利用。这一制度与其他信息发布系统不同之处和最大优势是由国家专利局运行的政府行为，具有绝对的可信赖度，大大便捷了专利技术转移的信息交流。

我国应借鉴发达国家立法经验，全方位完善我国专利实施法律制度。除了可以考虑设置专利当然许可制度外，还应积极完善国家出资科研项目产生专利的权属制度、发明人激励制度、科技中介制度、专利信托制度等（蒋逊明、朱雪忠，2009）。

3.2.2 专利许可与转让制度

3.2.2.1 法律规定

《专利法》第12条规定：“任何单位或者个人实施他人专利的，应当与专利权人订立实施许可合同，向专利权人支付专利使用费。被许可人无权允许合同规定以外的任何单位或者个人实施该专利。”第15条规定：“专利申请权或者专利权的共有人对权利的行使有约定的，从其约定。没有约定的，共有人可以单独实施或者以普通许可方式许可他人实施该专利；许可他人实施该专利的，收取的使用费应当在共有人之间分配。除前款规定的情形外，行使共有的专利申请权或者专利权应当取得全体共有人的同意。”

《专利法实施细则》第15条规定：“除依照专利法第十条规定转让专利权外，专利权因其他事由发生转移的，当事人应当凭有关证明文件或者法律文书向国务院专利行政部门办理专利权人变更手续。专利权人与他人订立的专利实施许可合同，应当自合同生效之日起3个月内向国务院专利行政部门备案。”

《合同法》第326条规定：“职务技术成果的使用权、转让权属于法人或者其他组织的，法人或者其他组织可以就该项职务技术成果订立技术合同。法人或者其他组织应当从使用和转让该项职务技术成果所取得的收益中提取一定比例，对完成该项职务技术成果的个人给予奖励或者报酬。法人或者其他组织订立技术合同转让职务技术成果时，职务技术成果的完成人享有以同等条件优先受让的权利。职务技术成果是执行法人或者其他组织的工作任务，或者主要是利用法人或者其他组织的物质技术条件所完成的技术成果。”第327条规定：“非职务技术成果的使用权、转让权属于完成技术成果的个人，完成技术成果的个人可以就该项非职务技术成果订立技术合同。”第328条规定：“完成技术成果的个人有在有关技术成果文件上写明自己是技术成果完成者的权利和取得荣誉证书、奖励的权利。”第329条规定：“非法垄断技术、妨碍技术进步或者侵害他人技术成果的技术合同无效。”此外，该法第344条至第355条还对技术转让过程中转让人与受让人权利义务作出较为详尽的规定。

3.2.2.2　案例事实

1. 四川大学案例

四川大学《四川大学科技成果转化管理办法》规定了促进专利实施的办法，以及专利实施许可、专利权转让和专利申请权转让的程序。依据该办法，四川大学科技处负责代表四川大学行使专利实施许可、专利权转让和专利申请权转让的职责；申请专利权转让、专利申请权转让的相关技术，必须在国家工商管理部门登记注册，由具有无形资产评估资格的机构进行资产评估；在转让之前，课题组需向科技处提交经所在院系同意的转让合同审批单和技术秘密转让合同、专利实施许可合同、专利权转让合同、专利申请权转让合同（涉及专利权转让和专利申请权转让的需提供资产评估报告），由科技处审核批准，其中对国民经济影响较大的科技成果转让合同必须由校级主管领导审核批准，同时到中华人民共和国知识产权局办理“专利实施许可合同备案”或“著录事项变更”登记；技术秘密转让、专利实施许可、专利权转让和专利申请权转让经费的支配，参照相关具体转让经费列支比例执行。

2. 丝丽雅案例

丝丽雅经申请所获得的专利绝大部分自行实施。其近年总共实施的专利数为170件，其中168件自行实施，仅有2件许可他人实施。值得关注的是，丝丽雅“一锭多丝”专利技术多次被全国各省多家同行纺织企业模仿，产生群起侵权态势，丝丽雅综合运用各种手段应对侵权，最终多以和侵权单位和解，侵权单位支付转让费的结果告终，也就是说，丝丽雅被动地采取了实施许可。为此，丝丽雅也获得了相应的收入，截至2006年底，丝丽雅采取各种维权措施，通过司法和行政途径卓有成效地维护了自己的知识产权，获得了总金额超过2 000万元的专利侵权赔偿或专利许可费。

3. 长虹电器案例

2002年至2006年，长虹电器全部自行实施的专利为436件，许可他人实施、自行实施并许可他人实施、专利权转让数字均为0，可见长虹电器并没有充分利用专利许可与转让制度。

3.2.2.3　评析

第一，示范企业在专利许可与转让中应特别注意对技术秘密的保护。《专利法》要求专利说明书应当对发明或者实用新型作出清楚、完整的说明，但并未要求专利说明书公开发明或者实用新型所有的实施方式，专利权人有可能将某些最佳的实施方式作为技术秘密保留起来；此外，在实施专利技术的过程中，有可能涉及一些通过长期实验该发明或者实用新型而获得的专门知识和技术信息，这些都属于“技术秘密”的范畴，其可以是设计图表、机器草图和蓝图、零配件清单、原材料说明，生产工艺流程等。技术秘密经常是许可人在有关技术领域处于有利竞争地位的主要原因，因此许可人应重点加以保护。在专利许可合同之外签订一项技术秘密合同，或在专利许可合同中列入有关技术秘密的条款，都不失为一种有效保护技术秘密的办法。

第二，示范企业不仅应加大创新力度，更应进一步广泛、深入运用专利许可与转让制度。国际上很多企业非常重视专利许可制度且能很好地运用该制度，而我国企业却在这方面付出了极为沉重的代价。比如，长虹电器常常作为专利的被许可者，巨额的专利费使长虹电器难以承担，其市场竞争能力和赢利能力面临巨大挑战。自 2004 年至今，长虹电器一直秉承以自主创新为主的发展道路，在新技术开发、新产品开发中，也部分采取他人专利、尽量改良失效专利、选择性地在某些方面积极获取国外专利。如果长虹电器选择将自己自主研发的部分优势专利与国际同行进行专利交叉许可，那么，其支付的庞大的涉外专利费用或许能有所减轻。

第三，我国应进一步完善专利许可与转让法律规范。我国《专利法》在维护被许可人以及相关者的利益方面仍存在一些不合理之处，应当遵循合理协调、平衡许可人和被许可人的利益原则下进行完善，实现法律制度公平和效率的价值目标，从而促进专利权的许可与转让，如通过修改专利实施许可合同必须采用书面形式的规定，确立默认许可制度；许可人破产时，赋予被许可人选择权，并规范其解除权的行使，加强专利实施许可的稳定性；规定只有在许可人能证明其专利权的取得系善意时才可以免除其对专利权无效的瑕疵担保责任等（蒋逊明、朱雪忠，2009）。

3.2.3 专利放弃制度

3.2.3.1 法律规定

《专利法》第 47 条规定：“有下列情形之一的，专利权在期限届满前终止：一、没有按照规定缴纳年费的；二、专利权人以书面声明放弃其专利权的。专利权的终止，由专利局登记和公告。”

3.2.3.2 案例事实

地奥制药每年定期对已获授权的专利进行梳理，通过专利信息检索对各专利技术的运用前景进行评估，进而决定是否维持该专利权。其主要做法是：对专利权利稳定性进行评级，并按上市产品专利、在研项目专利、初筛项目专利等三大领域将专利进行分类，根据公司整体战略以及具体项目进展对每一项专利单独评估，以作出维持、放弃或加大外围专利申请力度的决定。截至2009年2月，因技术更新换代或由于丧失开发前景等原因，地奥制药已主动放弃4件专利的维持。

3.2.3.3　评析

第一，从总体上而言，示范企业对专利维持制度的研究、运用不够，实践中基于系统、深入、科学研究后而对自身所拥有专利作出维持或放弃决定的案例不多，多数企业尚停留在追求尽可能多的专利层面上，没有看到尽可能多地申请专利对企业固然重要，但专利的维持和实施同样重要，因为拥有数量庞大的专利，但不一定都能全部实施，而每年还需支付数额巨大的专利维持费，这样，企业所获取的专利不但不能创造效益，还将成为负担。

第二，示范企业应该系统、深入研究哪些专利应该维持，哪些应该放弃，除了充分实施对自身发展起着关键作用的核心专利外，对于其他专利，企业也不一定采取放弃措施，还可以充分进行专利转让与许可。另外，示范企业还要防范竞争对手恶意收购自身专利，然后予以放弃。最后，示范企业既要学会善于运用在各个领域存在数量巨大的失效和被企业放弃的专利，又要避免侵权。

第三，我国专利法应增加专门的条文制约专利权人恶意处分专利权，比如专利许可合同，无论双方是否明确约定，专利权人都应当自动负担保证专利权在合同期间内始终有效的法定义务，专利权因第三人向专利复审委员会提出请求而被宣告无效除外；在专利权人出于恶意抛弃专利权、损害被许可人利益时，法律应当对行为人加以惩罚性的赔偿金，以充分填补被许可人的损失并遏止类似严重违背诚实信用和公序良俗的不法行为（何怀文，2010）。

3.3　专利维权制度运用案例

3.3.1　专利优先权制度

3.3.1.1　法律规定

《保护工业产权巴黎公约》第4条A款第（1）项规定：“在本联盟的任何一个国家正式提出发明专利、实用新型或者外观设计注册申请的任何人或者权利继受人，从最初的申请日（称为‘优先权日’）起，在一定期间（称为‘优先权期间’）内，在联盟的其他成员国提出的同样的内容的申请（‘专利申请日’）的应当享有优先权。”

我国《专利法》第29条规定：“申请人自发明或者实用新型在外国第一次提出专利申请之日起12个月内，或者自外观设计在外国第一次提出专利申请之日起6个月内，又在中国就相同主题提出专利申请的，依照该外国同中国签订的协议或者共同参加的国际条约，或者依照相互承认优先权的原则，可以享有优先权。申请人自发明或者实用新型型在中国第一次提出专利申请之日起12个月内，又向国务院专利行政部门就相同主题提出专利申请的，可以享有优先权。”

3.3.1.2 案例事实

部分示范企业重视国际专利（PCT）申请，比如，龙蟒集团的子公司四川龙蟒福生科技有限责任公司拥有S－诱抗素的完全自主知识产权，并申请了10件PCT国际发明专利；光明光电针对高附加值光学玻璃品种的国际市场区域，积极开展了两件专利的PCT申请工作。总体上，示范企业在国际上重视利用专利优先权制度的案例事实不多。

3.3.1.3 评析

第一，示范企业对于专利优先权制度的重视和运用远远不够。即便有的企业运用了该制度，但多出于获得优先权的单纯目的，没有将对该制度的运用与企业市场拓展和保护紧密结合起来。实践中，有的企业因未重视运用该制度，导致自身创造发明成果被其他企业不劳而获地在国外抢先申请获得专利权保护，反过来更制约了最先作出该项创造发明的企业国际市场的拓展，给企业造成巨大损失。

第二，示范企业所作出的创造发明技术含量较低，一定程度上限制了对专利优先权制度的运用。诸多企业并没有充分运用中国作为《保护工业产权巴黎公约》成员国的身份，积极运用专利优先权制度，向国外申请专利，其中主要的原因在于企业的专利申请大多为外观设计，发明专利和实用新型较少，因此申请优先权保护的必要性不强。

第三，示范企业应充分研究并深化运用专利优先权制度，为自身创造发明寻求延伸保护，进而保护自身广泛市场基础。运用专利优先权制度，到外国专利申请，不仅可以有效保护企业的技术优势，提高市场竞争力，还可以通过交叉许可等形式为企业带来经济效益等。因此，在走向国际化进程中，企业应该坚持全球化的“专利先行”战略，对自身创造发明的专利申请进行全球布局，以对自身创造成果获得全球保护，寻求自身技术优势的全球化，为企业国际国内市场的拓展提供坚实而广泛的基础。

3.3.2 专利时效制度

3.3.2.1 法律规定

《专利法》第42条明文规定：“发明专利权的期限为20年，实用新型专利权和外观设计专利权的期限为10年，均自申请日起计算。”

3.3.2.2 案例事实

中昊晨光所经营的化工领域，虽然高端领域技术要求较高，核心专利较多，但在需求量仍然很大的中低端领域失效专利较多，仍然具有开发价值。

3.3.2.3 评析

第一，示范企业对失效专利的筛选和再利用意义认识不足。对失效专利的利用不需要使用费，而且许多失效专利还具有较高的使用和开发价值以及广阔的市场前景。因此，对失效专利技术，企业可以充分利用专利保护的时间性和地域性特点，进行合理仿制，以节省研究开发经费，直接产生经济效益。

第二，示范企业普遍缺乏对专利时效制度的逆向运用。示范企业普遍重视正面运用专利时效制度，也就是说，企业对自身拥有专利在其专利期限时限内，比较重视防范其他企业的侵权行为；对于其他企业所拥有的专利权，在其权利时限内，企业也尽可能不去侵权，但示范企业对庞大失效专利的利用远远不够。据统计，现在世界上专利累计数已经达到3 000万件，其中有效专利占12%左右，这就意味着失效专利的利用空间十分巨大。国际上有的企业甚至跨国巨头曾运用失效专利获得巨大成功，比如，磁带录音机是由飞利浦公司发明的，此后该公司先后在多个国家将该项专利放弃，日本人则充分利用该失效专利，在此基础上开发出品质不一的各式录音机，获得了巨大的利益。

第三，示范企业应更重视并积极、正确运用专利时效制度，充分运用失效专利进行技术开发，以节约成本，实现技术飞跃。对于国外众多的专利，企业应当查清该专利是否有效，如已经过期，可以直接利用，并在此基础上开发新技术，进而申请专利权保护，形成自身技术优势。同时，在技术引进过程中，企业应特别注意审查卖方所拥有专利权的法律状况，以免对过期失效或无效的专利支付冤枉钱。

3.3.3 专利无效宣告制度

3.3.3.1 法律规定

《专利法》第45条规定：“自国务院专利行政部门公告授予专利权之日起，任何单位或者个人认为该专利权的授予不符合本法有关规定的，可以请求专利复审委员会宣告该专利权无效。”第46条规定：“专利复审委员会对宣告专利权无效的请求应当及时审查和作出决定，并通知请求人和专利权人。宣告专利权无效的决定，由国务院专利行政部门登记和公告。对专利复审委员会宣告专利权无效或者维持专利权的决定不服的，可以自收到通知之日起3个月内向人民法院起诉。人民法院应当通知无效宣告请求程序的对方当事人作为第三人参加诉讼。”第47条规定：“宣告无效的专利权视为自始即不存在。宣告专利权无效的决定，对在宣告专利权无效前人民法院作出并已执行的专利侵权的判决、调解书，已经履行或者强制执行的专利侵权纠纷处理决定，以及已经履行的专利实施许可合同和专利权转让合同，不具有追溯力。但是因专利权人的恶意给他人造成的损失，应当给予赔偿。依照前款规定不返还专利侵权赔偿金、专利使用费、专利权转让费，明显违反公平原则的，应当全部或者部分返还。”

《专利法实施细则》第64条规定：“依照专利法第45条的规定，请求宣告专利权无效或者部分无效的，应当向专利复审委员会提交专利权无效宣告请求书和必要的证据一式两份。无效宣告请求书应当结合提交的所有证据，具体说明无效宣告请求的理由，并指明每项理由所依据的证据。前款所称无效宣告请求的理由，是指被授予专利的发明创造不符合专利法第22条、第23条、第26条第3款、第4款、第33条或者本细则第2条、第13条第1款、第20条第1款、第21条第2款的规定，或者属于专利法第5条、第25条的规定，或者依照专利法第9条规定不能取得专利权。”

3.3.3.2 案例事实

1. 地奥制药案例

地奥制药曾运用专利无效制度对抗美国辉瑞制药有限公限“万艾可”专利权。2001年9月，我国国家知识产权局正式授予辉瑞公司“万艾可”专利权。地奥制药联合广州白云山制药、上海双龙高科技开发公司等12家企业依法向专利复审委员会提出无效宣告请求，理由是“万艾可”专利不符合中国《专利法》第26条第3款的规定，即“说明书应当对发明或者实用新型作出清楚、完整的说明，以所属技术领域的技术人员能够实现为准；必要的时候，应当有附图。摘要应当简要说明发明或者实用新型的技术要点。”经过2年又9个月的漫长审议，2004年7月5日，国家知识产权局专利复审委依据《专利法》第26条第3款，以“专利技术方案公开不充分”为由宣告辉瑞公司万艾可专利无效。辉瑞公司对知识产权局的无效决定不服，并提起诉讼。经过长达1年多的审理，北京市第一中级人民法院依据《专利法》第26条第3款，认为辉瑞公司该专利说明书已经附有实验数据，一般技术人员“无需花费创造性劳动”即可实现，专利复审委“认定事实有误，适用法律错误，应予撤销”，进而判决“万艾可”专利所有人辉瑞公司胜诉。

2. 东方电气案例

东方电气早在1999年就曾利用专利无效制度，采取专利诉讼战略，维护公司的合法权益。具体案情为：1999年7月5日，上海新华控制技术有限公司（以下简称：原告）向上海市第一中级人民法院提起诉讼，诉东方电气及上海航天工业总公司八一二研究所（以下简称：二被告）侵犯其发明名称为“汽轮机调节汽阀执行机构”的实用新型专利权，请求依法判令二被告停止侵权，向原告公开赔礼道歉、赔偿原告的经济损失人民币共计50万元、承担本案的全部诉讼费用及原告合理的律师代理费。原告称二被告自1998年12月起将具有与原告实用新型专利相同必要技术特征的产品用于对徐州电厂200MW汽轮机的改造，并在此后一直以生产经营为目的，制造、销售具有该技术特征的产品，构成对原告实用新型专利权的侵犯。二被告在准备应诉的同时，向国家知识产权局请求无效原告“汽轮机调节汽阀执行机构”实用新型专利权，并提出了充分的对比文献等证据。国家知识产权局于1999年8月23日正式受理二被告的该项请求，上海市第一中级人民法院于1999年11月1日作出“本案中止诉讼”的民事裁定。国家知识产权局根据二被告所提供的2篇对比文件，证明原告的“汽轮机调节汽阀执行机构”专利权所保护的技术方案没有新颖性和创造性，遂于2001年7月24日作出了该实用新型专利权无效的决定。此后，原告于2001年8月16日正式向上海市第一中级人民法院提出撤销无效宣告的诉讼请求。本案中，东方电气通过对当时《专利法》中的专利无效宣告制度的利用，在原告指控其侵犯专利权时，以积极主动的姿态，提出充分的证据，请求国家知识产权局宣告原告该实用新型专利权无效，并最终取得成功，消除了侵犯他人专利权的指控威胁，是对专利无效制度成功运用的典范。

3.3.3.3　评析

第一，示范企业应逐步重视对专利无效宣告制度的运用。随着我国企业专利申请量的增加，专利无效及撤销纠纷案件必然随之增加，因此企业应该注意在进行专利申请时，首先自身应进行严格把关，避免将不符合专利法规定的创造发明进行专利申请，浪费不必要的各种资源。

第二，示范企业应充分运用专利无效宣告制度，取消竞争对手专利，维护自身竞争优势。对于同行业或所生产产品具有替代性的企业而言，专利产品往往成为决定竞争胜败的关键因素，而对竞争对手所生产产品所依据基础即专利权进行无效申请并得到支持，无异于釜底抽薪。从总体上而言，专利申请对企业在申请主体、申请程序、发明创造应具备的“三性”、权利要求范围、权利要求书修改、申请应属于可授予专利权范围等方面有较多而且较高的要求，因此企业在进行专利申请过程中，很可能在某一方面或某几方面存在瑕疵，进而可能导致所申请专利无效。企业积极运用专利无效宣告制度，取消竞争对手专利，是维护自身竞争优势的重要手段。

3.4　商标制度运用案例

3.4.1　商标申请制度

3.4.1.1　法律规定

《商标法》第4条规定：“自然人、法人或者其他组织对其生产、制造、加工、拣选或者经销的商品，需要取得商标专用权的，应当向商标局申请商品商标注册。自然人、法人或者其他组织对其提供的服务项目，需要取得商标专用权的，应当向商标局申请服务商标注册。本法有关商品商标的规定，适用于服务商标。”第6条规定：“国家规定必须使用注册商标的商品，必须申请商标注册，未经核准注册的，不得在市场销售。”第8条规定：“任何能够将自然人、法人或者其他组织的商品与他人的商品区别开的可视性标志，包括文字、图形、字母、数字、三维标志和颜色组合，以及上述要素的组合，均可以作为商标申请注册。”第9条规定：“申请注册的商标，应当有显著特征，便于识别，并不得与他人在先取得的合法权利相冲突。”第29条规定：“两个或者两个以上的商标注册申请人，在同一种商品或者类似商品上，以相同或者近似的商标申请注册的，初步审定并公告申请在先的商标；同一天申请的，初步审定并公告使用在先的商标，驳回其他人的申请，不予公告。”

3.4.1.2 案例事实

1. 地奥制药案例

地奥制药的商标体系主要围绕品牌建设开展，采用了统一商标与分散商标的相结合的总策略，即集团公司及控股和下属公司推出的所有医药用品均使用“地奥”文字加图形商标，其他业务按类别分别使用不同的商标，比如化妆品业务统一使用“奥岚雪”商标。“地奥”商标在1999年被国家工商管理总局认定为中国驰名商标。为了对该驰名商标进行全方位的保护，地奥制药根据国家商标局按照制定的《类似商品与服务区分表》，在集团公司主营业务相关的45个类别均防御性地注册“地奥”商标。此外，地奥制药还将重点上市产品的商品名在本类别及相关类别进行商标注册，例如公司的核心产品“注射用胸腺肽α1”迈普新，虽然其注册商标“地奥”已被认定为中国驰名商标，但地奥制药仍然将商品名“迈普新”及其易混淆名称如“普迈新”在本类别及相关类别注册商标，对该产品的独特性进行有效保护。截至目前，地奥制药现已在国内注册商标200余件，并在多个国家和地区成功注册商标22件。同时为应对重点项目投资、重点新产品计划等，地奥制药还提前注册商标，部署商标战略，为公司的中长期发展规划提供有力支持。

2. 泸州老窖案例

在酒类行业竞争日益激烈的情况下，泸州老窖充分认识到商标对于企业生存的重要性。截至2010年6月，泸州老窖拥有注册商标共659件，包括3件驰名商标。泸州老窖在自己运用商标注册制度的同时，还特别注意他人的注册申请，对他人经初步审定、予以公告的商标，如发现损害了自身利益，会及时提出异议。

3. 光明光电案例

光明光电注重商标管理，制定了专门的《商标管理办法》，规定了商标管理人员的职责和商标管理的具体工作，其中包括对商标的申请注册。截至2010年10月，光明光电在商标方面，国内在四个类别注册了14件商标，包括图形、冰山、CDGM、HFK61、MJB、光明等；国外在11个国家和地区注册了29件商标，包括图形、冰山、CDGM、MJB等。其中，“冰山”商标还被认定为中国驰名商标。

3.4.1.3 评析

第一，示范企业大都对商标申请制度有所运用，但运用程度明显不够。从总体上来说，示范企业大都树立了商标申请在先意识，在企业内部建立了相应的商标管理制度，规范在国内及国外商标的申请及注册，这起到了防止他人侵权和避免侵犯他人权益的双重效果。但从示范企业整个知识产权管理状况来看，对商标申请的力度和重视程度远远不及专利，同时只有个别企业采取了专利和商标同步发展及将二者结合进行联合保护的方法。

第二，示范企业应进一步充分利用商标申请法律制度增强企业优势。我国对商标注册申请核准所依据的是在先申请辅以在先使用的原则，因此对示范企业而言，不仅应进一步强化商标申请意识，提高商标申请和核准注册商标的数量和质量，更应积极探索商标申请与其他知识产权有机结合的方式，比如与专利相结合保护，以增强企业优势。

第三，我国商标申请法律制度应进一步完善。比如在商标权申请的受理机构上，我国由国务院工商行政管理部门商标局主管，由于商标申请量大，因此容易造成商标申请至授予的期限长、商标申请审查工作质量下降等问题；在商标申请至核准注册期间的权利保障上，按照现行规定，商标申请人从送达申请书到取得受理通知书要经过6至8个月，从获得受理通知书到取得商标注册证要经过18个月左右，除去公告的法定3个月时间，申请商标在实质审查阶段滞留了15个月，申请注册周期过长导致申请人权利长时间处于待定的不稳定状态，一旦发生确权纠纷，对于商标的实际拥有人会产生很大的风险。

针对以上立法缺陷，我国立法可以考虑借鉴美国和日本做法，一方面，将商标注册的审查核准权由中央让渡一部分给地方，但对于某些事项仍然统归国家商标局管理，如对于有异议、不能确定是否应予以注册的商标上报国家商标局，由国家商标局予以裁定；对驰名商标的认定仍由国家商标局统一审核，对于公告的异议和争议商标的裁定权仍由国家商标局商标评审委员会行使。另一方面，通过立法建立类似日本的商标注册前的利益请求权制度，同时明晰“公示警告”对任意相对人的效力、公示方式和相对人主观过错的推定方式等内容（森智香子，2009）。

对行政管理机构而言，在立法暂时无法变动的情形下，应加强商标信息管理和平台建设，便于企业查询已申请的商标，这既可以避免侵犯他人权利，也可以给企业的商标建设提供指引作用。同时，应大力帮助企业优化商标申请受理及核准注册的程序，提高工作效率。

3.4.2　商标国际注册制度

3.4.2.1　法律规定

《商标法实施条例》第12条规定：“商标国际注册依照我国加入的有关国际条约办理。具体办法由国务院工商行政管理部门规定。”

《商标国际注册马德里协定》第1条第2项规定：“任何缔约国的国民，可以通过原属国的注册当局，向成立世界知识产权组织公约中的知识产权国际局提出商标注册申请，以在一切其他本协定参加过去的其已在所属国注册的用于商品或服务项目的标记的保护。”

《马德里商标国际注册实施办法》第4条规定：“商标已经在商标局获得注册，或者已经向商标局提出商标注册申请的，可以根据马德里议定书申请该商标的国际注册。”

第5条规定：“申请商标国际注册的，应当通过商标局办理。申请人或者其委托的商标代理组织可以直接到商标局提交申请，也可以向商标局寄交申请。”

3.4.2.2 案例事实

1. 二重机械案例

为配合二重机械“走出去”战略的实施，提高二重机械商标的国际声誉，打造国际市场认可的国际名片，2007年，二重机械开始筹划在产品和经营活动可能进入的国家和地区进行商标先行注册，并在查阅大量资料及进行考察调研的基础上，完成了《二重进行国际商标注册的初步方案》。2008年7月，二重机械正式向国家工商行政管理总局提出二重机械厂徽商标的国际注册申请。其国际注册覆盖的领域为《马德里协定》签约国家。

2008年11月，世界知识产权组织国际局签发了有关二重机械厂徽商标马德里商标国际注册申请的国际注册证。这标志着二重机械的厂徽商标已经通过世界知识产权组织国际局的审查程序，进入到53个《马德里协定》缔约国（包括法国、德国、波兰等）和27个《马德里议定书》缔约国（包括美国、英国、日本等）的具体审查。根据《马德里协定》和《马德里议定书》的相关规定，马德里商标国际注册申请，只有一个国际注册证。除各指定国有特别声明的外，自国际注册证上注明的通知日（即2008年10月16日）起，各指定协定国的商标主审机关必须在12个月以内对二重厂徽商标注册申请进行实质审查。如在此期间注册申请未被驳回，即可视为在相应的国家获得注册。

目前，世界知识产权组织国际局已经转发了由欧洲市场内部协调局签发的第一次审定通知。该通知表明二重厂徽商标的马德里商标国际注册申请已通过欧盟内部协调局初步审查。根据有关条约规定，二重机械的注册申请经过此审查后将进入公告异议期。如果在异议期内没有其他第三方对商标注册申请提出异议，二重机械厂徽商标将会在欧盟获得注册。

2. 中昊晨光案例

“晨光”商标从1980年注册至今，在有机氟化工领域已具有较高的知名度。为了积极参与国际市场竞争，保护企业知识产权，中昊晨光近年先后在产品市场良好的国家和地区申请了商标注册，目前已在美国、加拿大、意大利、法国、德国、伊朗、日本、印度、马来西亚和中国台湾等10多个国家或地区开展商标注册，已取得国外有效注册商标有10件。

3. 迈普通信案例

迈普通信尽管是一家成都本土的民营企业，但是其坚持以自主创新技术为持续发展之本，在中国及新加坡、印度尼西亚、印度等地设立了多个分支机构。公司系列网络产品和解决方案在全球30余个国家和地区得到规模应用，是南亚和东南亚、中东欧、俄罗斯市场行业网络建设的主流品牌，并成为亚太地区第二大接入层路由器设备供应商，印度第三大路由器设备供应商。因此，迈普通信十分注重其在国外的品牌，积极申请国外商标注册，目前已经拥有40余件国外注册商标，这为公司开拓国际市场打下了坚实的基础。

3.4.2.3　评析

第一，部分示范企业积极运用商标国际注册制度，对企业国际化发展、国际市场的拓展和保护、国际知名度及全球竞争力的提升起到巨大作用。示范企业大都重视申请商标的国际注册，并力争在国外多个国家取得商标专用权的领土延伸保护。二重机械在商标的国际注册制度运用上走在前列，其专门进行系统规划，制定商标国际申请注册的方案和细则，然后按照规划进一步实施，力争通过《马德里协定》成员国的商标审查，打造国际商标品牌，这为其他示范企业树立了范例。

第二，示范企业对商标国际注册制度的运用应进一步系统规划、提升层次。首先，企业应在加强申请国际商标注册的意识基础上，调查研究产品拟出口国家或地区情况，制定海外注册规划；应紧密联系自身产品和经营状况，确定重点申请商标注册的国家或地区，以及商标注册的产品类别；在选择注册的商标时，应注意适应所在国或地区消费者需要以及符合法律的规定。其次，商标国际注册的两种方式中，建议企业优先选择马德里商标国际注册。一般所说的商标国际注册是指马德里商标国际注册，该方式具有手续简单、费用较低、节省时间、覆盖面广，以及规避某些国家对于单独申请的严格要求等优点。只有当示范企业想要获得商标权的国家不是《马德里协定》的成员国时，才建议采取单独向该国申请的方式。再次，企业涉及产品出口、特别是开拓国际市场时，在商标注册或使用问题上应当根据不同国家的法律制度采取不同的策略。由于商标确权的方式有注册在先和使用在先两种。企业应针对采取不同方式的国家实施不同的策略。一方面，对于日本、意大利等实行注册在先的国家来说，应及时进行注册申请；另一方面，对于美国、加拿大等实行使用在先的国家来说，则应注意将商标实际使用于投入出口国的商品中，并注意保留相关证据，通过所在国家的法律程序来对抗他人的注册申请在先的相同或近似的商标并获得自己的商标权；如果企业的商标已被认定为驰名商标，则还可以通过国际公约对驰名商标的保护规定获得商标专用权。另外，企业要有长远战略眼光，商标的国际注册不应局限于产品销售国，对于有销售潜力、产品准备进军的国家和地区都应予以考虑。

第三，政府在推进企业利用商标国际注册制度方面可以大有作为。政府应通过宣传让企业意识到商标国际申请的战略性作用，同时通过政策引导、制度建设，比如建立信息查询系统等，方便企业了解马德里商标国际注册及其他需要特殊规定的国家单独申请商标注册所要求的实质要件及程序要件，为企业商标国际注册提供信息服务和良好环境，以保障企业便捷有效地申请国际商标，促进企业的产品出口，打造中国品牌。

3.4.3 驰名商标制度

3.4.3.1 法律规定

《商标法》第13条规定："就相同或者类似商品申请注册的商标是复制、摹仿或者翻译他人未在中国注册的驰名商标，容易导致混淆的，不予注册并禁止使用。就不相同或者不相类似商品申请注册的商标是复制、摹仿或者翻译他人已经在中国注册的驰名商标，误导公众，致使该驰名商标注册人的利益可能受到损害的，不予注册并禁止使用。"第14条规定："认定驰名商标应当考虑下列因素：（一）相关公众对该商标的知晓程度；（二）该商标使用的持续时间；（三）该商标的任何宣传工作的持续时间、程度和地理范围；（四）该商标作为驰名商标受保护的记录；（五）该商标驰名的其他因素。"

《商标法实施条例》第5条规定："依照商标法和本条例的规定，在商标注册、商标评审过程中产生争议时，有关当事人认为其商标构成驰名商标的，可以相应向商标局或者商标评审委员会请求认定驰名商标，驳回违反商标法第13条规定的商标注册申请或者撤销违反商标法第13条规定的商标注册。有关当事人提出申请时，应当提交其商标构成驰名商标的证据材料。商标局、商标评审委员会根据当事人的请求，在查明事实的基础上，依照商标法第14条的规定，认定其商标是否构成驰名商标。"第53条规定："商标所有人认为他人将其驰名商标作为企业名称登记，可能欺骗公众或者对公众造成误解的，可以向企业名称登记主管机关申请撤销该企业名称登记。企业名称登记主管机关应当依照《企业名称登记管理规定》处理。"

《最高人民法院关于审理商标民事纠纷案件适用法律若干问题的解释》第8条规定："商标法所称相关公众，是指与商标所标识的某类商品或者服务有关的消费者和与前述商品或者服务的营销有密切关系的其他经营者。"

《驰名商标认定和保护规定》第2条规定："本规定中的驰名商标是指在中国为相关公众广为知晓并享有较高声誉的商标。相关公众包括与使用商标所标示的某类商品或者服务有关的消费者，生产前述商品或者提供服务的其他经营者以及经销渠道中所涉及的销售者和相关人员等。"

3.4.3.2 案例事实

1. 五粮液案例

五粮液的商标"五粮液"1991年被评为首届中国"十大驰名商标"。多年来"五粮液"品牌连续在中国白酒制造业和食品行业"最有价值品牌"中排位第一，2006年其品牌价值达358.26亿元，具有领导市场的影响力。五粮液也很好地利用了"五粮液"作为驰名商标特点，在轰动一时的"五粮液"商标汉语拼音"wuliangye"被韩国某自然人抢注一案中，五粮液列举了详细的例证，证明"五粮液"商标不仅在中国而且在世界范围也是驰名的，最后韩国当局采纳了五粮液的观点，认为"五粮液"在韩国也属于驰名商标，驳回了该韩国自然人的注册申请，“五粮液”的品牌价值因此再上台阶。

2. 泸州老窖案例

“泸州老窖特曲酒”是中国最古老的四大名酒之一，自1915年获巴拿马太平洋万国博览会金奖以来，共获重大国际金牌17枚，在1979年全国评酒会上更被确定为浓香型白酒的典型代表，被誉为“浓香鼻祖”“酒中泰斗”。作为泸型酒（浓香型白酒）的领衔者、传播者和实践者，泸州老窖特别注重驰名商标的申报，截至2010年6月，其拥有注册商标共659件，包括3件驰名商标。同时，泸州老窖还加强了对主导品牌的商标保护，特别是对驰名商标“泸州”牌泸州老窖特曲、“国窖”牌国窖1573酒的商标和商品名称保护。

3. 地奥制药案例

地奥制药商标体系主要围绕品牌建设开展。其采用了统一商标与分散商标的相结合的总策略，即集团公司及控股和下属公司推出的所有医药用品均使用“地奥”文字加图形商标，其他业务按类别分别使用不同的商标，比如化妆品业务统一使用“奥岚雪”商标。地奥制药的“地奥”商标在1999年被国家工商管理总局认定为中国驰名商标，为对该驰名商标进行全方位的保护，根据国家商标局按照制定的《类似商品与服务区分表》，地奥制药在与其主营业务相关的45个类别均防御性的注册“地奥”商标。

3.4.3.3 评析

第一，示范企业均非常重视积极运用驰名商标制度，且大都拥有一个以上的驰名商标。从对示范企业的调查中可以看到，多数示范企业申请商标注册的重要目标就是力争创造驰名商标，以获得驰名商标所蕴涵的无形价值；同时，示范企业在驰名商标的认定申报和保护上大都采取了积极主动的姿态，以积极发挥驰名商标对扩展企业市场影响力，提升企业经济效益等方面的作用；作为企业商标的核心力量，企业还围绕该核心驰名商标，积极开展商标防御、侵权应对等。

第二，示范企业对驰名商标制度运用仍然存在不足，尚需进一步深化运用。各示范企业对驰名商标制度运用的不足之处，主要表现在国外注册商标数量不充分。示范企业拥有的驰名商标，绝大多数仅为国内驰名商标，而未积极申请国际注册，进而打造国际驰名商标，因此难抵御国外的商标侵权，也不利于国内驰名商标商品的出口。鉴于此，示范企业应将驰名商标多申请国际注册，以获得在其他国家的领土延伸保护。另外，示范企业应进一步增强商标法律意识，转变经营策略，以品牌为中心进行生产和经营管理。如企业要在本土以外投资设厂，首先要考虑产品使用的商标问题；对于已经正常运作的企业，则应将商标策略放在与销售并重的地位一起来考虑。企业管理人员在增强运用驰名商标法律意识、积极运用驰名商标策略的同时，还要密切关注市场情况，依法对假冒侵犯驰名商标的行为予以打击。拥有驰名商标的企业只有不断提高产品质量、保持驰名商标声誉，主动、积极保护驰名商标权，其驰名商标才能真正得到法律的保护。

第三，示范企业应充分把握驰名商标认定的实质性标准，灵活选用对驰名商标的认定方式，争取尽快获得更多驰名商标。驰名商标认定的实质性标准包括五个方面，即相关公众对该商标的知晓程度；该商标使用的持续时间；该商标的任何宣传工作的持续时间、程度和地理范围；该商标作为驰名商标受保护的记录；该商标驰名的其他因素。相关公众指的是与商标所标识的某类商品或者服务有关的消费者和与前述商品或者服务的营销有密切关系的其他经营者。在认定驰名商标时，会综合考虑以上因素，但不以该商标必须满足全部因素为前提。企业平时应尽可能保留上述五个方面材料，灵活采取主动认定或被动认定方式，如对自身享有的商标主动向国家工商局商标局递交相关的申请材料，请求认定为驰名商标；或在应对商标异议、侵权诉讼等过程中，根据案件需要被动地要求对其享有的商标进行认定，从而获得更大范围的保护等。

第四，我国立法应进一步加强对驰名商标的保护。目前，我国没有保护驰名商标的基本法律，而是基于混淆理论在《商标法》中设立条款保护驰名商标，即把商标视为区别不同商品来源的标识，商标本身并没有特定的价值，禁止混淆是为了保护消费者识别商品来源（商家）的权利，并不是为了保护商家的财产权，是从反不正当竞争维护市场的正常竞争秩序的角度出发进行立法保护。而与之相对应的是，淡化理论将驰名商标视为与特定商品的显著性联系形成的一种无形的财产价值，是企业的的一种财产权，任何其他方在任何领域未经驰名商标拥有企业的许可，一律不准使用该驰名商标，这种禁止是排他性的，绝对的，而不仅在竞争性的领域。美国立法基于淡化理论立法对驰名商标予以保护，将商标作为私产、作为一种垄断的权利来保护，这大大加强了驰名商标的保护力度。我国对注册驰名商标的保护实现了商品和服务的跨类保护，并禁止登记为企业名称和注册为域名，在一定程度上体现了淡化理论的内容，但对驰名商标的保护仍然不够。从淡化理论出发，将驰名商标作为所有人的私有财产，是国际社会上普遍采用的做法，值得我国立法借鉴，这对我国驰名商标打入国际市场都具有重要的意义。此外，由于商标权具有无形性、地域性和市场性强，受法定时间、地点限制等特点，较易为他人无意及无过失侵害，因此应建立商标侵权的无过错责任原则，进而有利于对驰名商标的特殊保护。

第五，相关行政管理机构应进一步采取积极措施，健全驰名商标的管理工作，强化行政执法机构建设，以加强对驰名商标的保护。商标管理部门应对驰名商标的申报、认定、侵权保护等予以特殊规定，并同时完善与驰名商标保护相适应的商标注册制度，如允许将特殊的商品名称与商标“名牌合一注册”，强制驰名商标注册人注册为防止质量滑坡而使用的“副牌商标”等措施。另外，应加大对侵犯驰名商标行为的打击力度。由于驰名商标有别于一般商标，具有更大的市场无形价值，对侵犯驰名商标的行为如果只按照一般的商标侵权处理的话，不足以对假冒驰名商标侵权行为实行遏制，不足以充分保障驰名商标所有人的权利。因此，可以对恶意的抢注、侵权等行为，给予更严厉的行政处罚。

3.4.4　著名商标制度

3.4.4.1　法律规定

《四川省著名商标认定和保护条例》第2条规定："四川省著名商标，是指被相关公众所知悉，在市场上具有较高知名度和信誉度，并依照本条例规定予以认定的注册商标。"第6条规定："申请认定四川省著名商标应当符合下列条件：（一）申请人的住所在本省行政区域内；（二）申请人为注册商标所有人或者经注册商标所有人许可使用并授权申请的自然人、法人或者其他组织；（三）该商标自核准注册之日起连续使用三年以上且商标权属无争议；（四）使用该商标的商品在行业同类同档商品中质量优良、稳定，售后服务优良，具有较高市场声誉；（五）近3年使用该商标商品的销售额、纳税额、利润、市场占有率等经济指标在行业同类同档商品中领先；（六）申请人有严格的商标使用、管理制度和保护措施；（七）申请人近3年无故意侵犯他人注册商标专用权的违法行为。"第20条规定："在非类似商品上，将与他人著名商标相同或近似的文字、图形、字母、数字、三维标志和颜色组合，以及其要素的组合作为商品名称、装潢或作为未注册商标使用，且会暗示该商品与著名商标所有人存在某种联系，从而使著名商标所有人权益受到损害的，著名商标所有人可以在知道或应当知道其权益受到损害之日起2年内，请求工商行政管理部门予以制止。"第21条规定："他人不得将与四川省著名商标相同或者近似文字作为企业名称或者字号使用；他人不得将与四川省著名商标所有人的企业名称或者字号相同或近似的文字作为企业名称或者字号以及未注册商标使用。"

3.4.4.2　案例事实

1. 龙蟒集团案例

龙蟒集团自成立以来，一直重视品牌建设，坚持以质量和信誉求生存、谋发展，与客户和经销商建立了长期稳定的战略伙伴关系。龙蟒集团较为注重商标管理和宣传。2009年3月，其"蟒"牌商标再次被四川省工商行政管理局认定为"四川省著名商标"（2009～2012年）。"蟒"牌系列产品畅销于亚、欧、美、澳洲的数十个国家和地区，市场占有率逐年提高。目前，公司饲料磷酸盐、钛白粉以及S－抗诱抗素在全球市场占有举足轻重的地位，深受广大用户的喜爱。因此，"蟒"牌商标再次荣获"四川省著名商标"可谓是实至名归。2011年，"蟒"牌商标被国家工商总局认定为中国驰名商标。

2. 彩虹电器案例

彩虹电器十分注重自主品牌的建设与创新，制定了科学的品牌建设和保护战略，并通过进行网上监测，加大对公司拥有的中国驰名商标和四川省著名商标的保护力度，及时发现涉嫌侵权的注册申请并提出异议。彩虹电器现拥有注册商标100余件，其中，中国驰名商标1件、国外商标10件、四川省著名商标5件。另外，由彩虹电器总公司生产的“强生”商标用于分公司的农用喷雾器，也被评为四川省著名商标。

3. 康弘药业案例

康弘药业在商标注册及著名商标的创建及认定上作出了突出的成绩。集团公司设有专门的商标管理部门及人员，全面负责注册商标申请、保护及侵权监控等工作。同时，公司还制定了《商标管理规程》，详细规定了商标的注册流程以及成都市知名商标、四川省著名商标、国家驰名商标的申请规定，以及商标的使用、维护及后续工作等。公司制定的《商标专员岗位说明书》对商标管理工作人员在驰名著名商标上的权限也做了具体规定。康弘药业的商标工作贯穿产品研发、销售等阶段，从商标的选定到商标监控、维权都与产品信息密切相关。目前公司共拥有商标139枚（包括未注册或申请中），其中包括四川著名商标4枚，成都市著名商标1枚。2007~2008年期间，公司新申请商标16枚，并且有2枚商标被认定为“四川省著名商标”；2009年以来，公司新申请商标35枚，并且有1枚被认定为“成都市著名商标”，1枚被认定为“四川省著名商标”。

3.4.4.3 评析

第一，示范企业普遍对著名商标的意义有所认识。普遍认识到：商标申请认定为著名商标，一定程度上表明该商标就有较高的市场声誉，其产品和服务的质量也在同行业中居于前列，更容易受到消费者青睐，提高市场占有率；另外，著名商标是某一特定区域内的驰名商标，一般情况下，如果一个商标被认定为某一省市的著名商标，那么就能够比一般商标更容易打造成驰名商标。

第二，示范企业较为重视著名商标的形成与保护。较多企业拥有多件著名商标，这对企业的发展具有积极的作用。诸多示范企业在商标方面已经形成拥有驰名商标、著名商标、一般商标在内的综合性商标体系。

第三，示范企业运用著名商标制度应充分注意该制度的局限。著名商标不能获得与驰名商标相同的保护地位，而且著名商标制度在运用的实践过程中产生了一定的异化，比如，各地分别制定著名商标管理制度，著名商标的法律界定及保护范围各异，各省市的著名商标一般授予本地区的经营者。通过运用著名商标制度提升本地企业的知名度、推动本地区经济发展，可能会产生地方保护主义，阻碍地区协调发展等负面效应。

第四，我国应制定全国性的统一立法，确立并加强对著名商标的保护。我国《商标法》对商标的保护从“普通商标”和“驰名商标”的角度给予两种商标不同程度的保护，驰名商标所获得的法律保护程度要远远大于普通商标。著名商标介于驰名商标和普通商标之之间，但《保护工业产权巴黎公约》和我国现行《商标法》均未将著名商标明确为保护对象，只是大多数省份颁布了本区域内的《著名商标认定和保护办法》，在地方立法方面给予著名商标特殊的保护，这导致著名商标的保护缺乏上位法依据，而各省市著名商标管理制度，著名商标权利保护范围的划定也是五花八门、尺度不一。

因此，我国立法应给予著名商标应有的明确法律地位。在立法在原则上，应确立知名、著名商标的法律地位及保护范围。可由国家工商行政管理总局制定《著名商标认定和保护办法》，明确著名商标的保护目的、认定的基本原则和认定条件、认定程序及效力范围等，作为著名商标保护的统一参考规范；无论是本省的经营者还是外省籍企业的商标，只要其所标示的商品、服务在本行政区域内具有一定的影响、符合著名商标的认定条件的商标，均可以认定为著名商标；对知名、著名商标的效力范围坚持地域性原则，即只在认定它的行政区域内有效。此外，还应制定认定著名商标参考的相关因素和基本最低要求，由各省市在此基础上按照本地区情况制定明细（张律伦，2008）。

3.4.5　从属商标制度

3.4.5.1　法律规定

《商标法》第19条规定："申请商标注册的，应当按规定的商品分类表填报使用商标的商品类别和商品名称。"第51条规定："注册商标的专用权，以核准注册的商标和核定使用的商品为限。"

3.4.5.2　案例事实

1. 九洲电器案例

九洲电器业务涉及电视设备、有线电视宽带网络信息系统、光缆电缆、数字音视频设备、LED、RFID、EMS（电子制造服务）、人民防空机动指挥系统、软件开发、房地产、教育、保险代理等多个产业领域，拥有59家下属公司（含1家上市公司）。公司产品类别差异化较大，有线电视产品、数字产品、LED、RFID等核心业务使用主品牌"九洲"，音响产品、房地产分别使用副品牌"湖山"和"九洲千城"。

九洲电器以经营数字产品打响品牌，直接在房地产等与核心业务关联不密切领域使用"九洲"品牌，会给人不专业之感，主品牌的信誉度不能较好地迁移到房地产领域，甚至会影响主品牌在数字领域建立的公信力，但另立品牌投资花费巨大，使用"九洲千城"品牌很好地解决了这个矛盾，有效利用了主品牌"九洲"的品牌效应和市场积累，强化了主品牌的品牌定位。"湖山"商标由九洲电器旗下上市公司四川湖山电子股份有限公司持有，专营音响产品，降低了使用单一"九洲"品牌的市场风险，防止出现品牌一损俱损的情况。主副商标合理搭配使用，实现了对"九洲"品牌全方位的保护和利用。

2. 成飞工业案例

成飞工业的商标策略思想是在中航工业品牌战略总体框架下，着力打造"成飞"品牌，争创"成飞"全国驰名商标。成飞工业于1987年成功注册了第一件商品商标"成飞牌"以来，到2009年，公司已拥有注册商标27件。成飞工业除了主商标"成飞"外，还突出建设以歼10等主要产品为代表的"猛龙""枭龙"等产品副商标，以占领国际军机出口市场。2009年，经过不懈努力，“成飞牌”商标经四川省工商局组织的四川省著名商标认定委员会认定为四川省著名商标，“猛龙”商标获准注册，“枭龙”商标也成功赢得了其他企业提出的商标异议。

3.4.5.3 评析

第一，示范企业运用从属商标制度，属于对商标分类注册制度的延伸与深化运用，对于企业商标管理和产品销售与开发都具有积极意义，应当肯定与激励。从属商标是指同一经营者在自己生产经营的不同规格、型号、样式的同一种商品上除使用统一的主商标外，为区别各自的特征而使用的从属于主商标的专用于标志某一特定商品的商标。我国商标法并没有明确规定从属商标制度，从属商标制度基于商标分类注册制度而产生。我国法律也未禁止在同一商品上使用多个商标标识，因此有的企业特别是集团企业，在同时需要维护集团主打商标和便于消费者识别与选择的情况下，会选择利用从属商标，如前述九洲电器和成飞工业，由于其业务范围和产品领域较为广泛，其主商标又均为驰名商标，因此为了以示区别，便于消费者选择、便于集团适应市场变化不断开发新产品，都选择了采用从属商标的形式，这对于企业商标管理和产品销售与开发都具有积极意义。

第二，企业运用从属商标制度应兼顾和处理好主商标与从属商标的关系。申请从属商标具有重要意义，比如在同一商品上同时使用主商标与从属商标，有利于经营者在维护同一品牌形象的前提下，便于消费者进行选择，还可以树立适应市场需求的变化，不断开发新品的形象。在实践中，有可能出现从属商标影响力大于主商标影响力的情形，但是这种影响力仍然是对企业有利的，而且在从属商标的价值达到一定规模时，企业可以逐步实现单一核心品牌战略向多品牌战略的过渡，这更有利于企业的长足发展。

3.4.6 等级商标制度

3.4.6.1 法律规定

《商标法》第19条规定：“申请商标注册的，应当按规定的商品分类表填报使用商标的商品类别和商品名称。”第21条规定：“注册商标需要在同一类的其他商品上使用的，应当另行提出注册申请。”

3.4.6.2 案例事实

1. 五粮液案例

五粮液系统研制开发了五粮春、五粮神、五粮醇、长三角、两湖春、现代人、金六福、浏阳河、老作坊、京酒等几十种不同档次、不同口味，满足不同区域、不同文化背景、不同层次消费者需求的系列产品。特别是十二生肖五粮液、一帆风顺五粮液、五粮液巴拿马纪念酒、五粮液年份酒等精品、珍品系列五粮液的面世，其在神、形、韵、味各方面精巧极致的融合，成为追求卓越的典范。

在公司产品质量得到极大提升的同时，五粮液采取核心品牌策略相结合的模式，所谓的核心品牌策略是指以一个成功品牌作为主品牌，涵盖企业的系列产品，同时又给不同等级和档次的酒起一个富有魅力的名字作为副品牌，以突出产品的个性形象和等级。五粮液对旗下的各项品牌进行整合梳理，针对不同的品牌采取不同的宣传策略和营销策略，使得各品牌的品牌价值都有了独立增长，而不是依附于五粮液这个品牌，而且对消费者而言也起到了标识的作用，便于其进行选择。

2. 泸州老窖案例

泸州老窖拥有“泸州”牌驰名商标，公司不断进行新工艺、新技术研发，推出了一系列不同的白酒，但由于生产工艺、技术资金投入等的差异，不同系列的酒具有不同的等级和档次，因此公司采取了主商标与等级副商标相结合的方式，形成对酒产品的联合标识和保护。其中，“国窖 1573 酒”是中国白酒鉴赏标准级酒品和钓鱼台国宾馆特供酒，“泸州老窖特曲酒”是中国最古老的四大名酒之一。此外，泸州老窖还加强了对主导品牌的商标保护，特别是对驰名商标“泸州”牌泸州老窖特曲、“国窖”牌国窖 1573 酒的商标和商品名称保护。

3.4.6.3　评析

第一，部分示范企业运用等级商标策略，促进了企业资源配置优化、市场拓展及经济效益的提高。等级商标是指同一经营者在自己生产经营的不同等级的同类商品上使用的系列商标。我国商标法没有对等级商标作出十分明确的规定，等级商标制度同样基于商标分类注册制度而产生。部分示范企业基于对商标分类注册制度的延伸理解和运用，积极运用等级商标策略，为市场提供了不同档次的多样化的产品，最大限度地满足了市场需求，也大大拓展了企业知名度及市场。特别是五粮液和泸州老窖作为酒品行业的领军力量，它们成功运用等级商标制度的经验和做法值得借鉴。

第二，企业应进一步正确理解并运用等级商标制度。使用等级商标的目的在于区别等级档次，便于消费者进行识别和选择，也可以防止使用一个商标的不同质量的商品进入市场后，影响该商标的声誉。实行等级商标策略，不同层次的商品各自使用一个商标，确定一种价格，使消费者一见到某种等级商标的商品，就知晓该商品的质量和档次，还可以使企业的人力、物力、财力得到最科学、最合理的配置，从而提高企业的经济效益。使用等级商标不同于因质量差异而将同一品牌商标的产品，人为地划分为一等品、二等品、三等品、等外品的做法，前者是为了对不同档次、不同质量的产品加以区分，后者却是“搬起石头砸自己的脚”，不但损坏了名牌商标的声誉，同时也给假冒投机者造成可乘之机。无论是何种行业，其采取等级商标都不意味着可以松懈对质量的要求，至少要满足该种产品的基本质量标准。

3.4.7 防御商标制度

3.4.7.1 法律规定

《商标法》第19条规定："申请商标注册的，应当按规定的商品分类表填报使用商标的商品类别和商品名称。"第20条规定："商标注册申请人在不同类别的商品上申请注册同一商标的，应当按商品分类表提出注册申请。"第44条规定："使用注册商标，有下列行为之一的，由商标局责令限期改正或者撤销其注册商标：……（四）连续3年停止使用的。"

3.4.7.2 案例事实

1. 五粮液案例

五粮液集团以五粮液及其系列酒的生产经营为主，同时生产经营精密塑胶制品、成套小汽车模具、大中小高精尖注射和冲压模具，以及生物工程、药业、印刷、电子、物流运输和相关服务业等，实现多元发展。近年来，五粮液在防伪瓶盖、PET原料及成型制品、塑胶管材管件等几大类产品的生产和销售上都取得了优异的业绩，特别是在汽车模具、IT产业模具、家电产业模具等高、精模具的设计和制造等方面高速发展，并处于国内领先水平。五粮液集团利用防御商标的功用，在五粮液系列白酒、青梅果酒、纺织品、鞋类、化工、机电等不同种类不同商品上均注册"五粮液"商标，防御性地抵御其他公司对"五粮液"品牌价值的影响。截至2008年9月，五粮液集团共申请注册了1 055件商标，注册商品类别达45个，已经初步建立起对重要商标和品牌的防御保护体制，成功阻止了非授权人随意复制或模仿"五粮液"的商标，避免了非授权人企图借用"五粮液"品牌多年苦心经营而形成的影响力而"搭便车"的现象。

2. 迈普通信案例

迈普通信注册商标的主要目的是为打造驰名商标并防御他人侵害。迈普通信在成立之初，在商标方面主动出击的姿态已经显露无遗。其采取了"市场未动，商标先行"的策略，在公司的产品可能到达的市场预先进行商标注册，成功防止了迈普商标在网络通信产品以外的其他商品类别中被抢注，为公司国内外市场的拓展保驾护航。迈普通信制定的《商标管理制度》确立了商标的管理机构和工作职责，规范了商标的注册、使用，同时明确了相关的保护及奖惩措施等，包括如何注册防御商标、申请认定驰名商标、及时对他人注册商标提出异议以及尽量先申请等内容。

3.4.7.3 评析

第一，部分示范企业已树立利用防御商标制度的意识并实际运用了该制度。防御商标制度的基础仍然是商标分类申请制度，是指商标所有人在与注册商标所指定的商品和服务不同的其他类别的商品或服务上注册的同一商标，原商标为主商标，其余为防御商标。一般来说，被防御的商标是为公众所熟知的、较为知名的商标。拥有具有较高知名度的示范企业，为防止他人在不同种类或者不相类似的商品上抢先注册本企业的商标，借用本企业的商誉获得不当利益而积极注册防御商标，以在非类似商品上行使禁止权；同时，部分示范企业出于考虑未来发展方向和范围的扩展，在不同领域注册防御商标，也有利于企业将来使用，形成覆盖各行业各领域的大品牌。

第二，示范企业对防御商标制度运用有待深化。示范企业对防御商标制度利用范围不够广泛，所制定的防御商标制度运用战略未成体系。这既与我国立法未对防御商标制度加以明确细化规定有关，也与企业未充分认识到防御商标在商标管理和企业发展中的重要作用有关。企业应当在加强认识基础上，积极运用该制度，注册防御商标以在非类似商品上行使禁止权；同时在企业整体知识产权规划中，积极推进形成主商标与防御商标综合保护的体系。

第三，我国立法应进一步明确和完善防御商标制度。许多国家都已经建立了防御商标制度，我国《商标法》却一直未对防御商标制度进行明确的规定，因此，应当在《商标法》中明确防御商标制度，给予企业商标权最切实有效的保护。如果允许公众熟知商标的拥有人注册防御商标，商标局就会对非法抢注行为有一个明确的判断标准，在保护商标专用权方面会做得更好。在建立防御商标制度时，建议应对申请主体、申请范围、使用要求等应予以合理规定，比如，对申请主体而言，应当是知名、著名、驰名商标的所有人；申请范围可不受经营范围的限制；在使用要求方面，只要主商标处于积极使用状况，对防御商标可不作使用的要求等（陈文钧，1999）。

3.4.8 联合商标制度

3.4.8.1 法律规定

《商标法》第19条规定："申请商标注册的，应当按规定的商品分类表填报使用商标的商品类别和商品名称。"第28条规定："申请注册的商标，凡不符合本法有关规定或者同他人在同一种商品或者类似商品上已经注册的或者初步审定的商标相同或者近似的，由商标局驳回申请，不予公告。"

《商标法实施条例》第25条第2款规定："转让注册商标的，商标注册人对其在同一种或者类似商品上注册的相同或者近似的商标，应当一并转让；未一并转让的，由商标局通知其限期改正；期满不改正的，视为放弃转让该注册商标的申请，商标局应当书面通知申请人。"

3.4.8.2 案例事实

地奥制药商标战略不仅包括驰名商标的构建及认定，也包括联合商标注册，如公司的核心产品"注射用胸腺肽α1"迈普新，虽然其注册商标"地奥"已被认定为中国驰名商标，但地奥制药仍将商品名"迈普新"及其易混淆名称如"普迈新"在本类别及相关类别注册商标，对该产品的独特性进行有效保护。地奥制药为应对重点项目投资、重点新产品计划等，积极部署商标战略，运用在同类别及相关类别商品上注册易混淆的联合商标，为公司的中长期发展规划提供了有力的支持。

3.4.8.3 评析

第一，示范企业较为重视商标申请及驰名、著名商标制度的运用，而对联合商标制度运用较少。联合商标制度仍然是基于商标分类注册制度而产生，是指商标所有人在同一种商品或类似商品上注册的与主商标相近似的一系列商标。这些商标中首先注册的或者主要使用的为主商标，其余的则为联合商标。注册联合商标的目的不是为了使用所注册的每一个商标，而是为了保护主商标。先申请并注册联合商标，可以防止他人使用或注册与主商标相近似的商标，从而影响自己商标的显著性，同时，这些商标又能起到储备作用，一旦市场需要，企业可以主动方便地调整商标策略，推出备用商标。示范企业对联合商标制度运用较少的原因，可能是因为这些示范企业大多属于技术性、工艺性要求高的企业，其对专利制度的细化运用投入较多，而对商标制度的细化运用相对较为薄弱。

第二，我国立法应进一步明确并完善联合商标制度，示范企业应进一步深化运用该制度。我国《商标法》未对联合商标作出规定，不利于企业积极运用该制度，应该在今后立法中予以明确和完善，但现行《商标法》对商标的保护范围正是联合商标据以产生和合理存在的依据，企业应进一步通过注册联合商标，以有效防止侵权，保护自身商标特别是驰名、著名商标的专有性（王贵农、张春华，2006）。

第三，相关行政部门应采取积极措施防止联合商标权人滥用权利。企业注册联合商标有利于更明晰地保护主商标，但也可能有的企业会滥用商标权。因此，相关政府部门应当完善规范已注册联合商标的管理工作，明确相关部门的权限及分工特别是对工商管理部门、商标管理部门在管理联合商标方面权力的明确。此外，工商行政部门、质量监督部门和商标管理部门应当建立信息共享系统，便于对联合商标使用情况及产品质量进行及时的跟踪监督，若有滥用联合商标的情况，应依法采取相关措施，维护相关公众合法权益。

3.5 其他知识产权制度运用案例

3.5.1 软件（著作权）登记制度

3.5.1.1 法律规定

《著作权法》第3条规定："本法所陈的作品，包括以下列形式创作的文学、艺术和自然科学、社会科学、工程技术等作品，……（八）计算机软件。"

《计算机软件保护条例》共33条，以"软件著作权"为核心，从总则、权利的内容及范围、权利的许可使用和转让以及法律责任等几个方面对计算机软件的保护进行了规定。

《计算机软件著作权登记办法》共35条，从登记申请、审查和批准、软件登记公告以及登记费用等方面对软件登记作了详细规定。

3.5.1.2 案例事实

1. 成飞工业案例

成飞工业高度重视对软件著作权方面的保护，自2006年起，公司已对自行开发的12项计算机软件进行了软件登记，这些自主开发的软件为企业带来了巨大的经济效益。比如，高档数控机床已经成为飞机制造业不可缺少的基础制造装备，成飞工业为满足飞机结构件的数控制造要求，引进了大量先进的高档数控机床，但数控设备由于缺乏有效的维护监控手段，故障率偏高，设备利用率仅为30%左右，与国外先进水平60% ~ 80%存在较大的差距。国内外厂家已开发了一些可用于自产数控机床的数据采集产品，但其通用性、扩展性、信息量及实时性比较差，无法实现数字化车间的整体构建，也不符合军工生产在保密安全方面的要求。成飞工业开发了与数控系统集成的、实时的、自动地获取数控机床运行信息的采集模块，并自主研发了一套实时监控系统——实时DNC系统。通过实时、自动采集和分析数控机床运行信息，分析和改进影响数控加工效率的各种因素，从而达到提升管理水平，提高设备效率的目的；同时也为机床建立了“黑匣子”，实现“故障环境再现”，为维护和管理设备提供准确的评估依据。

2. 四川大学案例

四川大学充分重视计算机软件登记工作，并成立了以四川大学空管科研团队为依托的四川川大智胜软件股份有限公司。2008年6月，该公司在深交所上市。作为我国空中和地面智能交通领域具有自主知识产权的大型软件和重大设备供应商，该公司以自主研制的大型实时软件为核心，通过系统集成，形成了空管自动化系统和空管仿真模拟训练系统两大系列的重大技术装备，并逐步取代同类进口设备，现在我国军民航空管领域的市场占有率已居国内厂商首位，且该公司已成为国家规划布局内的重点软件企业。

3. 川庆钻探案例

川庆钻探为调动广大员工创新的积极性，规定每获一次计算机软件著作权登记可获得奖励人民币5 000元，到目前为止，川庆钻探已获得计算机软件著作权27件。其中，川庆钻探针对山地物探研发的Geo Mountain一体化软件系统，在研发过程中已申报了16项专利、12件软件著作权登记。该软件系统是由川庆钻探地球物理勘探公司自主研发的具有自主知识产权的石油天然气地震勘探软件系统，它集成了川庆钻探多年来在山地地震勘探方面获得的生产经验和科研成果，是山地地震勘探采集、处理和解释技术的有形化产品。这套系统包括采集工程师系统、处理工程师系统、解释工程师系统。通过

Geo Mountain 软件系统的研发，在形成具有自主知识产权和山地特色软件产品的同时，建立了一个技术创新和技术转化的平台，培养出了一批具有国际水平的山地地球物理专家和软件专家，进一步提升川庆钻探的核心技术竞争力。Geo Mountain 系统已在四川盆地川东、川西以及川外、国际市场 195 个工程服务项目进行了大规模的推广应用，累计完成 69 648 公里二维地震勘探工作量，18 047 平方公里三维地震勘探工作量，产值达到 85.09 亿元，实现利润 4.55 亿元。

3.5.1.3 评析

第一，从拥有计算机软件登记的示范企业构成来看，大都属于研发类、科技含量较高的生产性企业。这些企业大多并非是专门研发软件的企业，而是在从事本领域生产活动的过程中，为解决实际出现的问题而从事相关软件开发。这表明企业解决问题的能力和创新能力得到显著提高。

第二，企业对软件登记制度认识存在某些误区，应正确理解并充分运用该制度。对计算机软件采取著作权保护方式是各国采取最多的一种方式，我国法律首先确立了计算机软件的著作权属性，将计算机软件纳入著作权法保护。由于著作权采取的是自动保护原则，计算机软件只要一经制作完成就已享有了著作权，然而相比于普通文字作品，计算机软件更易复制和传播，也更容易被侵权。因此，在按照著作权的一般方法对计算机软件进行保护的基础上，确有必要对计算机软件的特征制定并适用特殊的保护措施，即计算机软件登记。企业对计算机软件登记的作用的认识和运用误区主要在于：有的认为计算机软件经过登记才能够得到认可，可以获得更多的保护；有的企业所拥有的软件登记多达十几项甚至数十项，而并非所有登记软件都转化为实际生产力并带来实际经济效益，反而浪费了宝贵资源。

企业应当深化研究软件登记制度，并在实际运用中充分结合其他知识产权制度，保护自身知识产权。计算机软件的保护并非只有著作权一种方式，采取商业秘密保护手段是被很多企业忽视的保护方式。譬如说成飞工业，其计算机软件要运用到军工生产，而川庆钻探的软件则可以用于地形勘察，因此在某种程度上而言，这些计算机软件具有相当的秘密性，而这些计算机软件是否应该通过登记的方式加以保护值得商榷。一项计算机软件不会因为登记就得到更大保护，但却能因为登记而被公知，虽然登记并不能体现计算机软件的全部程序，但却足以提供给拥有专业知识的人士以足够充分的信息。因此，企业不能为了扩大计算机软件的登记量、为了达到一定的指标而进行计算机软件登记，而必须在对自身的特点予以充分考虑的基础上，决定是通过登记，还是通过采用商业秘密和著作权两种手段相结合的方式给予计算机软件以充分保护。

从近年司法实践来看，相关权利人较多的采用商业秘密的保护方式，以最大限度地保护自己的计算机软件作品，这种做法值得借鉴。企业在采用商业秘密对计算机软件进行保护时，首先，应对计算机软件的经济特征、技术特征以及风险特征进行详尽分析，同时认识商业秘密与企业发展之间的关系。其次，应熟悉有关商业秘密的法律规定，让计算机软件符合商业秘密的范畴。再次，对计算机软件采取相当程度的保密措施，如在企业管理层建立起保密的法律意识，加强文档的管理，对文档进行编号、划分等级，并进行保密配置以及确保秘密文件及所处区域的安全，限定知情人员的范围，将项目分解成若干项，严格分工，员工只接触其必须完成任务的相关项目等。最后，对外交往中要严格把握和控制向他人披露信息的时间、方式、范围；时刻树立证据意识，做好计算机软件商业秘密保护的证据保全工作。

第三，我国在立法层面应考虑设立计算机软件预先登记制度，推进软件登记制度的完善。软件的无形性决定了其极易受到侵权，美国规定“著作权登记是提起侵权诉讼的必要条件”。在软件没有完成之前如果遭遇侵权的话，软件所有人是不能以诉讼方式来获得赔偿的。在我国，对未申请软件著作权登记的软件也可以给予行政保护和提起侵权诉讼，但站在软件企业运作程序的角度来看，预先登记制度可以解开“软件商业发行先于软件完成——商业发行需要软件著作权登记证书——著作权登记证书的取得又有赖于软件完成”这一死结。因此，可以考虑在立法层面设立该项制度。

3.5.2　商业秘密制度

3.5.2.1　法律规定

《反不正当竞争法》第10条规定：“经营者不得采用下列手段侵犯商业秘密：（一）以盗窃、利诱、胁迫或者其他不正当手段获取权利人的商业秘密；（二）披露、使用或者允许他人使用以前项手段获取权利人的商业秘密；（三）违反约定或者违反权利人有关保守商业秘密的要求，披露、使用或者允许他人使用其所掌握的商业秘密。第三人明知或者应知前款所列违法行为，获取、使用或者披露他人的商业秘密，视为商业秘密。本条所称的秘密，是指不为公众所知悉、能为权利人带来经济利益、具有实用性并经权利人采取保密措施的技术信息和经营信息。”

《合同法》第43条规定：“当事人在订立合同过程中知悉的商业秘密，无论合同是否成立，不得泄露或者不正当地使用。泄露或者不正当地使用该商业秘密给对方造成损失的，应当承担损害赔偿责任。”

《劳动合同法》第23条规定：“用人单位与劳动者可以在劳动合同中约定保守用人单位的商业秘密和与知识产权相关的保密事项。对负有保密义务的劳动者，用人单位可以在劳动合同或者保密协议中与劳动者约定竞业限制条款，并约定在解除或者终止劳动合同后，在竞业限制期限内按月给予劳动者经济补偿。劳动者违反竞业限制约定的，应当按照约定向用人单位支付违约金。”

除了以上几项法律外，我国《刑法》第219条规定了侵犯商业秘密罪，相关部委也颁布了一些部门规章，以加强对商业秘密的保护。

3.5.2.2 案例事实

1. 二重机械案例

二重机械相当重视商业秘密的保护，为此主要采取了以下系列措施：

第一，修订商业秘密管理办法。自2007年以来，二重机械进入高速发展轨道，企业参与技术和市场的竞争越来越激烈。二重机械高度重视对拥有的知识经验、智力成果等商业秘密的管理与保护。为适应新形势发展对企业商业秘密管理提出的更高要求，2008年5月，二重机械完成了对《商业秘密管理办法》的修订工作，完善了商业秘密及技术秘密的管理体制，明确技术中心为公司技术秘密的归口管理单位，并进一步明确了公司商业秘密管理体系及各级管理部门的管理职责，同时对保密范围、商业秘密化定原则、商业秘密等级介定、定变密程序、载体管理、商业秘密保护等方面均进行了完善和规范。

第二，启动技术秘密保护工程。二重机械制定并实施“十一五至十二五”期间实行自主创新，产学研结合创新，引进、消化吸收的创新模式战略决定了公司创新主要集中在设计创新、生产制造工艺技术创新及生产作业创新，而大量的生产制造工艺技术创新和设计创新成果不适宜采取专利的法律形式保护，因此，加强技术秘密的保护不仅有利于固化和保守公司的创新成果，不断积累技术能力，而且有利于激发一线研发人员和其他员工的创新热情，激励他们为保护公司技术秘密而持续努力。鉴于此，建立切实可行、务实高效的商业秘密保护机制，特别是技术秘密保护机制，关系到公司工艺创新价值实现的可持续性，关系到公司技术积累的有效性，关系到公司核心竞争力的形成与有效保护。二重机械在2007年底出台的《知识产权战略规划（2007~2015）》部署中，正式提出了技术秘密保护工程。2008年初，二重机械技术秘密保护工程正式启动。为此，技术中心组织有关人员针对企业技术秘密管理与保护进行了专题调研分析和资料收集工作。2008年11月，对二重机械《商业秘密管理办法》进一步细化的支撑性文件——《技术秘密管理办法》在反复论证及广泛征求意见的基础上，历经多次修改后正式出台实施。至此，一套符合公司发展战略和科技发展规划要求，旨在提升公司对技术秘密统一管理、统一运营能力的技术秘密管理体制及运行机制正式建立。

2. 五粮液案例

作为我国食品饮料行业的龙头企业，五粮液在工艺和配方等方面拥有众多的核心商业秘密和经营秘密。作为一家以酿造白酒为主业的企业来说，五粮液合理运用其商业秘密是其生存的根本，对商业秘密进行全方位的保护是其生存的保障。

五粮液的商业秘密被称为技术秘密或专有技术可能更为恰当。一般认为，专有技术是指生产某项产品的专门知识、操作经验和技术的总和，它不仅包括保密的配方和技术，而且也包括与实施专利所必需的制造方法有关的技术，它还包括制造商在研究中开发的、还未被其竞争者所掌握的实用和专有的方法及技术知识。五粮液的成名产品“五粮液酒”是浓香型白酒的杰出代表。以高粱、大米、糯米、小麦和玉米五种粮食为原料，以“包包曲”为动力，经陈年老窖发酵，长年陈酿，精心勾兑而成。其中，五种粮食的配方、酿造工艺等都是五粮液的核心技术秘密，五粮液在任何介绍中均从未详细提及粮食配方和包包曲及酿造工艺的具体技术方法，可以说，五粮液是在绝密状态下使用上述专有技术，而这些专有技术就是五粮液核心竞争力的体现。因此，对这些商业秘密的保护也自然而然应该成为五粮液知识产权保护工作的重中之重。五粮液专门建立了《宜宾五粮液集团有限公司合同管理实施办法》《宜宾五粮液集团有限公司保密制度》等内部规章制度，给予自身商业秘密以制度性保障。

3. 迈普通信案例

迈普通信作为网络解决方案提供商，致力于为其他企业提供整套网络解决方案，因此对商业秘密制度的合理运用对迈普公司来说极为重要。在迈普通信成立的最初10年里，公司的知识产权工作中仅限于技术秘密的保护和软件著作权登记，但由于迈普通信未详细划分适合采用商业秘密保护的技术类别，导致大量技术发生流失，被竞争对手模仿甚至赶超。此后，迈普通信启动了全面的知识产权保护计划，建立了商业秘密保护制度，制定了《迈普公司专有技术管理办法》，确立了公司的专有技术管理机构和工作职责，专有技术的认定、保管以及奖惩等；为了防止有效杜绝公司人才和技术的流失，员工入职时即签订《迈普通信技术股份有限公司保密和竞业限制协议》，并发放竞业补偿津贴。通过有效利用商业秘密保护制度，迈普通信有力地维护了自身合法权益，为自身的稳定健康发展保驾护航。

3.5.2.3　评析

第一，部分示范企业主动运用商业秘密保护制度，不仅成功保护了自身核心技术，而且使自身得以迅速发展，确立并持续保持了自身竞争优势；部分示范企业在失败教训中也逐步学会运用商业秘密保护制度保护自身核心知识产权。对五粮液来说，如果没有其成名产品“五粮液酒”配方、酿造工艺采用商业秘密手段进行保护，就根本不可能有其今天的发展成就和成功。可以说，正是对自身上述核心技术采取了恰当的商业秘密保护手段，成为五粮液成功的最关键、最核心的因素。而迈普公司在公司成立后的10年内本来是行业的佼佼者，但公司并未注意对知识产权进行细化，而理所当然的采用软件登记的方式对技术进行保护，结果造成竞争对手在极短的时间内获得了迈普通信的商业秘密，并在此基础上修改，进而赶超迈普通信。而迈普通信在总结教训基础上，启动全面的知识产权保护计划，建立了有效的商业秘密保护制度，有力地维护了自身知识产权和合法权益。

第二，选择正确的知识产权保护方式对企业而言尤为重要，对于关键技术和信息，如果企业决定以商业秘密的方式对其进行保护，则必须制定周密的制度和措施进行系统保护，而其中的关键又在于完善保密制度的构建：对内，应在制度管理、程序管理、人员管理等不同方面予以建制，制度和措施至少应当包括建立企业商业秘密保护制度，设置商业秘密保护职能部门及区域，明确确定商业秘密的程序，建立载有商业秘密的文档及电子文档管理制度、内部员工管理制度、员工保密协议、竞业禁止协议、离职协议等；对外，在商业秘密的运用过程中，应至少建立以下制度：制订与商业合作伙伴合作开发或委托开发的商业秘密保密协议、建立企业生产、销售、物流、售后服务阶段保密制度、完善商业合同中的保密条款、制订与企业商业伙伴之间的保密协议等。

3.5.3 反向工程制度

3.5.3.1 法律规定

《最高人民法院关于审理不正当竞争民事案件应用法律若干问题的解释》第 12 条规定："通过自行开发研制或者反向工程等方式获得的商业秘密，不认定为反不正当竞争法第 10 条第（一）、（二）项规定的侵犯商业秘密行为。前款所称'反向工程'，是指通过技术手段对从公开渠道取得的产品进行拆卸、测绘、分析等而获得该产品的有关技术信息。当事人以不正当手段知悉了他人的商业秘密之后，又以反向工程为由主张获取行为合法的，不予支持。"

3.5.3.2 案例事实

光明光电拥有国内同行业唯一一家国家级企业技术中心，能够及时配套地向中外客商提供包括镧系玻璃、环境友好光学玻璃、低熔点光学玻璃等在内的 200 多个品种、不同规格的光学玻璃、光电子玻璃、光学元件，还能为用户提供铂、铑等贵金属提纯及加工业务。企业光学玻璃年产销量达到 8 000 余吨，居世界首位，不仅占领了国内高端光学玻璃 75% 的市场份额，还远销至欧洲、北美、东南亚的 14 个国家和地区，占全球光学玻璃销量的 25% 。在专利方面，截至 2010 年 9 月，光明光电共申请专利 105 项，其中已获得授权 41 项，其中申请发明专利 54 项，已授权 14 项；申请实用新型 48 项，已获授权 24 项。

光明光电取得巨大成就的重要原因之一，就在于充分运用了反向工程制度，对竞争者的产品进行了详细分析，获取了对方的相关技术参数，并进而在此基础上进行研发、生产自己的产品，由此完成了产品的升级和跨越式发展。

3.5.3.3 案例评析

第一，示范企业运用反向工程制度获取成功的具体案例较少。反向工程也叫反求工程、逆向工程，英文是 reverse engineering，是对产品设计过程的一种描述，是相对于现在的正向工程、正向设计而言的。正向工程是指设计人员首先在大脑中构思产品的外形、性能和大致的技术参数等，然后通过绘制图纸建立产品的三维数字化模型，最终将这个模型转入到制造流程中，完成产品的整个设计制造周期的过程。采用反向工程方法，破解竞争对手技术秘密，实现自身技术升级换代进而超越竞争对手，固然合法，但竞争对手一般会对技术秘密采取严密的保护措施，特别是对自身核心技术采取将专利申请与技术秘密以及其他方式结合保护知识产权。因此，企业通过运用反向工程而破解和掌握竞争对手的核心技术，往往难度极大，通过反向工程实现“从有到无”，并不比通过正向工程实现“从无到有”付出的代价小，这是构成企业较少地运用该项制度的重要原因。

第二，企业应重视商业秘密获取与竞争情报信息系统的构建，并适时运用反向工程，领先或超越竞争对手。在收集竞争者信息时，资料收集、访谈、反向工程是最主要的三种信息收集方法。世界各国大都将通过靠独立发明发现、靠“反向工程”获取竞争对手商业秘密的手段视为“正当手段”。重视获取商业秘密与竞争情报信息，适时运用反向工程，可以充分掌握竞争者动态，充分知悉其技术发展态势和趋势，在对所掌握信息深度利用基础上，完全有可能通过反向工程破解对方核心技术秘密，从而战胜竞争对手，为自己赢得先机。同时，企业也应重视防止其他企业运用反向工程破解自身技术秘密。

第三，企业实施反向工程要特别注意不要构成侵权。在实施反向工程的过程中，须注意以下几点：实施反向工程的人只能是对该商业秘密权利人没有保密义务的人，因而凡是对权利人负有保密义务的人，如“跳槽”人员等均不能参加反向工程；进行反向工程所使用的产品只能是行为人通过合法途径取得的产品，如通过购买、转让、赠与等途径；必须保留实施反向工程的相关证据，因为反向工程人在被指责侵权时具有举证责任。

3.5.4　地理标志制度

3.5.4.1　法律规定

《商标法》第16条第2款规定：“前款所称地理标志是指标示某商品来源于某地区，该商品的特定质量、信誉或者其他特征，主要由该地区的自然因素或人为因素所决定的标志。”

《商标法实施条例》第6条规定：“以地理标志作为证明商标注册的，其商标符合使用该地理标志条件的自然人、法人或者其他组织应当允许。以地理标志作为集体商标注册的，其商品符合使用该地理标志条件的自然人、法人或者其他组织，可以要求参加以该地理标志作为集体商标注册的团体、协会或者其他组织，该团体、协会或者其他组织应当依据其章程接纳为会员；不要求参加以该地理标志作为集体商标注册的团体、协会或者其他组织的，也可以正当使用该地理标志，该协会或者其他组织无权禁止。”

《地理标志产品保护规定》第2条规定：“本规定所称地理标志产品，是指产自特定地域，所具有的质量、声誉或其他特性本质上取决于该产地的自然因素和人文因素，经审核批准以地理名称进行命名的产品。地理标志产品包括：（一）来自本地区的种植、养殖产品。（二）原材料全部来自本地区或部分来自其他地区，并在本地区按照特定工艺生产和加工的产品。”该保护规定还对地理标志的申请及受理，审核及批准，标准制订及专用标志使用以及保护和监督等几个方面做了详细解读。

3.5.4.2 案例事实

1. 五粮液案例

五粮液2008年获得《地理标志产品——五粮液酒》的国家标准，对“五粮液酒”“五粮液包包曲”以及五粮液酒的酿造工艺进行了标准化规定，且对五粮液酒的产地范围进行了详细界定。五粮液获得地理标志产品称号，一方面有利于对自身生产、酿造白酒的原产地进行保护；另一方面这种保护也将反作用到该原产地出产的五粮液上，会进一步公众对五粮液品质的认知度。五粮液集团目前获得地理标志名称的产品主要有五粮液、五粮春、五粮醇、尖庄等五粮液系列白酒，且五粮液在全国获得地理标志的销售额前100家企业中排名第一。

近年来，五粮液一直致力于实施名牌战略，其中地理标志就是该战略中有力的武器之一。地理标志在一定程度上代表着商品的质量和信誉，是消费者识别和选择商品的重要参考信息。在市场经济高度发展的今天，人们关注商品的产地，相信名牌商品，认名牌、购名牌已习以为常，时刻都在与商品原产地进行“亲密接触”，名牌与产地已密不可分。人们提到白酒、香水、手表，就会联想到“宜宾五粮液”“法国香水”“瑞士手表”，这些都是地理标志产生的积极效应。在国际贸易领域，地理标志在通关入境，市场准入，国际名牌效应等方面，都发挥着越来越广泛而重要的作用。

2. 泸州老窖案例

泸州老窖于2008年获得国家地理标志产品，通过了《地理标志产品国窖1573白酒》《地理标志产品泸州老窖特曲酒》两项国家标准，这两项地理标志产品国家标准严格规定了产品的定义、技术要求、分析方法、检验规则和标志、包装、运输、贮存等内容。如国窖1573白酒国家标准规定了该产品必须是作为国家非物质文化遗产——泸州老窖酒传统酿制技艺生产的白酒；必须是在获省级以上文物保护单位的泸州老窖百年以上窖池中酿制，并以其独特的配料、制曲和储存陈酿工艺，成为具有地方地理标志特色的代表性产品。这两项标准不仅是泸州老窖品牌的良好支撑，同时有效提升了企业和产品的知名度，保护了企业产品品牌、质量、特色和传统工艺，特别是保护了企业无形资产的价值、民族工业和民族产品的价值，对防止假冒伪劣产品具有重要意义。

3.5.4.3 评析

第一，示范企业对同一产品在运用地理标志制度时，往往同时运用商标注册制度对产品知识产权进行保护。虽然地理标志和商标甚至原产地均存在一定程度的差异，但无论是五粮液还是泸州老窖，他们的地理标志五粮液以及泸州老窖特曲、国窖1573本身也是作为商标保护的。这实际并非个别的特殊现象，我国过去由于缺乏对地理标志必要的保护，在实行商标注册制度以来，许多地理标志被产地内的某一企业，有时甚至是被产地外的企业以商品商标注册，从而导致了本属于产地内企业集体所有的地理标志被商标注册人垄断，这同时还导致了商品产地和质量的混淆。另外，我国在制度方面对地名商标问题一直采取回避的做法，这也导致众多企业虽然获得了地理标志认证，而且也在此基础上颁布了相关国家标准，但由于我国缺乏地理标志保护的专门法律，众多企业只能选择以商标法对地理标志进行保护，而这种做法很容易由于地理标志具有“第二性”而失去地理标志所应当具备的作用。

第二，示范企业应该在充分研究自身是否适合运用地理标志制度的基础上，恰当运用该制度。并非所有的企业都适合运用地理标志制度，按照国际通行管理和做法，农产品、白酒等消费品适合充分运用该制度。比如，白酒行产品的品质的高低最终归因于基酒的质量，而基酒的质量归因于酿造地域关联的稀缺而又独特的地理环境和技术传承。因此，五粮液可以充分借助地理标志保护，将基酒的加工和生产，与白酒成品的包装分开，贴近各地市场建立成品包装分厂。这样做有四大好处：产品品质由于基酒的生产地和技术传承所带来的天然属性而得到保证；因产品“超重”特性（最终产品因生产环节的增加而重量增加），成品在各地目标市场分装，导致企业总体生产成本降低；有效地管控市场，更有利于与当地企业竞争，凸显高品质和低成本两大竞争优势，同时也可以占领低端市场；提升国际化市场运作力度。因此，如果五粮液效仿可口可乐等产品，将基酒和成品酒分开生产，依托于国际对等的地理标志保护条款，把包装分厂设到欧洲、日本、美国等地，而五粮液仅向全球各地的包装分厂提供高品质高声誉的基酒，五粮液将更可能成为白酒行业的国际巨头。另外，企业在获得地理标志后，须更加注重自身地理标志产品的质量，符合企业制定的地理标志标注。否则，粗制滥造、盲目追求眼前利益，将逐步失去消费者的信任及市场。

第三，我国立法应完善有关地理标志制度规定。鉴于目前《商标法》和《产品质量法》以及原产地制度均不能给地理标志提供全方位的保护，因此，将地理标志纳入《商标法》加以保护只能是阶段性做法，而最终应首选专门立法模式，将地理标志专门法作为地理标志保护的基本法律手段。同时，由于现阶段将地理标志归入《商标法》有其可行的一面，因此在建立专门的地理标志保护法的基础上应修订现行的有关地理标志保护内容的法律，如对现行《商标法》第10条进行修改，将禁止作为商标注册和使用的地名的范围扩大到所有地名，而不仅仅是县级以州行政区划的名称；由于修改后的地名商标禁用规定已含有对虚假地理标志的禁止性规定，因此应删除《商标法》第16条。同时，应对《商标法实施条例》及《集体商标、证明商标注册和管理办法》中有关地理标志集体商标和证明商标的规定进行修改，使其主要规定地理标志注册为集体商标和证明商标的条件和限制等内容。

另外，立法应对普通地理标志产品提供综合保护，完善反不正当竞争法。同其他类型的知识产权如商标、专有技术等一样，利用反不正当法对地理标志进行保护，不仅能完善对地理标志的保护，增加地理标志保护的灵活性，而且可以充分照顾到社会利益，从而达到个人利益与社会利益的相互平衡，如明确引起混淆的虚假标志的使用是不正当竞争行为。同时，要对主要出口特色产品进行更高水平的保护。出于保护本国特色产品在国际竞争中的优势，维护国家和生产者的利益，欧美对葡萄酒给予了比其他产品更高水平的保护，无论是认证标准、质量标准，还是市场监督都比一般的产品要求严格。我国是农业大国，丰富的具有地域特色的农产品资源，为我国打造地理标志品牌提供了丰富的资源支持。因此，在地理标志立法符合国际公约、国际惯例的同时，应当充分考虑我国优势地理标志产品保护的特殊需要，如对丝绸、瓷器、茶叶等赋予优势产品更高水平的地理标志保护，给予地理标志及其利益人以高水平的保护，以提升我国地理标志产品的竞争力，从而带动农业经济的发展。

3.5.5 植物新品种制度

3.5.5.1 法律规定

《专利法》第25条规定："对下列各项，不授予专利权：……（四）动物和植物品种……对前款（四）项所列产品的生产方法，可以依照本法规定授予专利权。"

《种子法》第12条规定："国家实行植物新品种保护制度，对经过人工培育的或者发现的野生植物加以开发的植物品种，具备新颖性、特异性、一致性和稳定性的，授予植物新品种权，保护植物新品种权所有人的合法权益。具体办法按照国家有关规定执行。选育的品种得到推广应用的，育种者依法获得相应的经济利益。"

《植物新品种保护条例》共46条，分为总则、品种权的内容和归属、授予品种权的条件、品种权的申请和受理、品种权的审查与批准、期限、终止和无效以及罚则等部分，对植物新品种的品种权从产生到申请，从审查到批准，从行使到保护等各方面做了细致规定。

3.5.5.2 案例事实

1. 地奥制药案例

地奥制药1992年成立成都地奥制药药物研究所，该所建有天然药物、合成药物、基因工程药物、微生物药物、药物制剂等10个一流的研究室，以及国家天然药物工程技术、药物筛选和分析测试3个一流的研究中心，及1个博士后科研工作站。目前地奥制药已有和在研创新药物达30多项。"地奥心血康"是地奥公司的核心产品，该产品是中成药药品，即是地奥公司通过从我国植物中提取有效元素和基因物质，合成而成的对心血管系统颇具疗效的药物。目前，中国还没一个中药以药品身份成功通过国外发达国家和地区的药品注册管理程序，作为药品大量销售到欧美等发达国家和地区。2010年

11月27日，“地奥心血康”胶囊生产线已通过欧盟GMP认证，成为国内首家通过欧盟GMP认证的中成药生产线。

2. 康弘药业案例

康弘药业致力于中成药、化学药及生物制品的研发、生产、销售及售后服务。公司始终坚持产品创新、技术创新为主导的创新性发展战略，走专业化发展道路，专注于消化、心脑血管、精神、神经、呼吸、内分泌及肿瘤领域的药品研发和销售，逐步形成了自己的核心竞争力。康弘药业充分吸取我国中草药的丰厚营养，从我国中草药植物中提取有效成分或有效部位，制成中药或天然药物、以中药或天然药物组成的复方制剂等，所有项目均拥有自主知识产权。此外，康弘药业企业技术中心建立了多种与中药、生物药物以及化学合成药物相关的技术平台，通过这些平台，技术中心已成功完成20余个新药研究项目，给公司带来巨大收益。

3.5.5.3 评析

第一，示范企业运用植物新品种保护制度的意识极为薄弱。从目前收集的案例资料来看，几家药企均未申请植物新品种权，而将精力都投入到方法专利的申请中，忽视了其在研究过程中所可能培育的新植物品种并申请相关权利。造成这种现象的原因之一在于药企的研发过程中研发的植物新品种本身仅仅是中间成果，其本身可能不具有经济价值，企业未予以重视。当然，也不排除药企的主业并不在于研发植物新品种，因此即使在研制新药的过程中顺带研制或发现了植物新品种，但药企本身对其并不在意。事实上，从全国植物新品种申请的现状来看，企业在这方面的知识产权意识都极为薄弱。

第二，我国现行法律有关植物新品种制度的设计存在缺陷，导致广大企业无法运用该制度而只能通过专利或其他方式对自身技术产品进行知识产权保护，这也是导致对植物新品种申请专利保护数量极少的制度原因。为加强对植物新品种有效地保护，我国有必要制定专门的《植物新品种保护法》。该法首先应当修订保护名录，将那些具有独特特色，经济价值较高，国际竞争力较强，加工附加值较大的特色产品纳入保护范围；其次，参照其他知识产权立法，植物品种保护也应由一个部门统一管理；再次，应扩大品种权的保护范围，从过去单纯保护品种权的销售权扩大到许诺销售权、出口权和进口权等，打击侵权者在境外生产、繁殖授权品繁殖材料然后通过进口在中国境内销售侵权品种的不法行为；同时，应当对植物新品种权领域的侵权行为建立有效的惩罚性赔偿金制度，以加大对品种权人的保护力度；最后，须专门就遗传资源的使用问题作出详细的规定，对其予以特殊的保护，建立遗传资源提供者或所有者对植物新品种所产生利益的分享机制，平衡新品种权利人和遗传资源所有者的利益（杜菁，2009）。

3.5.6 集成电路布图设计制度

3.5.6.1 法律规定

《集成电路布图设计保护条例》共36条，从总则、布图设计专有权、布图设计的登记、布图设计专有权的行使以及法律责任等几个方面对集成电路布图设计的法律保护总了纲领性的规定。该条例赋予了布图设计专有权不同于专利权、著作权和商标权的内涵以及保护方式。

《集成电路布图设计实施细则》共43条，是由国家知识产权局颁布的部门规章，每一条均对集成电路布图设计保护中的某一个方面进行了规定和细化，该实施细则使得对集成电路布图设计的保护更具有可操作性。

《集成电路布图设计行政执法办法》共30条，是由国家知识产权局于2001年11月颁布的部门规章，该规章分为总则、处理和调解程序、调查取证和法律责任几个部分，对知识产权局在处理集成电路布图设计专有权纠纷，调解侵犯集成电路布图设计专有权的赔偿数额方面的程序性事项作了规定。

3.5.6.2 案例事实

1. 九洲电器案例

九洲电器作为我国军民用二次雷达系统产品的科研生产基地、国内规模最大的数字电视设备科研开发生产基地、全国最大的有线电视宽带综合业务信息网络系统研发生产基地、LED（半导体照明产品）大型应用推广基地，截至2009年7月，公司共拥有集成电路布图设计5项，其中4项是公司于2006年7月4日申请，这几项布图设计主要集中在公司自主研发的视设备、有线电视宽带网络信息系统、数字音视频设备领域，是上述设备的核心部件。另外，九洲电器根据知识产权示范创建工作安排和公司发展的实际情况，对《集成电路布图设计管理办法》等公司已有各类知识产权管理制度进行了修订、补充和完善。

2. 其他案例

泸州老窖虽然是食品行业的企业，但公司结合自身需要全面保护其所拥有的各方面知识产权，其中包括2件集成电路布图设计。长虹电器制定了完整的《集成电路布图设计管理办法》，并在整个集团公司内部应用上述管理办法规范子公司知识产权工作。

3.5.6.3 评析

第一，较少的示范企业运用了集成电路布图设计制度。仅有的几家拥有集成电路布图设计登记的企业中，还存在白酒生产企业。就全国而言，《集成电路布图设计保护条例》在实施的头15个月里，国家知识产权局总共接到的布图设计权申请数量也仅为245件，平均每月不足17件。

第二，我国有关集成电路布图设计法律制度应大力完善。美国作为集成电路的制造大国，在其《半导体芯片保护法》颁布20年后的今天，诉至法院的案件也屈指可数。德国作为欧洲的技术大国，每年在其专利商标局登记的布图设计数量也非常少。这并非因为大家不看重集成电路本身，而是因为现实的需求和已有的法律框架间存在的差距。我国的《集成电路布图设计保护条例》出台较晚，故而与世界通行的保护规则较为相近，立法内容与技术均较先进，但和国际上对集成电路布图设计权的保护相比存在着一定差距：该保护条例仅仅是国务院颁布的行政条例，其立法层次有待提高；缺少对职务布图设计权利归属的规定等。因此，我国应完善集成电路布图设计法律制度，提高其立法层次，并明确有关职务设计权利归属等。

第三，政府部门应大力支持软件企业和集成电路企业的发展。在当前电子信息时代，这两类企业作为新型企业的代表，完整的诠释了绿色经济，是经济转型的必然方向，因此，政府部门应大力扶持这两种类型企业的发展，培育它们的知识产权创新能力。

3.5.7 海关保护制度

3.5.7.1 法律规定

《海关法》第44条规定："海关依照法律、行政法规的规定，对与进出境货物有关的知识产权实施保护。需要向海关申报知识产权状况的，进出口货物收发货人及其代理人应当按照国家规定向海关如实申报，并提交合法使用有关知识产权的证明文件"。

《知识产权海关保护条例》，于2010年3月再次修订并自2010年4月1日起施行。该条例共33条，从总则、知识产权的备案、扣留侵权嫌疑货物的申请及其处理以及法律责任等方面对知识产权的海关保护进行了详细规定。此次修订主要集中在变更、注销知识产权备案的规定、申请财产保全裁定的法律依据、权利人撤回保护申请的规定、拍卖侵权货物的规定以及个人携带或者邮寄进出境侵权物品的处理问题等方面。

《海关关于知识产权保护的实施办法》，该办法由海关总署颁布，细化了原《知识产权海关保护条例》的相关规定，为海关保护知识产权提供更为细致的规则。

3.5.7.2 案例事实

1. 中昊晨光案例

中昊晨光在全院范围内形成知识产权工作网络体系基础上，对外贸人员加强《与贸易有关的知识产权协议》《海关知识产权保护条例》等法律法规的培训和学习，结合外贸实际使外贸人员有意识地了解美国的337条款等贸易规则，并组织相关人员分析国内外典型知识产权纠纷案件，从中吸取经验教训等，使企业少走弯路，更好利用好知识产权保护为企业经济建设服务。

2. 五粮液案例

多年来"五粮液"品牌连续在中国白酒制造业和食品行业"最有价值品牌"中排

位第一，2006 年其品牌价值达 358.26 亿元，具有领导市场的影响力。在此情况下，市场上出现了大量假冒五粮液酒的假酒，并不断有假酒流向国外。对于以品牌信誉至上的白酒生产企业而言，这些流向国外的假酒不仅会降低五粮液在世界范围的声誉，而且会直接导致五粮液品牌价值的降低。因此，鉴于知识产权海关备案制度对于进出口企业而言是一种最便捷也最有效的保护方式，五粮液充分利用了该项制度，将其知识产权的法律状况、有关货物的情况、知识产权合法使用情况和侵权货物进出口情况以书面形式通知海关总署，以便海关在对进出口货物的监管过程中能够主动对有关知识产权实施保护。五粮液通过海关知识产权保护制度有效地制止了假冒伪劣产品的进出口状况，维护了五粮液在国内外的产品质量和产品声誉。

3. 攀钢集团案例

攀钢集团钒产品工艺技术、规模和市场竞争力国际领先，国内市场占有率达到 80%，国际市场占有率达到 20%，钒氮合金产品国际领先，国内唯一。为切实保护公司的众多知识产权和国际竞争力，根据攀钢集团战略发展参与国际市场竞争需要，有针对性地提交涉外专利申请，并积极向海关申报攀钢知识产权尤其是专利技术及产品边境保护，以寻求知识产权的海关保护。

3.5.7.3 评析

第一，示范企业对海关知识产权保护制度的运用尚处于初级阶段，但运用该制度的意识正在加强。示范企业大都拥有国际国内两个市场，但目前各企业对该制度的运用或仅仅是和海关保持一定的业务联系，或是通过请海关相关人员为企业举办业务知识培训，或是将自己企业知识产权的相关情况到海关备案，而几乎没有企业通过主动出击向海关递交扣押涉嫌侵权货物的申请。这反映出企业目前对海关知识产权保护的认识和运用还不积极、不深入。从全国范围来看，几年来进出口企业主动选择海关来对其知识产权实施保护的意愿越来越强烈，从数字来看，在 2002 年之前，海关总署每年收到的来自知识产权权利人的备案申请平均只有 500 件，但自 2003 年以来，收到的备案申请已增加到每年平均 1 200 件。截至 2009 年底，海关总署共核准有效备案 12 188 项；其中商标 7 416 项，著作 498 项，专利 4 274 项。这表现出企业对海关知识产权保护的认识正逐步深化。

第二，示范企业应大力加强和深化对知识产权海关保护制度的认识和运用。企业应主动申请知识产权海关备案。依据《知识产权海关保护条例》规定，企业可将其知识产权（商标权、著作权、专利权）向海关总署办理备案手续。备案之后，全国 42 个直属海关均可以直接从网上查询备案信息，海关在日常执法工作中一旦发现进出口货物有侵犯企业已在海关总署备案的知识产权嫌疑的，将立即主动通知相关权利人，启动知识产权海关保护程序。而目前全国海关 90% 左右的侵权案件都是海关在没有权利人举报的情况下，主动查获的。

第三，有关知识产权海关保护法律制度应进一步完善。首先，应扩大知识产权保护客体的范围，如对拓扑图设计、动植物品种、知名商品的包装装潢等予以保护；从维护本国优势知识产权考虑，应保护商号、原产地标志传统知识（如中医药配方）等。其次，应对不同的知识产权采取不同的保护程序，更加快捷高效地发挥海关的知识产权保护作用。最后，应考虑减轻权利人寻求海关保护的负担，进一步降低权利人申请海关保护时递交的担保，并取消依据职权情况下要求权利人提供担保的规定（刘洋，2003）。

第四，知识产权行政主管部门应积极加强宣传和引导，切实提高国内企业运用知识产权海关保护制度的意识和能力。同时，各地知识产权局以及海关自身应与企业保持密切联系，积极向企业宣讲相关法律知识，并主动为企业的出谋划策。在发生侵权事件时，知识产权行政主管部门应通过海关了解当事人在进出口过程中的侵权状况，从而更加迅速和准确的处理侵权纠纷。

3.6　示范企业运用知识产权制度态势

示范企业运用知识产权制度案例情况，实际反映其对知识产权制度的了解、学习与内化的状况，本节在对示范企业运用知识产权制度进行评析的基础上，对示范企业运用知识产权制度趋势进行研判。

3.6.1　示范企业运用知识产权制度评析

3.6.1.1　专利确权制度

示范企业对专利权确权（创造与申请）制度，侧重专利文献检索制度、专利在先申请制度、专利职务发明制度、专利合作发明、委托发明制度、国防专利申请制度、专利国际发明制度等的运用，且颇有创新之处。示范企业依据专利制度规定，结合自身实际情况，制定了名称不一的确权规章和细则，将法律制度内化为具体的制度措施，在运用中体现了自身特色、行业特色。部分示范企业创新、延伸地运用有关专利制度，反映出对这些制度运用趋于深化。比如，有的企业对专利文献检索贯穿于研发决策、研发路径调整、专利申请、专利权使用、维持与保护的全过程；有的企业以专利技术入股、采取期股、期权等方式奖励职务发明人。

专利文献检索制度、专利申请在先制度、专利职务发明制度、专利国际申请制度是专利确权相关的最基本制度，示范企业对这四项制度有较多的认识和了解。尽管不同类型的示范企业对四项制度的运用各有侧重、各有特色，但示范企业普遍性地运用、重视上述四项制度。对于专利委托与合作发明制度，示范企业运用并不普遍；对于国防专利制度，属于军工类的企业运用较多，其他类型企业几乎不涉及。

示范企业运用专利确权制度，切实提高和促进了自身创造发明水平与能力。专利文献检索制度对企业科研立项、新产品研发、技术设备引进和技术合作、产品出口、专利维权等各方面越来越具有举足轻重的作用；重视利用专利申请在先制度，促进了示范企业专利数量的飞跃；示范企业充分运用专利职务发明制度，极大地促进了员工创新积极性，企业职务发明数逐年提高；部分示范企业充分运用专利合作开发与委托开发制度，以技术项目作为出发点，在引进、消化、吸收和再创新的各个环节统一协作，进行资源整合，强强合作，避免单打独斗，增强了自身创造、运用、管理、保护知识产权的能力；部分示范企业重视专利的国际申请，有力地拓展国内外市场，促进企业发展壮大；部分军工类企业充分运用国防专利申请制度，发挥军用技术的优势，在相关技术方面积极实施“军转民”，成效斐然。

示范企业对专利确权制度的理解与运用有待深化。一是对相关制度的理解不够准确、深入，如对专利申请在先制度，往往只强调量的提高，缺乏对专利申请最佳时机的研究，已有专利质量堪忧；二是对相关制度运用拓展不充分，如对专利文献检索制度的运用大多停留在“查新”层面而缺乏深层规划、战略运用。

3.6.1.2 专利用权制度

示范企业对专利用权（使用与运营）制度，侧重对专利实施制度、许可与转让制度、放弃制度的运用，通过运用实在地提高了自身专利运用能力。示范企业在重视技术创新并获取诸多专利基础上，愈益重视专利的实际实施和运用，正因为如此，企业专利技术本身不仅得到实际运用，也成为企业市场拓展、技术不断更新的核心关键因素；对部分专利许可或转让给它方实施，也为企业创造了相应效益。

示范企业对专利用权制度的运用有待拓展。示范企业专利的申请量、授权量连年增长，但对专利的实施和有效利用尚处于初级阶段，专利技术实施率低、利用形式单一。从专利的构成上看，示范企业拥有的专利中实用新型和外观设计较多，发明专利的数量少，有核心竞争力的发明专利数量更少，这些因素都影响了专利的实施转化。

专利许可与转让、专利与商业秘密联合许可，以及专利放弃、交叉许可、专利权质押、出资等，都是专利权的使用方式。多数企业尚停留在追求尽可能多的专利和自己使用的层面上。尽可能多地申请和获得专利对企业固然重要，但专利实施、运用与营运更为重要，否则，光有数量庞大的专利，每年还需要支付数额巨大的专利维持费，企业所获取的专利不但不能创造效益，还将成为企业负担。因此，企业应该系统、深入研究专利，分门别类，采取对应运用措施，发挥专利最大效益。

3.6.1.3 专利维权制度

示范企业运用的专利维权（保护与救济）制度，主要包括专利优先权制度、时效制度、无效宣告制度等，以保护自身权益和避免侵犯他人专利权。东方电气运用专利无效宣告制度申请对方专利权无效并得到支持，对对方无异于釜底抽薪；光明光电运用反向工程，破解对方核心技术，取得领先或超越竞争对手的市场地位，是有益成功案例。

示范企业对专利维权制度理解有待深化。比如，示范企业常常只是单纯为了获得优先权而运用专利优先权制度，没有将该制度与企业国际市场的拓展和保护结合起来；往往是被诉侵权才启动无效宣告制度，而不是及时跟踪、主动申请；时效制度只是被简单认为权利的有效期限，其实有的专利未到期限放弃可以使用，未放弃也有可能利用且不视为侵权，如《专利法》第69条第（5）项规定："为提供行政审批所需要的信息，制造、使用、进口专利药品或者专利医疗器械的，以及专门为其制造、进口专利药品或者专利医疗器械的。"

交叉许可制度是企业实现后发战略的重要法律保障。企业通过原始创新、持续创新固然重要，但通过引进、消化、吸收再创新，实现"后来者居上"，也不失为一种有效的创新战略。利用交叉许可制度促进科技进步，避免纠纷与相互侵权，实现与竞争对手的共生共存，不仅使自己获得更大的利益，也使后来者居上成为可能；利用交叉许可制度更能形成集团、特色的专利池，能更有力地保护和利用知识产权，增强企业的竞争力。《专利法》明确规定了交叉许可制度，但示范企业对该制度却基本没有实际运用。

另外，示范企业对专利维权的更多制度知晓、掌握有限，如等同原则、善意侵权制度，以及禁止滥权制度等，示范企业几乎没有运用。

3.6.1.4 商标权制度

示范企业运用的商标权制度，主要包括商标申请制度、国际注册制度、驰名商标制度、知名著名商标制度、从属商标制度、等级商标制度、防御商标制度、联合商标制度等。示范企业通过运用商标权制度，有力地保护了自身商标权，提升了自身品牌形象，拓展了企业的市场。

示范企业普遍能够正确理解并娴熟地运用商标申请制度、国际注册制度。示范企业大多都树立了商标申请在先意识，并在企业内部建立了相应的商标管理制度，规范商标的申请及注册；部分示范企业为商品或服务进入国际市场，赢得全球竞争力，积极申请商标国际注册。

示范企业普遍重视驰名商标制度，围绕驰名商标展开品牌建设，带动企业发展。示范企业不论自身状况如何都重视驰名商标的打造，且基本上都有一个以上的驰名商标，并依此商标作为核心力量，开展驰名商标、知名著名商标、一般商标层次建设，申请防御、联合商标，优化企业资源配置，构建主从、等级商标体系，适应市场变化，不断开发新产品，实现产品多样化，形成全方位、多层次保护体系与品牌竞争力，以更好地服务消费者。

示范企业对商标权制度运用存在明显缺失。示范企业大都重视商标申请，但从企业整个知识产权管理状况来看，对商标申请的力度和重视程度远远不及专利，同时只有个别企业采取专利和商标同步发展或联合保护的方法；对防御商标制度的利用范围不够广泛，在企业整体知识产权规划中，未形成主从商标综合保护体系；对商标的国际注册大都局限于产品销售国，对有销售潜力的国家和地区进行国际注册申请的力度不够，申请更不成体系。

我国商标法律制度有待进一步完善，比如，在商标申请法律制度方面，如何恰当划分中央和地方对商标注册的审查核准权力；再如商标注册前利益请求权制度、主从商标制度、防卫商标制度等，都是亟待立法规范的问题。

3.6.1.5　其他知识产权制度

其他知识产权制度，主要包括软件（著作权）登记制度、商业秘密制度、反向工程制度、地理标志制度、集成电路布图设计制度、植物新品种制度，以及知识产权海关保护制度等。示范企业对这些制度的运用，提高和促进了自身知识产权能力，但对这些制度的理解和运用远远不够，我国相关法律制度也有待进一步明晰和完善。

部分示范企业对所研发软件进行登记，是企业著作权意识的体现，有利避免著作权纠纷，促进企业创新能力的提高，但企业对计算机软件登记效力存在一定的误区，有的认为计算机软件经过登记才能够得到认可与保护或获得更多的保护，不顾实际经济效益盲目追求登记数量，有的没有认识到计算机软件的保护实际上并非只有著作权一种方式。在立法方面，由于立法没有确定预先登记制度，我国软件企业运作程序上存在的“软件商业发行先于软件完成——商业发行需要软件著作权登记证书——著作权登记证书的取得又有赖于软件完成”死结难以解开。

示范企业大都重视商业秘密的保护，但较多示范企业是在经历泄密或失败的教训之后，被动地逐步学习保护自身秘密，其间付出了巨大代价；示范企业对保密制度构建，制度管理、程序管理、人员管理等方面尚没有形成完整、有效运行的体系；我国商业秘密的保护主要规定在《反不正当竞争法》中，也有待完善。

示范企业运用反向工程制度取得成功的案例较少，应在对所掌握的对手信息深度利用基础上，争取通过反向工程破解对方核心技术秘密，从而战胜竞争对手。实施反向工程时，要特别注意不要对其他企业构成侵权。同时也要防止其他企业运用反向工程破解自身技术秘密。

示范企业对同一产品在运用地理标志制度时，往往同时运用注册商标对该地理标志进行保护。在立法方面，我国在《商标法》中规定可以以商标注册方式保护地理标志，而具体的地理标志保护存在立法效力层次低、保护部门交叉等问题，亟待加强。

较少的示范企业运用了集成电路布图设计制度。四川省集成电路布图设计的登记量非常低。在立法方面，我国的《集成电路布图设计保护条例》出台较晚，与世界通行的保护规则较为相近，同时也存在着一定差距，如立法层次较低，缺少对职务布图设计权利归属的规定，对善意侵权规定不具体，缺乏刑事保护制度规定等。

企业运用植物新品种保护制度的意识较为薄弱，几家药企也没有申请植物新品种权的资料。从总体而言，我国植物新品种申请较少，产权意识都很薄弱。在立法方面《植物新品种保护条例》亟须完善，如植物新品种权缺少明确的法律定义，未提及职务育种人的权益，对可以授予专利权的植物新品种范围规定与《专利法》存在权利冲突，品种权保护面过窄，维权困难等。

示范企业已有知识产权海关保护的意识，或通过海关企业举办业务知识培训，或将自己企业知识产权的相关情况到海关备案，但几乎没有企业主动通过海关实现自身权益的合理诉求，企业知识产权海关保护能力有待提高。在立法方面，知识产权海关保护立法也存在不足，如保护客体的范围较为狭窄，拓扑图设计、动植物品种、知名商品的包装装潢、商号、原产地标志传统知识（如中医药配方）等没有纳入保护范围；对不同的知识产权采取缺乏不同的保护程序，难以快捷高效地发挥海关的知识产权保护作用等。

类似地，示范企业综合运用其他知识产权相关法律的意识、知识、能力不足，比如对《对外贸易法》授予企业申请知识产权滥用的调查权、救济权制度，《科学技术促进法》中的国家财政、税务、金融政策、知识产权归属制度，《公司法》《科技成果转化法》中有关知识产权投资融资制度等，在示范企业提供的材料中没有显示其曾经运用的案例。

总之，示范企业在专利创造确权、使用运营与保护维权中，在商标权制度的运用、其他知识产权制度的作用发挥中，体现了重视国家知识产权制度的学习、内化，对知识产权制度有不同程度、不同内容的知晓、掌握，重视将知识产权制度资源转化为企业自身特色资源、优势，形成核心竞争力，获得市场优势；同时，示范企业对知识产权制度内化不够，理解、掌握有待深化，运用有待加强。

特别说明的是，知识产权制度不限于示范企业运用的上述制度，尤其专利制度的二级分类也是相对的、甚至是为了研究方便的一家之说。

3.6.2 示范企业运用知识产权制度趋势

通过上述示范企业运用知识产权制度案例情况评析可见，示范企业运用知识产权制度的趋势主要体现为对知识产权制度内容的把握、具体规则的运用和价值的认识等三方面。对知识产权制度内容的把握，表明示范企业内化知识产权制度的广度；对知识产权制度规则的运用，体现示范企业内化知识产权制度的深度；对知识产权制度价值的认识，反映示范企业内化知识产权制度的高度，如图3-1所示。

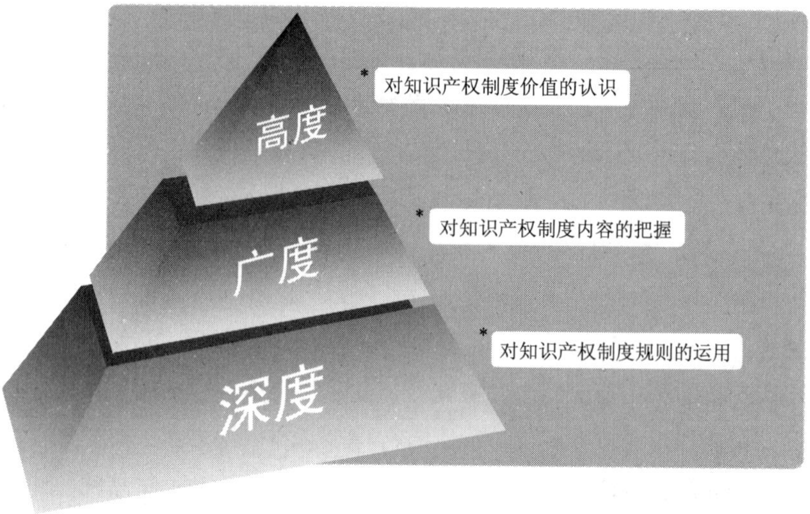

图3-1 示范企业运用知识产权制度

3.6.2.1 知识产权制度内容把握

对知识产权制度内容的把握，表明示范企业内化知识产权制度的广度。作为一个制度体系，知识产权制度包容甚广，如专利制度可分为专利确权、用权和维权制度，每个二级制度又有若干个子制度构成。企业内化知识产权制度的广度体现在对这些制度的了解与把握，即对二级制度的多少——数、量与面的把握问题。企业对知识产权制度知晓、知晓多少是其知识产权能力水平的基础。其中，影响企业知识产权制度内化广度的最直接的因素是企业知识产权管理人员，企业知识产权管理人员对知识产权制度掌握的量与面，反映出企业对知识产权制度内化的广度。

通过上述示范企业运用知识产权制度案例分析，运用知识产权制度企业内化理论的分类原则，示范企业内化运用的知识产权制度二级制度主要可分为：专利制度、商标制度和其他知识产权制度。专利制度包括专利确权、专利用权、专利维权制度：专利确权制度主要包括文献检索制度、申请在先制度、国际申请制度、国防专利申请制度，职务发明制度、合作发明与委托发明制度等；专利用权制度主要包括实施制度、许可与转让制度、放弃制度等；专利维权制度主要包括优先权制度、时效制度、无效宣告制度、反向工程制度等；商标权制度主要包括申请制度、国际注册制度，驰名商标制度、著名商标等制度、从属商标制度、等级商标制度，防御商标制度、联合商标制度等；其他知识产权制度主要包括软件（著作权）登记制度、商业秘密制度、地理标志制度、集成电路布图设计制度、植物新品种制度、海关保护制度等。

示范企业运用知识产权制度案例分析表明，示范企业运用的知识产权制度中的28项子制度基本满足或代表知识产权制度的核心构成，但也有些重要的、法学专有的知识产权制度子制度，还没有或示范企业提供的资料没有反映示范企业已经掌握，如专利权共有制度、专利交叉许可制度、禁止令制度等。因此，示范企业尤其是示范企业知识产权管理人员不能只限于对知识产权制度的简单认识和了解，而是应当对知识产权制度子制度从点与线到面的更为深入的全面把握。其中，案例分析涉及的知识产权子制度是其起码应当知晓、掌握的。

3.6.2.2　知识产权制度规则运用

对知识产权制度规则的运用，体现示范企业内化知识产权制度的深度。徒法不足以自行，制度的价值在于实施与实效。一方面，示范企业运用知识产权制度规则实现其知识产权，行使权利获得收益，彰显其知识产权管理水平与能力；另一方面，示范企业通过对知识产权制度规则的具体运用，能进一步提升企业知识产权能力。只有对具体某个制度的准确认识与准确理解才能运用自如，提升企业知识产权能力。因此，示范企业知识产权管理部门及其人员对知识产权制度规则的运用状况，能够反映出企业对知识产权制度内化的深度。

示范企业能够较好地运用某些知识产权制度规则，比如，文献检索制度是基于专利“三性”要求，鼓励“站在巨人的肩上”发明创造，避免重复研究；职务发明制度实质是对职务发明与非职务发明作出界定，明确职务发明归属以及对职务发明人进行奖励，以更好地促进创新。在实际运用中，地奥制药将文献检索运用于科研立项、新产品研发、技术设备引进和技术合作、产品出口、专利维权等各方面；长虹电器充分运用申请在先制度，促进示范企业专利数量的飞跃；龙蟒集团、地奥制药等运用专利国际申请制度保护其产品、技术出口，占领国外市场；泸州老窖、五粮液等运用商标申请制度以一个以上的驰名商标作为核心力量，开展驰名商标、著名与知名商标、一般商标多层次建设，申请防御、联合商标，优化企业资源配置，构建主从、等级商标体系，构建品牌综合保护体系，并且以国际注册制度使其自身品牌价值大大增值等，这些都体现了示范企业对知识产权制度的深化运用。

另外，从整体而言，示范企业对知识产权制度具体内容把握尚不够深入甚至存在诸多误区，如对专利职务发明更多的看到企业的权利，没有理解到对职务发明人持续改进创造发明进行激励更为重要；意识到专利应申请在先，但对最佳专利申请时机缺乏认识和研究；专利时效制度往往只是被简单理解为权利的有效期限，而对如何免费利用庞大的失效专利群，提升自身技术水平和核心竞争力缺乏深入理解和研究；对专利无效宣告制度在维持自身竞争优势方面的作用缺乏深入理解，因而运用较少；没有充分理解专利交叉许可制度在强强联合、优势互补方面的作用，对知识产权子制度的运用缺乏、融会贯通。同时，对知识产权制度规则使用方式较为单一、孤立，没有充分依据《专利法》《商标法》及其他相关法律法规如《科技成果转化法》《科学技术进步法》《物权法》《公司法》等，运用所取得的知识产权，进行资本化、商品化、股权化运用和运作，进而促进企业知识产权的运用推广和效益提升等；大都重视商标申请，但只有个别企业采取专利和商标同步发展或联合保护的方法等。示范企业往往比较深入地运用了某一方面或某几方面的知识产权制度规则，但缺乏对知识产权制度规则进行综合性的系统运用，这影响了企业对知识产权制度的整体运用与驾驭能力。

3.6.2.3　知识产权制度价值认识

对知识产权制度价值的认识，反映示范企业内化知识产权制度的高度。"知识产权保护只是知识产权法运行的中间过程，促进知识创造和知识扩散，促进技术、知识和信息的交流与利用，从而促进社会经济发展、科学和文化进步才是知识产权法的终极目的"（冯晓青，2006）。具体地说，知识产权制度价值在于调动人们积极进行发明创造，促进科学技术进步与文化艺术繁荣，促进人类文明；实现包括知识产权所有人、知识产权使用人、利益相关第三人与社会利益间的利益平衡；维护国家利益与尊重国际惯例相结合。因此，一方面，企业运用知识产权制度，有利于保护其合法权益，拓展市场，提升市场包括国际市场竞争力，促进与保护知识创新、技术创新；另一方面，知识产权制度同时规制知识产权人权利，制约知识产权人滥用权利，保障社会公共利益。企业申请获得知识产权，具有专有权，能有力增强企业市场竞争力；同时需要符合必要条件，履行法定程序，缴纳申请、维持费用，承担对应义务，如支付职务发明员工的奖励与报酬。良好的激励机制不但能提升员工的创新效率，还能增强员工对企业的认同感，使其更有归属感，有为之贡献聪明才智的愿望，这正是企业研发和创新的不竭动力，以及知识产权制度价值所在。因此，示范企业对知识产权制度价值的认识以及运用，反映了示范企业内化知识产权制度的高度。

示范企业对知识产权制度价值有着程度不同的认识。比如，宜宾丝丽雅视专利职务发明制度为有效激励进而衍生出"全员创新"思维，为了保护自身专利权以及良好的市场秩序，不遗余力采取多种方式和手段进行维权；地奥制药认为文献检索事关"查新"、研发决策、研发路径调整、专利申请、专利权使用、维持与保护全过程；川庆钻探充分认识到专利实施是权利最终实体化、效益化的关键；五粮液深刻意识到商标申请在先的意义，积极进行商标国际注册并打造驰名商标是企业品牌建设、市场拓展与国际化、侵权防范的有力凭借；光明光电深入理解商业秘密保护与其他保护手段的特性和优劣，进而思考如何用最恰当手段保护企业核心知识产权；地奥制药、东方电气为了维护自身权益及竞争优势运用专利无效宣告制度申请撤销竞争对手专利等，都反映出示范企业对知识产权制度价值已有了相当程度的认识。但是，示范企业对知识产权制度价值的认识绝大多数局限于"维护自身权益、扩大市场占有、创造更多效益"层面，实践中往往是自身遭受侵权，或受到竞争对手产品巨大威胁时，在被动维权和应对中逐步开始发展知识产权，加深对知识产权制度价值的认识，显然，这种认识还局限于对维护企业自身价值层面。

思想有多深，路就能走多远。知识产权是企业获得市场、提升竞争力的重要源泉，是企业发展的战略资源，对知识产权的获取、使用和保护已成为企业在竞争中取得优势的关键因素；对国家而言，知识产权日益成为国家发展的战略型资源和国际竞争力的核心要素。运用知识产权制度获取、运用和保护自身知识产权，有利于企业获取新技术、新产品、新材料、新知识，进而形成企业优势和特色，促进人类进步与文明发展。当然，对知识产权制度价值的认识，存在一个长期的过程，示范企业对知识产权制度价值已经有了一定的认识，但这种认识还需要大力提升和深化。

第4章　示范企业知识产权管理模式研究

本章以知识产权制度企业内化理论为依据，在前文示范企业知识产权能力态势评析、运用知识产权制度案例分析的基础上，进一步研究示范企业内化、运用知识产权制度，及其在知识产权创造、运用和保护活动过程中所形成的管理理念、管理制度、管理组织之间相互作用而形成具有一定特征的、较为稳定的行为方式，即企业知识产权管理模式。具体来说，示范企业知识产权管理模式研究是对示范企业内化知识产权制度形成的行为特征的研究，也是对示范企业内化知识产权制度在其知识产权创造、运用和保护过程中所形成的管理理念、管理制度、管理组织等因素相互影响、相互作用所形成的系统性活动的特征进行研究。

管理理念、管理制度、管理组织从静态表征知识产权能力的结构，知识产权创造、运用和保护从动态表征知识产权能力运行。对示范企业知识产权管理模式的研究实质是对示范企业知识产权能力的研究。因此，本章根据示范企业知识产权能力的特点，按照从特殊到一般的逻辑，先从具体、特殊的视角，将样本企业根据行业的特殊知识产权能力，研究了类别型知识产权管理模式；根据企业不同发展阶段知识产权能力不同，研究了阶段型知识产权管理模式。之后从一般角度研究样本企业比较成熟的知识产权能力，形成了示范企业特色型知识产权管理模式（见图4－1）。

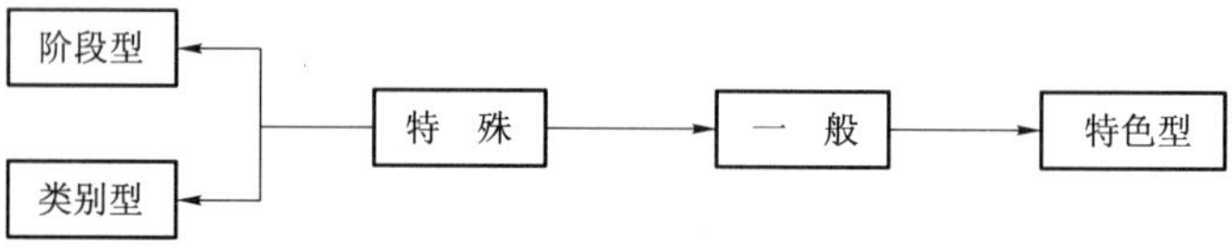

图4－1　企业知识产权模式研究基本框架

对各类模式的研究将从知识产权制度企业内化，以及知识产权能力的管理理念、管理制度、管理组织以及知识产权创造、运用和保护等要素进行分析。希望通过对示范企业知识产权管理模式的研究，对示范企业知识产权能力作出综合评价，为其他企业提供可资借鉴的经验或教训。

4.1　企业类别型知识产权管理模式

对产业进行分类有不同依据，可以以物资生产的不同特点分为农业、轻工业和重工业；以产业发展的层次顺序和与自然界的关系分为第一产业、第二产业和第三产业；还有以产业发展的时间和运用的技术为标准分为传统产业和高新技术产业。此处，以行业为标准，将四川省知识产权示范企业分为家用电器、机械制造、文教科研类。调查表明，四川省知识产权示范企业中的家用电器、机械制造、文教科研类企业在知识产权管理活动中，综合内化知识产权制度，形成了较为稳定的，具有行业特性的管理方式，我们称之为类别型知识产权管理模式，它体现了不同行业特殊的知识产权能力。

4.1.1　家用电器类

家用电器是直接用于个人、家庭日常的衣、食、住、行等的生活消费品，直接面向消费者，即面向为满足个人或家庭日常生活需要而进行购买、使用或接受服务的自然人。现今，生活消费品已进入充裕时代，消费者的需要出现细分化，“人们消费行为的个性化趋势日益明显、突出，个性化消费行为的特点是强调自我风格，从过去‘别人有的东西我也有’发展到‘有比别人更好的东西’，进而又发展到‘拥有别人没有的东西’。”（白玉，2003）作为生活消费品类的生产者、服务提供者必须根据消费者的需要特性，细分市场。因此，这类生产者、服务提供者的知识产权管理模式也具有不同于生产消费品类企业的而与消费者个性化需要相应的特点。

四川省知识产权示范企业中，家用电器类企业主要有长虹电器、彩虹电器、九洲电器等，占全部21个企业中的14.3%。这些企业的知识产权管理中有一些共同的特点，主要是产品差异化和标准化。

4.1.1.1　产品差异化模式

产品差异化（product differentiation）有广义与狭义之分。狭义的产品差异化是指企业以某种方式改变那些基本相同的产品，以使消费者相信这些产品存在差异而产生不同的偏好。简而言之，是同类产品的非本质功能、品质、规格、价格等的差异。广义的产品差异化还包括不同类别的产品差异。

企业控制市场的程度取决于它们使自己的产品差异化的成功程度。企业对于那些与其他产品存在差异的产品拥有绝对的垄断权，这种垄断权构筑了其他企业进入该市场或行业的壁垒，形成竞争优势。同时，企业在形成产品实体的要素上或在提供产品过程中，造成足以区别于其他同类产品以吸引购买者的特殊性，从而导致消费者的偏好和忠诚。因此，产品差异化不仅迫使外部进入者耗费巨资去征服现有客户的忠实性并突破由此造成的某种障碍，而且又在同一市场上使本企业与其他企业区别开来，以产品差异为基础争夺市场竞争的有利地位。

产品差异化作为一种结果，来源于不同的专利技术、专有技术，并可以通过不同的商业标志表达出来。前者是创造差异化产品，后者是向消费者传递产品差异化信息，并让消费者认知、认同产品的差异化。这二者在法律上主要体现为专利权（或商业秘密）和商标权。企业以产品差异化作为知识产权管理模式就是追求差异化的专利权（或商业秘密）和差异化的商标权的行为准则和行为方式，是企业内化相应的知识产权制度形成企业的差异化管理理念和管理制度，并将其贯穿于企业知识产权的创造、运用和保护全过程，而体现出产品差异化的知识产权能力。

产品差异化管理模式，首先是坚持专利权的差异化，即专利技术涉及不同类产品或同类产品但不同规格、品质等。长虹电器、彩虹电器、九洲电器内化专利法的“单一性原则”或单一性制度，即一份专利申请文件只能就一项发明创造提出专利申请的“一发明一申请”原则。长虹电器将涉及电视、空调、冰箱、IT、通信、网络、数码、芯片、能源、商用电子、生活家电等多领域的多项产品分别提出了专利申请，得到授权计1 448 件。彩虹电器将电热毯、干鞋机、取暖器具、电热蚊香片、液体蚊香、杀虫剂、蚊香、涤纶短纤维及针刺无纺布等产品分别申请了专利，得到授权 233 件。九洲电器在 LED 领域申请专利 71 件，获得授权 23 件；此外还有透镜 TOP SMD 专利等。累计申请专利 386 件，获得授权专利 154 件。而外观设计专利权是最体现同类产品差异化的知识产权，长虹电器、彩虹电器、九洲电器都以外观设计专利权强化产品的差异化（见图 4 – 2）。

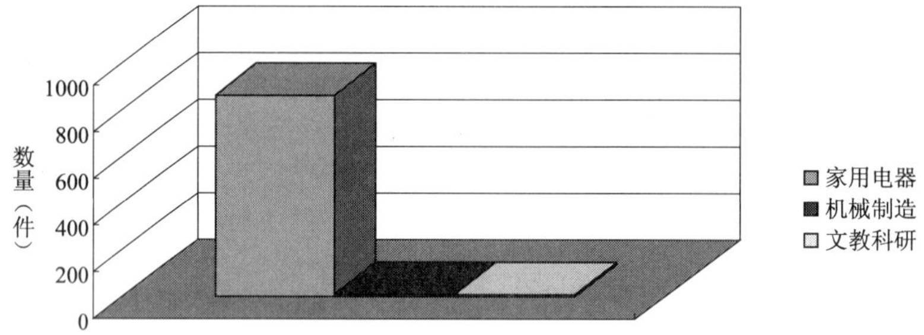

图 4 – 2　不同行业外观设计专利权数量比较

其次，产品差异化在商标权上有两种表现方式：从属商标、等级商标。产品差异化出现使得一个商标不能准确代表所有产品，因此，企业通过内化从属商标、等级商标制度，对差异化的产品使用从属商标、等级商标，或者二者联合，以此传递差异化信息。如九洲电器在有线电视产品、数字产品、LED、RFID 等核心业务使用主品牌“九洲”，音响产品、房地产分别使用副品牌“湖山”和“九洲千城”。这种从属商标既有利于维护主商标的形象，又满足不同需要消费者的选择。通过上述商标管理方式可以将产品差异化表现得淋漓尽致，便于消费者认知。

4.1.1.2　标准化模式

所谓标准，是指由公认的机构核准，供共同和反复使用的文件，它为产品、或有关的工艺过程和生产方法提供准则、指南和特性。当它们用于某种产品、工艺过程和生产方法时，标准也可以包括或仅仅涉及术语、符号、包装、标志或标签的要求。当标准被某国选择适用时，它又成为技术法规，便成为规定产品特性或与其有关的工艺过程和生产方法，乃至适用管理条款的强制性执行文件。

由于现代产品的技术越来越复杂，消费者对产品的安全、性能等的担心，产品质量的标准化不仅可以实现批量化生产，而且可以确保产品质量统一和产品的安全，也便于消费者对产品性能的理解、掌握和使用，也有利于消费者的维修、保养，还利于消费者的购买，因为消费者在追求个性化需求时是以产品质量确保为前提的，如果消费者面临产品功能风险、心理风险等，他们自然不会购买。为减少这些风险，一方面他们可以通过增加对产品的知识降低风险，另一方面就是产品标准化使消费者认识到自己不必担心产品功能风险，也不必担心自己可能买了一件功能差的产品而看起来很愚蠢（［美］J.布莱恩，1999）。因此，世界贸易组织《技术性贸易壁垒协议》（简称“TBT 协议”）中明确规定了一国或地区可以基于保护国家安全、保护人类、动植物生命及健康、保护环境、保护产品质量等方面的正当原因，制定与国际标准不相一致的技术法规、标准、合理评定程序。

回应消费者的需要，家用电器类企业积极将专利转化为标准。专利技术标准化实质是专利权内容的延伸和强化，是专利权使用（即用权）的综合提升。四川省知识产权示范企业中长虹电器、九洲电器、彩虹电器集团都内化专利用权制度，建立专利标准化的管理理念和管理制度，并贯穿专利的创造、运用和保护，确立了专利标准化的模式，将企业的技术依法取得专利权后，积极推动专利技术转化为技术标准。长虹电器参与数字电视地面波国标、AVS、闪联、UCPS 标准的制定，长虹电器是 AVS 标准化组织的核心成员，从事标准的核心技术研究。截至 2010 年 6 月，彩虹集团制定企业标准 60 个，参与制定行业标准 8 个，参与制定国家标准 6 个。九洲电器积极主持、参与国家标准与国家军用标准的制定，制定了国家标准 11 项，国家军用标准 21 项。九洲电器是国家某系统通用规范、接口要求、模块规范以及设备通用要求等标准的起草单位，是 CATV 光工作站、HFC 网络管理系统、中国直播卫星系统接收子单元等标准主要起草单位。

家用电器行业知识产权管理的产品差异化模式和专利标准化模式恰当地回应了消费者的个性化需要和安全、质量的标准化需要，是家用电器行业知识产权管理的最佳模式。

4.1.2　机械制造类

机械制造业主要有眉山车辆、二重机械、东方汽轮机、成飞工业，占全部的 19%。该行业都认识到专利地图的重要性，都具有军民品的生产，因此，知识产权管理形成专利地图模式和军民品结合模式。

4.1.2.1　专利地图

专利地图（patent map）是由各种与专利相关的资料讯息，以统计分析方法，加以缜密及精细剖析整理制成各种可分析解读的图表讯息，使其具有类似地图指向功能。可以分为专利管理地图、专利技术地图与专利权利地图。不同类型的专利地图具有不同的信息分析重点，三者结合起来，正是对专利文献经济、技术、法律信息的全面挖掘。可见，专利地图实质是内化专利文献检索制度为专利地图管理理念和管理制度，并贯穿专利的创造、运用和保护，而外化为管理行为。

专利地图在日本、美国等发达国家和地区很早就受到重视与利用，而我国仅有极少数企业利用专利地图为其服务。四川省知识产权示范企业中的机械制造业在知识产权管理中强化专利地图主要反应在专利技术地图的制作和使用方面。二重机械重视内化专利文献检索制度，将其转化为专利地图。不仅建立了相应的专利文献检索系统，而且开展特定专利技术的检索与专利地图的制作，如根据核电大锻件国产化的研制需要，组织了国际专利检索。检索到日本、韩国、美国等少数国家的相关专利信息 40 余条。由于该锻件是目前世界上最大的锻件，对质量及使用可靠性要求非常高，制造难度大。世界范围内只有为数极少的企业具备制造能力，因此，国际范围内的专利信息和科技文献信息非常少。虽然这使二重机械知产办计划的制作专利地图工作未能进行，但表明了二重机械已经有意识地制作专利地图。二重机械还利用专利数据库检索，制作核电、风电的专利地图。东方汽轮机也内化专利文献检索制度，充分利用专利文献，收集了大量的火力发电汽轮机、核电汽轮机、燃气轮机、风力发电设备等专利文献，并将主要行业竞争对手专利文献进行了全文下载发给相关部门进行分析研究。相继开展了风电机组整机、叶片、轴承，1 000MW 核电机组焊接转子、国家“863”计划项目“F 级中低热值燃料燃气轮机关键技术与整机设计研究”研究课题专利技术分析，为避免重复低水平开发提供了可靠的技术信息。成飞工业与东方汽轮机一样，也使用某专业专利检索和数据库开发软件开展了柴油发动机电控燃油喷射系统专利信息研究和汽车覆盖件模具专利战略研究。虽然东方汽轮机、成飞工业没有明确使用专利地图的概念，也没有明确提出要制作专利地图，但实质是在进行制作、使用专利地图的活动。

通过专利地图，这些企业收集、整理和利用专利信息，为企业指明技术发展方向。因为专利地图将检索到的专利信息，经过整理、加工、综合和归纳，以数据的形式归入一张图表中，不仅可供定量分析和定性分析，而且通过对专利地图的对比、分析和研究，得到可以利用的技术水平、动态、发展趋势等情报，为企业指定经营战略、专利战略、选定开发目标等服务。这些企业通过专利地图收集、整理和利用专利信息，也明确了他人的专利权利范围，从而避免触碰到别人专利“陷阱”。概而言之，专利地图预先为产品专利研发设定了一个较明确且不触碰到别人专利“陷阱”的路径，防止发生专利申请触礁的窘境，从而不会浪费大量的人力、物力。

4.1.2.2 军民结合模式

军事技术关系到一国的国防安全，从来都是各国法律重点予以保护的领域，因此，在知识产权法律中建立了特别的国防专利制度。国防专利与一般民用专利有较大区别，但有的专利技术既有国防价值，又有民用价值。因此，在各国形成了军转民、军民结合的技术运用模式。

军民结合模式可以分为军转民、民转军二种方式。军转民方式是指最初技术的创造是基于军事使用目的，而技术使用时可用于生产民用品。民转军则是技术的创新最初是基于民用目的，但使用时可用于生产军事用品。这种区别只是表象，从法律上说，由于军事技术的重要意义，专利法上建立了特别的国防专利制度，并且其适用优先于一般专利制度。概而言之，无论最初技术的创造是基于军用还是民用目的，只要技术具有军事价值，就应当适用国防专利制度，按照国防专利制度确权、用权和护权。因此，军转民和民转军本质相同，都是内化国防专利制度为企业管理理念、制度，对企业的专利创造、运用和保护进行管理的活动及其过程。

机械制造类企业整体而言，知识产权的确权、用权、维权都呈现军民相结合的行为准则，最为典型的是成飞工业。成飞工业改变我国国防科技工业“长期以来，重鉴定、重评奖和重保密，轻视知识产权比较严重，知识产权工作整体能力薄弱”的传统（员智凯，2008），坚持航空为本、军民结合，即“巩固军机领先地位、着力发展民机产业、有选择性发展重点非航民品、积极拓展新业务”，致力于成为国内一流、国际知名的现代化航空企业集团。公司在军机研制方面坚持“生产一代、研制一代、预研一代、探索一代”的方针，同时大力开展民机和非航空产品的研发和生产。在原来主要设计、研制和成批生产现代歼击机，获得了大量的国防专利权的同时，近年来充分利用自己的军事技术优势，加强了军事技术向民用转化的研究，形成了一些专利权，如承担了新型涡扇支线飞机 ARJ21 机头的研制生产，参与了国产大飞机项目的研制工作。此外，二重机械、东方汽轮机也有军工项目和军工产品，二重机械为中国航空航天、船舶、核能等行业提供了大量的具有世界先进水平的成套成线设备和各种优质大型铸锻件、型锻件。

军民结合的知识产权管理模式可以促进创造。一是军事常常需要最尖端的技术，从科技发展的历史可以看出，战争是科技创新最强大的推动力，在战争中产生了大量的突破性技术，至今仍在发挥基础性作用。因此，军事需要是科技创新的强大推动力。二是军事科技的研究常常集中了大量优秀科技人才集中攻关，并且国家、社会投入有保障，可以加速科技创新。三是军转民使得军事技术产生巨大经济收益，持续的研究有资金保证。民用技术转化为军用品，由于军用需求量大，既可以实现技术的最大效益，也可以为民用技术的后续研究。因此，军民结合模式是可持续的知识产权创新模式。四是实践中，我国“国防科技工业具有大批优秀科技人才和良好科研实验条件，在军品研制和民品开发领域取得许多创新成果”（员智凯，2008）。

从世界来看，知识产权的军民结合模式是企业成功的重要保障，军事技术转为民用不仅满足了民用需要，而且创造巨大的经济效益，如美国在红外探测器领域居于世界领先地位，它在开发新一代红外探测器系统的同时，积极将前一代红外探测器技术向民用领域转移。20世纪90年代末每年因此收益22亿美元左右。从示范企业看，成飞工业的“侯成车刀”专利刀具，先后投入24万元生产出系列刀具在该公司各相关专业厂推广应用，获得良好经济效益。成飞工业除自行实施外，2008年作为许可方，实现了5件专利许可实施，将公司专利转化为实实在在的经济效益。不仅如此，成飞工业还将专利权资本化，以电喷技术专利作价1 700万元作为无形资产入股威特电喷公司。

4.1.3 文教科研类

文教科研类主要有新华文轩、四川大学、中昊晨光，其中新华文轩主要是从事图书销售的文化教育服务类企业。而四川大学、中昊晨光则是从事教育、科研的高校、研究院所，其共同性较强。

4.1.3.1 自主创新模式

创新可以分为模仿、引进消化吸收再创新、集成创新、原始创新，其中模仿不是自主创新，而引进消化吸收再创新、集成创新、原始创新是自主性从低到高的自主创新方式。原始创新，是在各个生产领域内努力获得更多的科学发现和重大的技术发明；集成创新，是各相关技术成果融合汇聚，形成具有市场竞争力的产品和产业；引进消化吸收再创新是在吸收全球科学成果，积极引进国外先进技术的基础上，充分进行消化吸收并再创新。

由于文教科研类单位并不是完全的市场主体，一般并不以经营业绩为主要评价指标，而以科技创新成果数量、创新度、创新成果的经济效益作为评价指标。而模仿创新是以最短时间内取得技术的产业化为目标，与文教科研类单位的目标并不完全一致。因而除类似新华文轩的文教服务单位外的文教科研类单位以自主创新为核心和目标。由此决定了文教科研类单位知识产权管理应当以促进自主创新为模式。

自主科技创新活动的实际执行者是自然人，单位不过是组织者，因此，组织者需要通过制度激励科技人员的创新。四川大学、中昊晨光内化职务发明制度为本单位的激励制度，建立了相应激励机制，而且激励强度大，如对于报酬，攀钢集团发明、实用新型专利仅按第一年年实创经济效益的0.5% ~2.5%给予报酬，外观设计专利仅按第一年年实创经济效益的0.2% ~0.5%给予报酬。而中昊晨光报酬最高可达转化收益的35%。四川大学、中昊晨光还将发明创造作为评定职称、荣誉、考核的基本指标。激励制度运用于知识产权的创造，促进了单位的技术自主创新能力，如四川大学的碲化镉薄膜太阳电池的制造技术达到国际先进水平，高性能聚合物/超细无机粉体复合材料制备的关键技术获得国家技术发明二等奖，并先后获得教育部科技进步一等奖和四川省科技进步一等奖、石化协会技术发明一等奖。中昊晨光的“一种含氟聚醚过氧化物及其在含氟单体乳液聚合中的应用”技术，建成一套全氟聚醚过氧化物的中试生产装置，将该产品成功应用于聚四氟乙烯分散浓缩液和氟橡胶的生产，产品已开始进入国际市场。

4.1.3.2　技术市场产业化模式

专利产业化即是将专利技术运用到生产中去，实现技术向现实生产力的转化，是专利用权。用权的方式有很多，如自主使用、许可他人使用、转让专利权等。

通常认为专利产业化是将专利产品化、商品化创造价值的过程，也就是广义上专利的实施。一项专利技术成果要成功实现产业化，需要历经专利研发阶段——专利实施阶段——专利产业化三个阶段，实施阶段通常还要经历小试、中试、产品开发到市场多个过程。专利的产业化方式也有多种，专利技术自行产业化、专利技术以产权形式转让、专利技术以技术入股到其他企业、专利技术许可使用。其中除自行实施以外的其他三种方式需要通过技术市场即通过技术交易才能实现技术的产业化。技术交易是通过合同进行专利权的许可、转让，或者是作为资本入股，因此，技术交易是专利权许可、转让制度内化的结果。

其他行业专利技术产业化最主要形式是自我实施，但文教科研类单位内化专利权许可制度、转让制度为企业通过技术交易市场实现专利用权的管理理念、管理制度，最终通过技术市场交易行为实现知识产权的技术市场产业化，如四川大学主要通过专利技术入股，以及转让、许可专利的方式实现产业化。中昊晨光不仅明确许可他人实施，而且通过将专利技术物化后，许可运用到相应的领域，如外加热式F22与水蒸气混合裂解方法及加热装置、等离子焚烧处理有机卤化物等。都是通过将专利技术物化为特定装置，然后出让装置实现生产方法专利的许可或转让。中昊晨光充分利用社会化的知识产权中介服务机构提供专利产权交易的专业服务。

通过技术市场实现专利产业化，不仅有利于实现专利产业化，而且有利于文教科研单位的持续创新。

4.2　企业阶段型知识产权管理模式

1994年10月，Thomas A. Stewart 提出“价值阶层”（value hierarchy）理论，其内容是将企业知识资产管理系统分为五个阶段（见图4－3a）（袁真富，2006）。

“价值阶层”理论勾勒了专利权在企业中经过防御到自主创新、运用，进而作出战略规划的发展过程，为我们提供了一种分析工具。但是，一个企业的知识产权管理对象不仅仅是专利权，还有商业秘密权、商标权、著作权、遗传资源权等；而且管理不仅仅是内部活动，也必然与其他企业发生联系。因此，根据示范企业处于不同发展阶段，实力、技术需求程度的不同，对知识产权制度内化、运用程度的不同，形成不同的管理理念、管理制度，以及在知识产权创造、运用和保护中体现出不同的能力，将示范企业大致分为四个不同发展阶段，对应有由低到高的Ⅰ型、Ⅱ型、Ⅲ型和Ⅳ型四类管理模式（见图4－3b），体现不同发展阶段的不同知识产权能力，其与“价值阶层”（Value

Hierarchy）理论的关系（见图4－3）。

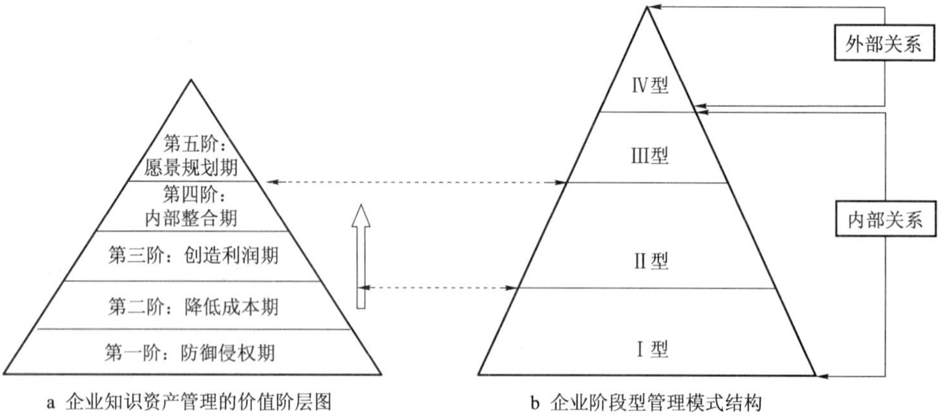

图4－3 价值阶层理论与企业阶段型管理模式的比较

4.2.1 Ⅰ型管理模式

Ⅰ型管理模式是知识产权管理的初级模式。它不同于“价值阶层”理论所言的“防御侵权期”（defense），而更似“防御侵权期”与“降低成本期”（cost down）的综合。主要特点是无明确的知识产权管理理念、无制度和知识产权的数量化。

4.2.1.1 知识产权管理的自发性

初级管理模式对知识产权的意义认识不清，无明确的知识产权管理理念，也缺乏相应的知识产权管理目标、内容、策略、知识产权管理战略规划等知识产权管理制度。

知识产权创造是自发、随意的，各种类别的知识产权，如专利权、商标权、著作权、商业秘密等分别产生，独立存在。虽然有确权行为，但是“将专利视做技术发明创造的法律表现形式之一，从属于研发战略或技术战略而难以独立出来”，“专利与研究的关系可以归纳为‘为研发而申请专利’，……专利仅仅是研发活动的结果和表现”（刘林青、谭力文，2006）。因此，“确权”只是为了将研究成果以法律形式表现出来，而没有形成系统性的确权、用权和护权。

调查表明，四川省知识产权示范企业在企业成长的初期，也曾出现此种态势，少数示范企业至今仍呈现出某些此种状态，如没有知识产权战略规划，根据当时法律的规定，进行相应的知识产权申请。

4.2.1.2 知识产权数量化

初级管理模式单纯追求知识产权数量。主要是个别性的运用专利的先申请制度、商标申请在先制度、优先权制度等于知识产权的创造中，主张商标先行、专利申请先行、版权登记先行，抢先进行知识产权的申请或注册，如眉山车辆、康弘药业、川庆钻探明确表示，在其初期提出尽早申请。地奥制药从成立初即提出商标先行。这种方式可以在较短的时间内迅速增加企业的知识产权数量。

二重机械、攀钢集团、长虹电器、康弘药业等企业都明确说自己最初只是重视数量，知识产权管理能力较弱。东方汽轮机在示范企业试点工作前，“专利工作重点围绕宣传、培训和专利申请、维护、专利文献的收集等日常基础工作。专利申请量成为衡量专利工作的主要指标”。至今，有少数示范企业仍以增加知识产权量为主，鼓励大家申请专利，以专利申请量作为考核研究人员、课题组的指标，目的是尽快增加单位的专利权数量。

处于此种模式的企业知识产权创造是自发性、数量化，缺失先进的知识产权管理理念、制度和文化，甚至组织机构都不健全。内化知识产权制度的意识和能力较弱，即使有运用知识产权法律制度的行为，也是一种类似于阿尔钦“仿佛论”的无意识的自发行为。❶ 这是企业知识产权管理模式寻求提升的艰难时期。

4.2.2 Ⅱ型管理模式

Ⅱ型管理模式是知识管理模式的中级阶段，主要特点是知识产权管理具有初步的自觉性、战略单一化，以及知识产权的特色化。四川省知识产权示范企业中的高金食品、新华文轩、丝丽雅、眉山车辆、东方汽轮机、彩虹电器、九洲电器、攀钢集团、龙蟒集团、成飞工业、中昊晨光、康弘药业、五粮液、泸州老窖、光明光电、四川大学等16家（占全部示范企业的76.2%）目前正是Ⅱ型管理模式，有的呈现向Ⅲ型管理模式过渡的趋势。

4.2.2.1 知识产权管理的初步自觉化

Ⅱ型管理模式在管理理念方面，具有初步的自觉性。研究表明，示范企业内化知识产权制度，对知识产权的意义有了初步的认识，开始思考企业的知识产权战略。一方面知识产权管理水平达到一定高度，表现在开始建立企业知识产权管理制度和企业知识产权文化，如建立了涉及专利权、商标权、著作权、商业秘密权等知识产权的创造激励制度、管理制度、确权用权制度、维权制度等。对单位员工进行知识产权培训，领导层有一定的知识产权制度运用理念，把知识产权作为企业文化活动的组成部分等。

但另一方面，这些企业的知识产权能力尚需要进一步提高。主要是管理理念上尚未建立起“‘为专利申请而研发’作为逻辑起点的新的专利战略概念”（刘林青、谭力文，

---

❶ 美国当代经济学家阿门·阿尔钦认为企业不可能也没有必要使用经济学理论研究发明的工具，如边际分析法，但市场竞争作为一种自然选择将合格的企业选出来。而企业之所以合格是因为企业“仿佛”知道边际分析法。如果企业不是“恰巧”符合理论预测的行为模式，最终将被市场淘汰。这种理论被学者们称为“仿佛论”。

2006)，而是为了维护权利，是“维权观”。“单从保护的角度观察知识产权，是非常消极、被动的观念和举措，不但忽视了知识产权的经济意义，更弱化了知识产权的经营管理。”（袁真富，2006）因此，这些企业虽然运用了一些知识产权法律制度，但不是对知识产权法律制度充分理解基础上的高度自觉，充分内化、运用，而只是对知识产权法律主要制度的运用，甚至有的完全是从管理的角度“无意中”运用了某项法律制度。知识产权制度内化的高度、深度、宽度尚需进一步拓展提升。

研究表明，四川省知识产权示范企业的知识产权管理初步自觉化的形成很大程度是在确立为知识产权管理示范企业后，在知识产权管理部门等有关政府部门的大力推动下完成的。

4.2.2.2 知识产权战略规划单一化

知识产权战略规划是重要的管理制度建设之一。所谓“知识产权战略是指企业面对激烈变化，严峻挑战的市场环境，主动地利用知识产权制度提供的法律保护，有效地保护自己；并充分利用知识产权情报信息，推进知识产权技术开发，控制知识产权技术市场，为取得知识产权竞争的优势，为求得长期生存和不断发展而进行的总体性谋划。”（张沙琦，2006）Ⅱ型管理模式的示范企业，由于理念上仅有初步的自觉性，没有清楚地认识到知识产权应当包括专利权、商标权、著作权、商业秘密权、电路布图权等，有意无意将知识产权仅理解为专利权，而忽视了其他类别的知识产权。因此，此模式的知识产权战略规划常常显示出单一化的特点，即知识产权战略规划仅是某一类别的知识产权战略规划，而不是包括商标、专利、著作权、商业秘密权等所有类别知识产权在内的综合规划，如高金食品、新华文轩等主要是商标战略，而眉山车辆、丝丽雅、东方汽轮机、九洲电器、攀钢集团、龙蟒集团、成飞工业、中昊晨光等更强化专利战略规划。诚如有学者所言，丝丽雅公司一开始存在明确的技术创新战略而不存在知识产权战略，或者说其知识产权战略与其技术创新战略存在混同，其知识产权战略就是技术创新战略。到现在尚不能讲该公司存在成型的知识产权战略，其重视的首先是技术创新本身，对知识产权的重视附随于其后。据统计，示范企业中有 11 家有知识产权战略规划书，许多示范单位正在制订或正准备制订知识产权战略规划书，但绝大多数是单一规划。

4.2.2.3 知识产权特色化

Ⅱ型管理模式内化各种知识产权制度运用于知识产权的创造、运用和保护，最终在确权、用权、维权中，初步实现集中，突出了特色，从而形成以点为支柱的特色知识产权组合，体现了企业综合的知识产权能力。也就是说，专利权、商标权、著作权、商业秘密、集成电路布图、动植物新品种等不同类别知识产权之间形成复杂的关系。理论上可以分为单类别知识产权主导型（如商标主导型、专利主导型、商业秘密主导型、著作权主导型等），多类别知识产权并重主导型（如专利商标平行主导型，商标商业秘密平行主导型，专利、商标、商业秘密平行主导型模式，商标、专利、著作权平行主导型等）。示范企业目前呈现的主要特色化知识产权组合形态有：单类别的专利主导型和商标主导型，多类别的专利商标并重型，专利、商标、商业秘密平行主导型。

1. 专利主导型

专利主导型，又称专利核心模式，即以专利作为本企业知识产权的重心、特色，其他类别知识产权作为专利权的辅助。此类模式一般运用于生产经营的产品不直接面向最终消费者的企业，主要有眉山车辆、东方汽轮机、丝丽雅，占全部示范企业的14.3%。

丝丽雅是生产维卡纤维和棉浆粕为主导产品的综合成长型企业。其知识产权战略就是技术创新战略，坚持不断加大科技创新力度的技术创新路径，并成立专门的知识产权办公室，充分运用职务发明制度（激励制度）激发科技人员的创新热情。迄今，其专利权可以分为二大类别：一是以“一锭多丝”为代表的生产方法专利权；二是产品发明专利权。虽然丝丽雅也有商标权，并且商标数量在国内达到81件，国外达到20件，2007年丝丽雅的注册商标成功被认定为“中国驰名商标”，但专利权无疑是知识产权组合的支柱。眉山车辆作为中国南车集团的子公司，主要生产车辆，坚持以专利为核心，通过各种激励措施鼓励技术创新。有关商标的运用、管理由中国南车统一进行。因此，眉山车辆目前基本无商标权（在与中国南车重组前有自己的商标权）。东方汽轮机确立以技术、知识产权双重实力来争夺国内外市场的战略。2003年成立的知识产权管理专门机构叫“专利办”。可见，东汽最初确定的知识产权实质是专利发展重心。2009年初，将原来单一的“专利办”调整为“知识产权与技术创新管理办公室”，但仍将专利权作为核心。建立的制度也主要以促进专利创造使用和保护为核心。在东方汽轮机的《全国第三批企事业知识产权试点工作总结》中，对商标等其他知识产权只字未提，而实际上，其有“东汽”等商标。可见，在东方汽轮机的知识产权意识中重心是专利，是专利核心模式。

上述企业从知识产权创造、管理和使用情况，以及其知识产权内部构成分析，可以看出：专利占其知识产权数量的大多数，专利居于所有知识产权体系的核心地位；其他知识产权数量上相对较少，而且地位上从属于专利；专利获取和专利技术的突破对公司发展起到决定性作用。

2. 商标主导型

商标主导型即企业的知识产权管理以商标权为核心，其他知识产权作为辅助，重点是商标的确权、用权和维权。在四川省知识产权示范企业中，目前商标主导型模式的企业主要有高金食品、新华文轩，占全部示范企业的9.5%。

高金食品高度重视品牌战略的制定和实施，长期致力于精心培育“高金”品牌。一方面运用商标申请在先制度，在国内外市场营销中自觉进行提前注册商标；另一方面，运用商标确权、用权、维权制度，加强商标权的管理和保护，及时发现和制止侵犯自己合法权益的不法行为，保护品牌。还充分运用驰名商标制度、知名著名商标制度，打造了“高金”中国驰名商标。运用商标权许可、转让制度，在韩国、日本、俄罗斯、香港等多个国家和地区购买了商标使用权，推动了公司产品出口。相对而言，高金食品的专利权较少，虽然认识到专利权对高金食品发展有举足轻重的作用，但目前拥有专利仅11件，其中发明专利为0件。

新华文轩也走商标为主导的知识产权管理模式。新华文轩是专业经营包括图书、期刊、报纸、音像制品、电子出版物等在内的出版物制作、复制和总发行的全国连锁大型文化企业。从2002年开始，创建“新华文轩”品牌。目前，新华文轩的总体发展战略是充分运用驰名商标制度，将“新华文轩”作为主商标打造为国内驰名商标，在国际上形成知名度并与国际资本市场接轨。运用等级商标、从属商标、防御商标等制度，先后注册“新华文轩”“力品”等共计200余枚商标，并对“新华文轩”“点金教练”等商标的文字、字母、图形进行了跨类别防御性注册。积极规范商标使用权限和范围，以及监控外部近似商标申请注册情况，对涉嫌侵犯公司商标的行为及时向有关商标注册管理机构提出异议，有效保护了公司权益。此外，新华文轩拥有单位著作权近500件。但在规模化的知识产权中，商标权始终居于主导地位，而使得其他的知识产权相形见绌。

3. 专利商标并重主导型

彩虹电器、成飞工业、中昊晨光、康弘药业、九洲电器等企业（占全部示范企业的23.8%）是较为典型的专利商标并重主导的知识产权组合，即在综合运用各类别知识产权中，专利权、商标权同为最为重要的知识产权。

彩虹集团、九洲电器、康弘药业作为一个生产直接面向最终消费者的商品或服务的企业，在知识产权管理中，坚持专利与商标并重的模式。其一充分运用职务发明制度、专利文献检索制度等，开展自主研究与开发，并运用专利申请制度及时将科技成果权利化。其二充分运用商标注册制度、驰名商标制度、著名商标制度，注册了较多商标，并且在商标之间建立了等级商标关系，及时申报了“中国驰名商标”、四川省著名商标并得到批准。还运用集成电路布图设计制度申请了集成电路布图设计。其三积极运用行政救济、诉讼等法律制度，通过各种途径保护专利、商标权。

成飞工业、中昊晨光等单位的发展经历了国内化和国际化二个阶段。国内化阶段的知识产权重心在专利。在走向国际化阶段，则坚持专利与商标并重，充分运用专利申请制度、商标注册制度等知识产权法律制度申请了大量专利权，注册了大量商标，包括运用国际申请制度、商标国际注册制度进行PCT的申请，商标国际注册。也运用驰名商标制度、著名商标制度，取得了一些驰名商标、著名商标，如中昊晨光中国驰名商标1枚，四川著名商标4枚，成都市著名商标1枚。

此外，这些单位还充分运用商业秘密制度、著作权登记制度、动植物新品种制度，确定了商业秘密权、动植物新品种权以及网络域名权，进行了相应的版权登记。

4. 专利、商标、商业秘密平行主导型模式

企业知识产权主要包含四大类型，即专利、商标、著作权和商业秘密。四类知识产权对企业的发展都至关重要，但同时并重四种知识产权进行管理的企业为数不多。一些企业只重视对专利和商标的管理，忽略了著作权和商业秘密的管理，没有注意到系统管理模式的重要性。企业一般会根据自身的经营特点和经营战略决定侧重于某项，或某几项知识产权的管理，但综合管理应当是前提。在四川省示范企业中，有一些企业将专利、商标、商业秘密平列作为系统化保护和管理的中心，形成了专利、商标、商业秘密平行主导型模式，这些企业主要有五粮液、泸州老窖等。

五粮液、泸州老窖作为传统的酿酒业，最初以自己的商业秘密和商标作为重心，充分运用商业秘密制度保护自己的商业秘密。如五粮液的五种粮食的配方、酿造工艺等核心技术秘密，依法予以严格保密，为此建立了一系列制度，并在对外交往中重视核心秘密的保护。五粮液、泸州老窖还制定并实施品牌战略，充分运用等级商标制度、从属商标制度、防御商标制度等，注册了一系列等级商标、防御商标，建立了主副商标、等级商标相结合的商标使用制度。随着社会经济的发展，五粮液、泸州老窖开始重视专利创造、运用，并充分运用专利法的三种专利制度，结合行业特点，将专利创造的重点放在外观设计的创造，通过专利申请已得到授权达 1 937 件，其中外观设计占近 96%。此外，五粮液、泸州老窖的知识产权还有著作权、动植物新品种、地理标志等，从而构成了以商业秘密、商标权、专利权并重主导的知识产权组合。

综观处于第二发展阶段的四川省知识产权示范企业，虽然形成了特色化的知识产权组合，但由于自觉性较弱，特色化的知识产权组合并非因为对知识产权各种类别的特性充分了解并结合自身特点，自觉内化、运用知识产权法律制度和知识产权战略构建而成。而是凭借初步的认知和更多的经验，运用了知识产权法律制度，客观形成的特色化知识产权组合。简而言之，是客观特色化的知识产权组合，而非主、客观一致形成的知识产权体系。

4.2.3 Ⅲ型管理模式

Ⅲ型管理模式是知识产权管理的高级阶段，具有知识产权管理理念的高度自觉性，重要的管理制度——知识产权战略规划综合化，知识产权创造、运用和保护的知识产权体系化、专利标准化等特点。二重机械、地奥制药、迈普通信、长虹电器等示范企业目前初步发展到了高级管理模式，占全部样本单位的 19%。此外，处于第二阶段的一些企业也呈现出某些Ⅲ型管理模式的特征，可以将其理解为这些企业正向逐渐向Ⅲ型管理模式过渡。

4.2.3.1 知识产权管理高度自觉性

知识产权管理高度自觉性是指知识产权管理的理念不仅清楚，而且具有较为先进的

理念，能够充分地认识到知识产权对企业发展的重要意义，通过比较各类别知识产权的特性，结合本单位的特点和发展状况，较为自觉、恰当地内化、运用各种知识产权法律制度为管理工具、方法和手段，促进单位知识产权的创造、运用和保护。

Ⅲ型管理模式一般以“经营知识产权”为理念，即“将知识产权与技术研发方向、企业经营活动、产业结构升级等相结合”（袁真富，2006），开启知识产权创造价值的新局面。“只有从经营管理的视角重视知识产权的商业价值和战略意义，摒弃只从法律保护层面关注知识产权的传统观念，才能使企业认识到从事自主创新活动，占有自主知识产权的价值所在，才能激发企业形成、管理、运用和保护知识产权的无限活力”（袁真富，2006）。此外，Ⅲ型管理模式一般有完善的知识产权管理制度，有良好的知识产权文化，以及良好的知识产权战略。

示范企业中，二重机械、地奥制药、迈普通信、长虹电器有了比第二阶段企业高得多的自觉性，如二重机械2007年即认识到知识产权是企业创新的核心资源，企业创新的目的就是通过创新成果的产权化和商业化，谋求持续竞争优势，并提出了从投资拉动型向创新驱动型转型的理念。迈普通信在企业文化大纲——迈普之道第六条核心竞争力的说明中写道：“迈普的核心竞争力由多种要素构成：基于自主知识产权的核心技术，持续的创新理念”是首要的核心要素，并提出“积极研究运用知识产权战略，从防御型到市场型转化”。长虹电器在遭到外国专利壁垒并付出沉重的代价后，认识到了知识产权的重要意义，甚至提出了许多具有顶级阶段管理模式的建议。如果说长虹电器是从教训中认识到了知识产权的重要性，从而不断地提升知识产权管理的自觉性的话，那么地奥制药则是从成功的经验中得到了启示。地奥制药作为行业后来者，其实践初期可能是无意识的，但其实践的成功让它认识到了知识产权的重要意义，从而不断强化知识产权的自我管理能力。

4.2.3.2 知识产权战略规划综合化

Ⅲ型管理模式中不仅高度重视知识产权，建立较完善的知识产权制度、文化，而且充分运用专利文献检索制度、专利申请制度、商标注册制度、著作权登记制度等知识产权确权、用权、维权制度，内化制定了明确的知识产权战略。诚如前文言，“知识产权战略是指企业面对激烈变化，严峻挑战的市场环境，主动地利用知识产权制度提供的法律保护，有效地保护自己；并充分利用知识产权情报信息，推进知识产权技术开发，控制知识产权技术市场，为取得知识产权竞争的优势，为求得长期生存和不断发展而进行的总体性谋划。”（张沙琦，2006）在Ⅲ型管理模式中，对“知识产权”的理解已改变了那种仅理解为专利权或商标权的看法，而将知识产权理解为包括专利权、商标权、著作权、商业秘密权、地理标志权等在内的无形产权。因此，其战略规划呈现综合化，将“将专利战略、标准战略、名牌战略、商标战略、商业秘密保护战略、知识产权增值战略有机结合，形成立体的、全方位的、同企业经营战略紧密配合的知识产权整体战略。”

（张涛、胡耀辉，2006）其中各类别战略又包括创造战略、实施战略、运用战略、保护战略等，形成一个完善的战略体系。

四川省知识产权示范企业通过二种方式制定综合化的知识产权战略规划：一种是通过专门的综合战略规划书确定知识产权战略和规划，如二重机械《中国第二重型机械集团公司 2007 ~ 2015 年知识产权战略规划》，确立重点开展主导产品和核心技术的专利战略研究及自主知识产权品牌战略研究，提出组合运用专利、技术秘密、商标、版权等多种知识产权工具，综合运用司法、行政、海关等多种知识产权保护途径，建立高效的知识产权创造、利用、管理和保护机制，不断积累和高效利用知识产权。迈普通信确立了这样的战略：在对公司产品所在的或将到达的市场，通过专利、著作权、商标等相辅的方式实施全方位的保护的同时，进一步推进知识产权的转化实施，积极参与国内、国际标准组织，探求将专利技术写入标准，扩大专利实施。另一种是通过不同类别的知识产权战略规划形成本单位系统性的战略规划，即通过分别制订专利战略规划、品牌战略规划、商业秘密战略规划等单行战略规划，从而构成本单位的系统化的知识产权综合战略规划。综合战略规划并不意味着没有重点，而是根据本单位业务性质、特点等而有所侧重，如二重机械、地奥制药等应当制定以专利、商标和商业秘密为重点的综合知识产权保护战略，迈普通信应当制定以专利商标商业秘密著作权为重点的综合知识产权战略。

但除二重机械明确制订了书面的综合战略规划外，其他企业如长虹电器仅制订了专利战略规划。可见，示范企业中真正意义上的综合战略规划非常欠缺，而大多数示范没有战略规划或是单一战略规划。

知识产权战略制定必须充分运用专利文献检索制度、职务发明制度、商标注册制度、著作权制度、商业秘密制度等，没有对这些制度的充分理解和自觉运用，知识产权战略就不可能做到科学化。这样的知识产权战略对单位知识产权的创造、运用、保护和管理也毫无意义。因此，知识产权战略规划的制定标志着Ⅲ型管理模式的管理水平已达到相当高的程度，管理能力较强。

4.2.3.3　知识产权体系化

知识产权体系化是指不同的知识产权之间按照一定的关系构成有机体系的活动及其过程。其与Ⅱ型管理模式的知识产权特色化不同在于：知识产权特色化虽然以单类别或多类别知识产权构成企业的知识产权组合，但其系自发性形成，并且不明确各类别知识产权之间组合的价值理念、机制。而知识产权体系化是管理主体高度内化知识产权制度形成先进的管理理念，自觉地按照一定的价值理念，依据一定的机制、逻辑，将不同类别知识产权的创造、运用和保护构成有机统一体的活动、过程及其结果。

知识产权体系化首先是对知识产权进行梳理的活动和过程，其次经过梳理形成一定的体系结构。

1. 知识产权的梳理

知识产权梳理即在知识产权确权、用权和维权中，根据不同类别知识产权制度，比较不同的知识产权，而选择合适的确权、用权和维权方式的活动及其过程。

知识产权梳理的内容主要有：一是比较各种类别知识产权制度，充分运用专利文献检索制度，选择知识产权确权的适合方式和时机。按照调研时许多示范单位所言，就是要提高申请质量。从法律上来说，获得专利权应当将发明创造公开，并且专利权有时间性。发明专利权的期限是 20 年，实用新型、外观设计专利权的期限是 10 年，均从申请日开始计算。期限届满后，专利技术就成为公有技术，任何人都可以自由使用。商业秘密权不需要公开，而需要采取保密措施，并且商业秘密权没有时间期限。最为成功的以商业秘密权保护知识产权的案例就是可口可乐配方商业秘密的保护。但商业秘密的法律保护力度较弱，一旦商业秘密泄露或者因其他原因为公众所知，则成为公有技术。因此，“获得专利权是保护发明创造的一种有效形式，但却非唯一方式，也未必是最有效的方式。”（保护中国知识产权联合会，2009）某种技术成果是采用申请专利权还是以商业秘密或其他方式予以保护，应当根据技术的性质、特点，同行业发展状态等因素综合评估。地奥制药对创新研发成果采用分类式的管理，即将创新研发成果分为 4 类：宜申请专利的；需申报药品行政保护的；应纳入公司商业秘密保护体系的；可直接公开、发表、交流、成果鉴定或展览销售的。进行分类后，通过对他人相关技术申请专利的文献分析，选择先申请的恰当时机。

二是厘清权利的关系，善于弃权。用权不仅是实施知识产权，也包括放弃知识产权。“数量累积虽然不可或缺，但这只是知识产权经营的第一步，知识产权占有数量的增加并不能保证企业收益上涨、成长提速；相反，有时还会成为羁绊企业发展的绊脚石。”（袁真富，2006）因此，此模式中的企业应当充分运用专利等知识产权放弃制度、专利文献检索制度，清理已有知识产权申请或知识产权，“借此了解、评估现有知识产权是否切合产品市场需求，有价值的知识产权是否妥善运用，策略性的专利技术是否已经占有现在以及未来攸关企业竞争力优劣的核心议题等，进而作出知识产权存留或淘汰的决定。”（袁真富，2006）对于不适当的申请或知识产权权利，要敢于放弃。地奥制药在这方面做得最好。至今，地奥制药已主动放弃了 4 件专利权或专利申请的维持。只有清除无价值的权利，才能节约维持费和知识产权管理资源，促进知识产权体系的完善，更有利于知识产权的确权、保护。

2. 知识产权体系的结构

知识产权体系包括宏观的不同类别知识产权体系化，中观的同类别知识产权网络化，以及微观的不同类别知识产权相互转化。

（1）宏观的不同类别知识产权体系化。不同类别知识产权的体系化就是将专利权、商标权、著作权、商业秘密、电路布图、动植物新品种等不同类别的知识产权及其具体制度充分运用，形成合力，以共同确认、保护知识产权，比如地奥制药根据商标权、专利权、版权、商业秘密等不同保护特点，结合地奥制药的自身情况和产品特点，一是对创新研发成果采用分类式的管理；二是以专利保护核心技术、商标保护树立品牌、商业秘密保护技术诀窍，形成了较为严密的知识产权保护网。二重机械强调运用专利、技术秘密、商标、版权等多种知识产权工具，综合运用司法、行政、海关等多种知识产权保护途径形成“地壳式保护模式”，“即将知识产权的保护形象的比作是地球的地壳，将企业的核心技术诀窍和商业秘密作为地核，将企业的专利和著作权作为知识产权的中间层（地幔），而将企业的商标作为公司的地壳。”（查梦盛，2009）因此，不同类别知识产权的体系化不是不同类别知识产权的简单相加，而是依据不同类别知识产权法律制度的特点，不同创新成果的特性，选择最适合的知识产权保护方式，并且不同类别的知识产权相互协调，形成有机体系。

（2）中观的同类别知识产权网络化。同类别知识产权体系化是指充分运用同一类别知识产权制度，由同类别不同层次知识产权按照一定的机制构成相应的网络系统，可以分为专利网、商标网、商业秘密网、著作权网等，其中最主要的是专利网、商标网。

所谓专利网是指拥有基本专利的一方，在自己专利周围设置许多原理相同的小专利组成专利网，抵御竞争对手对基本专利的进攻。技术学原理表明，当某一领域取得重大技术突破后，它有3个发展方向：一是纵深地朝极限技术方向发展；二是向未知的应用领域渗透；三是在相关工艺制造技术和材料技术的支持推动下发展。因此，企业在完成某一发明，特别是一项重大发明时，不能只就主导技术申请基本专利，而应从这3个方面全面考虑。但从法律制度来说，《专利法》规定：申请发明或者实用新型专利的，应当提交请求书、说明书及其摘要和权利要求书等文件。其中权利要求书应当以说明书为依据，清楚、简要地限定要求专利保护的范围。专利的保护范围由权利要求书决定。权利要求书确定的范围不宜过大，也不宜过小，并且根据一项申请应当限于一项发明或实用新型的“单一性原则”，如果将某主导技术与其他三个方面的技术统一于一个申请中作为总的发明创造申请专利权，其权利要求就显得过小。因此，可以通过申请多个专利对发明进行保护，由此产生多个权利要求书，编织成一个权利网。地奥制药、二重机械等对于重点产品的专利权保护构建了由基本（核心专利）专利权、外围专利权、交叉许可专利权构成的专利权保护体系，即专利网保护模式，如地奥心血康胶囊围绕该产品申请了包括核心专利权、外转专利权的相关专利12件，其中核心专利已获得授权。诸如此类的围绕核心技术申请众多外围专利，“大量外围专利的设置，形成以基本专利为中心，周围专利技术为网络的专利网，迫使对手放弃竞争或进行许可证谈判”，有力地保护着这些企业的核心专利。

商标网就是运用商标注册制度、防御商标制度、联合商标制度、从属商标制度、等级商标制度，构建起本单位商标权网络，实现本单位商标权的体系化。许多企业都构建了商标网，如地奥制药以地奥商标为主商标，在国内所有商品类别中防御性注册了地奥商标 61 个，还在药品、化妆品、保健品等商品类别中注册其他商标 93 个，其中有的正在使用，有的作为储备，以支持新产品开发和上市。从而构建了以“地奥”驰名商标为主核心，以防御商标、从属商标、等级商标为外围商标构成的商标权网。

（3）微观的不同类别知识产权相互转化。知识产权转化保护有人称之为“著作权保护与商标保护和专利保护有机结合”（保护中国知识产权联合会，2009），是指充分运用不同类别知识产权制度，根据它们不同的特点，实现一种知识产权的另一种知识产权保护，可表现为专利商标化、著作权商标化、商标著作权化、专利著作权化等。

“那些市场潜力很大的新产品和新技术，一经面世，可能会招来一窝蜂式的克隆，给企业造成重大经济损失，同时也带来维权成本过高的问题。如果根据具体技术、产品的实际情况，利用著作权进行辅助保护，往往会收到很好的效果。”（保护中国知识产权联合会，2009），同理，地奥制药则成功地将“心血康”专利商标化，也取得了良好的效果。地奥制药以“心血康胶囊”专利权与“地奥”商标结合，形成了独特的“地奥心血康胶囊”知识产权一体化保护机制。时至今日，人们一听到“心血康”就想到“地奥”；一听到“地奥”就想到“心血康”。即使“心血康”专利权失效，那么“地奥”的商标权也会内含“心血康”专利技术，“心血康”专利转化为消费者对“地奥”商标的认同。这种模式确保“地奥心血康”在市场上仍然保持其独占地位，年销售额超过 5 亿元。

4.2.3.4　知识产权标准化

知识产权标准化主要是指专利标准化，是将专利技术制作为技术标准的活动及其过程。一个企业通过一定程序将专利技术制定为技术标准，就可以通过对核心技术的控制，很快形成排他性的技术垄断，尤其在市场准入方面，它可采取不许可的方式排斥竞争对手的进入，达到市场垄断的目的。（保护中国知识产权联合会，2009）谁掌握了标准的制定权，谁的技术成为标准，谁就掌握了市场的主动权。因此，流行说法是“技术专利化——专利标准化——标准垄断化与许可化”。（王瑜、王晓丰，2007）企业是否能参与标准化制定是一个公司意识和实力的体现，是“技术专利化、专利标准化、标准许可化”战略的最为重要、最难实现的环节。在示范企业中，有相当部分企业将专利权标准化，其中地奥制药参与制定了企业标准 6 件，行业标准 5 件，国家标准 6 件，国际标准 2 件。迈普通信参与制定了企业标准 96 件，行业标准 20 件，国家标准 3 件。显然，示范企业已认识到了将专利转化为标准的重要意义，但一些示范企业制定或参与制定的标准多是企业自己的标准、行业标准，而国家标准不到 10%，国际标准仅不到 1%。参见图 4－4。

4.2.4　Ⅳ型管理模式

Ⅳ型管理模式是知识产权的顶级管理模式，不仅知识产权管理理念明确、先进，充分认识到知识产权对发展的举足轻重的意义。管理制度完善，尤其是知识产权战略规划科学合理。而且不同类别知识产权形成一体化，并进而升级到标准化。这是该模式与Ⅲ型管理模式相同的。而Ⅳ型管理模式更突出的体现是知识产权商品化、国际化、联盟化等。如果说前面三个阶段的模式都是内化知识产权法律制度解决企业内部知识产权的创造、运用、保护问题的话；那么，Ⅳ型管理模式则是内化知识产权法律制度解决企业与其他企业之间知识产权的确权、用权、维权问题。

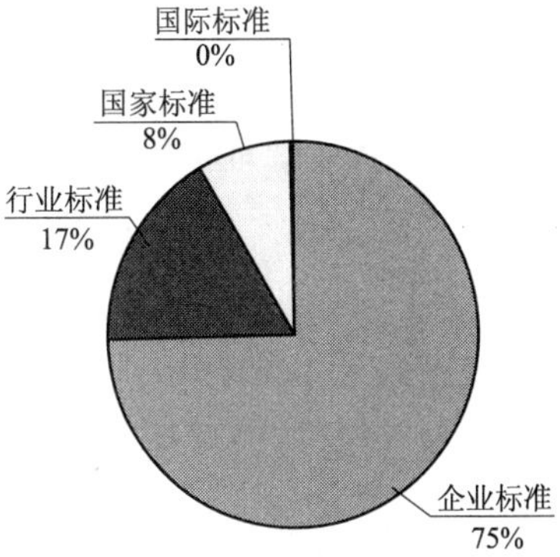

图4-4　示范企业制定或参与制定标准的分布

四川省知识产权示范企业中，并没有完全达到这一阶段的企业，但长虹电器具有较多该模式的意识。同时，其他一些企业也有个别的行为方式带有这种模式的一些特性。因此，本章中，我们综合所有企业的行为方式进行分析，从而为中级、高级阶段的一些企业向顶级阶段转化提供借鉴。

4.2.4.1　知识产权商品化

“知识产权的价值已为企业所认识，但该价值的实现需要通过有效的运营才能体现出来，特别是高新技术企业应当熟悉各种知识产权运营方式，以更好地利用知识产权。”（胡开忠，2007）而知识产权运营的主要方式除了自行实施外，就是将知识产权商品化。

知识产权商品化从使用价值来说，是指知识产权物化为商品的活动。而从价值上来说，就是知识产权本身作为交换的商品，通过市场交易实现其价值的活动及其过程。此处所言的知识产权商品化是价值意义上的，将知识产权直接作为商品予以交换，实现知识产权价值的活动。在Ⅰ型、Ⅱ型、Ⅲ型管理模式中，知识产权的价值实现主要是通过权利人内化知识产权的权利制度，自我实施知识产权，知识产权本身不是商品。而在Ⅳ型管理模式中，知识产权的价值不仅通过自我实施实现，而且通过知识产权的商品化来实现。

知识产权商品化的方式主要是知识产权许可、转让、质押、出资（作价入股）、特许经营等，是知识产权法中的许可制度、转让制度、权利质押制度、出资制度等法律制度内化而成为企业的管理活动。诚如流行说法，“三流企业卖力气，二流企业卖产品，一流企业卖技术，超流企业卖标准”（王瑜、王晓丰，2007）。一个相当发达的企业应当是运用许可制度、转让制度、出资制度等法律制度实现知识产权的商品化，而且主要是作为许可方、转让方、出质人、出资人，而不是作为受许可方、受让方、质押权人。

知识产权商品化不仅促进知识产权产业化，而且促进知识产权最大产业化，从而实现知识产权的最大价值，促进社会经济的持续发展。

目前四川大学、地奥制药除自行实施外，积极探索知识产权的商品化经营方式。四川大学、中昊晨光作为教育科研院所，探索出“基础研究——科技孵化——成果转化”“基础研究——中试孵化——技术创业”“专利技术集成产业化推广”等多种有特色的专利技术转移模式。四川大学将一些专利作价入股，并建立了专利作价入股程序，还将216项专利权许可他人行使，转让了29件，并且计划将知识产权用于质押贷款。地奥制药则许可他人实施4项专利，并且计划聘请专业机构评估本单位的无形资产价值，将知识产权用于质押贷款。成飞工业也将专利权入股创办企业。但四川省示范本企业中仅56%有专利转让、许可，89%没有转让、许可他人使用自己的商标。仅有11%的样本企业有著作权许可、转让。100%的单位没有知识产权质押。11%的企业作价入股，并且本单位成为股东。这只是从有无知识产权商品化行为来评价，如果将商品化的知识产权量与知识产权总量比，则不到5%的知识产权实现了商品化（见表4－1）。因此，总体而言，四川省知识产权示范单位主要是自行实施知识产权，知识产权的商品化程度较低，因而没有最大限度地实现知识产权的价值。

表4－1　部分示范企业知识产权商品化的现状

	专利闲置	专利转让、许可	商标转让、许可	著作权转让、许可	知识产权作价入股	知识产权质押
占样本单位总量的比例（%）	66	56	11	11	11②	0
占相应知识产权总量的比例（%）	54①	5	数据不详	数据不详	数据不详	0

注：（1）因为有的示范企业没有提供相关数据，故本表只是根据部分示范企业提供的数据统计而成。

（2）① 产生的主要原因是四川大学专利数量庞大而又大量（近90%）闲置。

② 虽然有22%的企业作价入股，但仅11%的企业作价入股且企业作为股东。从法律上来说，只有成为股东才是法律意义上作价入股，因此，此处以后一数据为准。

4.2.4.2　知识产权国际化

知识产权具有地域性，即在某国取得知识产权，仅在该国具有专有权。随着经济的国际化、全球化，生产、商品、服务的国际分工和国际流动，知识产权的保护也需要越过国界扩展到全球。为解决这一问题，国际社会通过多边公约或国与国的双边条约，将知识产权的地域性扩展到他国，知识产权出现了国际化。

知识产权国际化即是企业充分内化、运用专利国际申请、商标国际注册制度，推进专利、商标的国际化，扩大专利权、商标专用权的域外效力。专利、商标国际化有两种方式：一是根据各相关国家的法律，分别进行申请；二是依据《专利合作条约》（PCT），申请国际专利，或者根据我国加入的《商标国际注册马德里协定》进行商标国际注册。

一些示范企业运用这两种制度实施专利权国际化、商标国际化。如地奥制药选择部分具有国际市场潜力的药品发明进行 PCT 国际专利申请，其中包括公司拳头产品“地奥心血康胶囊”一份 PCT 国际专利申请。截至 2009 年 2 月 28 日，PCT 和国外专利申请 16 项，占整个国内专利申请总量的 12.7%。同时地奥制药截至 2009 年 2 月 28 日在 27 个国家和地区进行了地奥商标申请注册，已在 8 个国家和地区注册成功。九洲电器开拓性地将九洲商标申请到了欧洲、东南亚等区域范围。长虹电器国外商标注册达 249 件。彩虹电器先后向国外注册商标 10 件。四川大学申请国际专利 PCT 3 项。但是四川省示范企业知识产权国际化发展程度较低（见表 4－2），示范企业中仅有 9 家，占总量的 42.9% 进行了商标国际注册。但注册的商标数量仅占注册商标总量的 13.8%。进行专利 PCT 申请的企业仅占 52.4%，PCT 申请量占国内发明专利权的 2.68%，占全部专利权总量的 0.95%（见表 4－2）。

表 4－2　示范企业知识产权国际化的现状

	申请企业占相应样本企业比例（%）			申请量占相应知识产权比例（%）		
	所有样本企业	国际化程度较高行业	国际化程度较低行业	所有相应知识产权	国际化程度较高行业	国际化程度较低行业
专利 PCT	52.4	57.1	50	2.68/0.95	2.87	0.4
国际商标注册	42.9	85.7	14.3	13.8	41.7	0.95

注：（1）国际化程度较高行业是指家用电器、电子技术、生物制药行业；国际化程度较低行业是指除国际化程度较高行业外的其他行业。

（2）2.68% 是占发明专利权总量的比例，0.95% 是占全部专利权总量的比例。

从表 4－2 中也可看出，四川省示范企业知识产权知识产权国际化发展在行业中还存在不均衡，一般来说，国际化程度较高的行业和企业，如家用电器、电子技术、生物制药行业的长虹电器、地奥制药、迈普通信等，对知识产权国际化更加积极。传统的食品纺织行业注册商标最多，而国际商标注册仅一家 8 件，没有专利国际申请。

4.2.4.3　知识产权联盟化

知识产权联盟化就是组成联盟的各成员将自己的知识产权通过如许可、转让、交叉许可等方式移转到一个共同体中，以实现知识产权的组织化创造、运用、保护的活动及其过程，是高级形态的管理组织。根据知识产权的类别，知识产权联盟主要有专利联盟、商标联盟等。其中专利联盟是最为典型的知识产权联盟，而且当前国际上存在的主要知识产权联盟就是专利联盟。

专利联盟是指组成联盟的各成员为了合作而将各自的专利权转移到一个共同组成的联盟实体，是各成员之间相互许可使用专利权而结成的共同体。成员交叉许可形成的专利权集合叫专利池，交叉许可形成的共同体叫专利联盟。可见，专利池是内容，而专利联盟是形式；专利池是指专利权人之间的关系，而专利联盟常常是指构成专利池的专利权人作为一个集体对外的关系。

现代社会，“不管企业的实力有多么雄厚，要想拥有相关技术的全部专利权是不可能的。事实是许多企业各自拥有部分专利权，形成错综复杂的关系。谁也不能单纯依靠自己的专利技术实现利益最大化。”（保护中国知识产权联合会，2009）在这种情况下，通过内化专利实施制度、许可制度、转让制度，组建专利联盟，可以达到优化专利技术组合，降低成员间互相受许使用对方专利权的成本，对外最大限度保护联盟各成员的利益。比如将成员的专利权“打包”整体许可他人使用，避免专利权人“多对一”而可能产生的专利权人之间的低价竞争，联盟更以“垄断者”的地位而让诸多潜在受许人在交易中处于劣势。

因此，发达国家的企业都非常重视专利联盟，也成立了一些国际专利联盟，比如由日本的日立、松下、三菱、东芝、JVC 公司和美国时代华纳组成的“6C 联盟”。MPEG 专利管理公司致力于建立“一站式标准专利技术准入”的专利管理模式。2007 年 9 月 20 日，MPEG 专利管理公司发布 ATSC 专利池许可（周春慧，2007），迫使我国彩电行业在进入美国市场时必须高价接受 ATSC 专利池许可。

而目前我国企业在专利等知识产权事务上，基本是还处于各自为战的局面，建立联盟还很少见。四川省示范企业——长虹电器是在应对“6C 联盟”等国外专利联盟的高昂许可费中，认识到了专利联盟对知识产权的创造、运用、保护的重要意义。因此，以长虹电器为代表的中国家电行业，面对国际专利联盟的专利壁垒，联合康佳、海尔等国内家电企业成立了深圳彩联有限公司，成员之间相互许可使用专利权而不收费，类似于专利联盟。泸州老窖主动提出建立专利联盟，是非常可喜的。但四川省示范企业中除长虹电器、泸州老窖外，其他示范企业都没有认识到专利联盟的重要性，虽然有的企业存在交叉许可，但它们并没有结成共同体，甚至缺乏共同体意识。

4.3 企业特色型知识产权管理模式

特色型知识产权管理模式与类别型模式不同：类别型模式强调行业的知识产权管理对象的特点。而特色型模式不分行业，在管理理念指导下，对不同类型和不同阶段知识产权能力的企业知识产权，实施特定管理措施的行为或活动中形成的较为成熟的知识产权管理模式。

调查表明，四川省知识产权示范企业在示范过程中，不断提升对知识产权价值的认识，内化知识产权制度，形成了针对不同类别的资源型管理模式和技术型管理模式，不同发展阶段的后来者突围模式和先到者可持续创新模式；管理措施上的进攻型、防御型、进攻防御结合型管理模式（见图 4－5）。

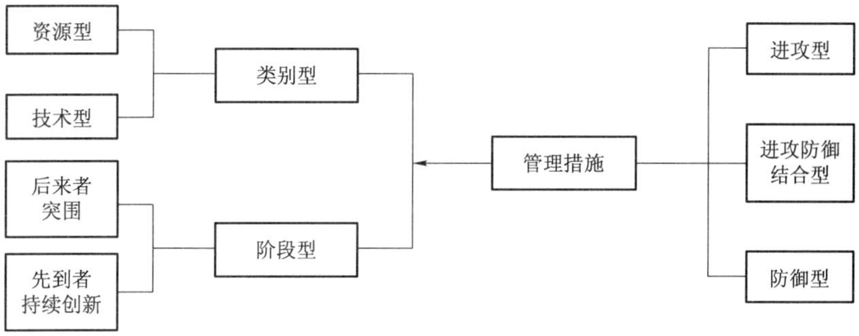

图 4－5　企业特色型知识产权管理模式的基本结构

4.3.1　企业资源型管理模式与技术型管理模式

如果说前文中的类别型知识产权管理模式是从行业进行划分的话，那么此处的类别则是根据企业的性质而将企业划分为资源型企业和技术型企业，由此可以将企业知识产权管理模式分为适用于资源型企业的资源型知识产权管理模式和适用于技术型企业的技术型知识产权管理模式。资源型管理模式与技术型管理模式，是企业内化知识产权制度形成针对企业知识产权的不同特性的管理理念、管理制度，运用于知识产权创造、运用、保护而形成的稳定的行为模式。

4.3.1.1　企业资源型管理模式

“资源”狭义理解为自然资源。但是随着时代的发展，“资源”的概念更加泛化，有所谓人力资源、人才资源、智力资源等概念，但凡可资利用于企业发展的生产要素都可以称之为“资源”。在狭义的自然资源和广义的泛化资源概念中，应当还有中义的资源，即自然资源及与自然资源有关的自然环境因素、人文因素等，可用图 4－6 来表示三者的关系。

根据图 4－6，采取的资源观，将资源型企业界定为：从事资源的开采、加工、利用以及资源产品生产、销售的企业。而资源一般是指矿藏资源、森林资源、水资源、动植物资源等自然资源，以及与自然资源密切相关的人文、地理因素资源等。因此，可以将资源型企业分为矿产资源型企业、地理因素型企业、一般资源型企业等。但无论是哪类资源型企业，其生存、发展都与资源有直接的关系。

四川省示范企业中，生产、经营具有资源性的企业主要有攀钢集团、龙蟒集团、川

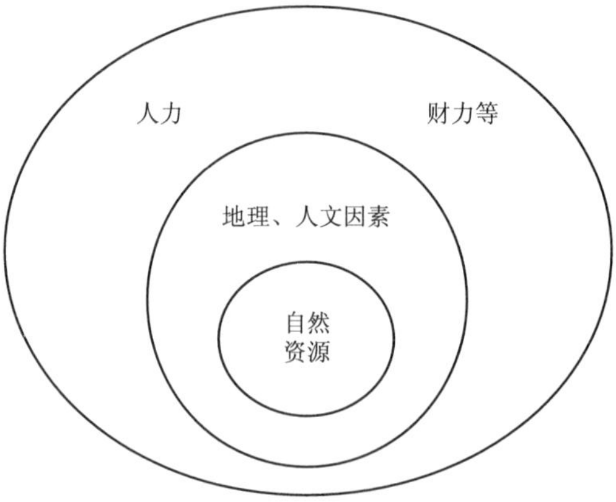

图4－6　资源的内涵与外延

庆钻探、五粮液、泸州老窖、高金食品、地奥制药、康弘药业等。其中攀钢集团、龙蟒集团、川庆钻探是从事与矿产资源开发相关活动的企业；五粮液、泸州老窖是从事具有特定地理因素相关活动的企业；而高金食品、地奥制药、康弘药业是一般对自然资源的利用，换言之，不具特定地域性，而在适合的地方都可以开发、利用这样的资源。

由于资源型企业以资源优势为核心竞争力，由此决定了企业资源型知识产权的客体具有资源特性，企业内化、运用的与资源性相应的知识产权归属权、行为权、维护权等制度对企业的知识产权予以确权、用权和维权。

1. 不同类别知识产权的资源特性

资源型知识产权管理模式是运用专利权制度、著作权制度、商标权制度、商业秘密制度、地理标志与原产地制度、动植物新品种制度为管理制度和措施，对企业的知识产权创造、运用和保护予以确权、用权和维权。其所确、所用、所护之具体的“知识产权”体现出资源特性。

（1）以专利权和商业秘密权确权体现出资源性。攀钢集团、龙蟒集团、川庆钻探是矿产资源型，知识产权管理以特定资源的开发、使用和销售为目标。因此，其知识产权涉及三个层次：开发层面的如勘探、采掘技术及其采掘工具（产品）；使用层面的产品及其生产工艺、生产管理技术等；销售层面的销售管理技术、商标和其他商业标记。（饶世权，陈家宏，2011）其中前二个层面的知识产权可以体现为专利权和商业秘密权。而五粮液、泸州老窖虽然主要是地理因素资源型，但其生产工艺、产品外观设计等也可以体现为专利权、商业秘密权。高金食品、地奥制药、康弘药业是一般资源型，其产品、生产工艺、外观设计等都可以体现为专利权和商业秘密权。从表4－3对不同资源类型专利权的比较可以看见，资源型管理模式中专利权是必不可少的构成部分，有的企业也会选择商业秘密作为发明创造权利化的形式之一。

表4-3　资源型管理模式专利权比较

单位：件

<table>
<tr><th colspan="2">类　别</th><th>发明专利</th><th>实用新型</th><th>外观设计</th><th>商业秘密</th></tr>
<tr><td rowspan="3">矿产
资源型</td><td>攀钢集团</td><td>205</td><td>399</td><td>0</td><td>未知</td></tr>
<tr><td>龙蟒集团</td><td>5</td><td>10</td><td>7</td><td>未知</td></tr>
<tr><td>川庆钻探</td><td>45</td><td>248</td><td>20</td><td>638</td></tr>
<tr><td rowspan="2">地理因素
资源型</td><td>五粮液</td><td>22</td><td>58</td><td>1573</td><td>未知</td></tr>
<tr><td>泸州老窖</td><td>1</td><td>4</td><td>279</td><td>未知</td></tr>
<tr><td rowspan="3">一般资源型</td><td>高金食品</td><td>0</td><td>2</td><td>9</td><td>未知</td></tr>
<tr><td>地奥制药</td><td>33</td><td colspan="2">3</td><td>30</td></tr>
<tr><td>康弘药业</td><td>3</td><td colspan="2">0</td><td>未知</td></tr>
</table>

显然，资源型企业都运用专利权制度，将某些与资源有关的技术以专利权方式确权和维权。川庆钻探、攀钢集团、龙蟒集团将具有矿产资源特色的采掘技术、资源性产品及其生产工艺专利权化、商业秘密权化。如川庆钻探的“欠平衡钻井的关键装备和工艺技术”申请了22件专利，获授权11件；针对山地物探研发的GeoMountain®一体化软件系统，在研发过程中运用了专利权进行确权、维权，申报了16件专利。攀钢集团将资源开发利用的生产方法、生产工艺，以及形成的独特产品专利权化，产生了普通高炉冶炼高钛型钒钛磁铁矿技术、连铸技术、全长余热淬火钢轨工艺、在线热处理技术、氮化钒的生产方法、V_2O_3电铝热法冶炼FeV_{50}工艺、V_2O_3电铝热法冶炼FeV_{80}工艺等专利权，以及以高速铁路用钢轨为代表的大型材系列，以钒氮合金、高钒铁、五氧化二钒、钛白粉为代表的钒钛系列等六大系列标志性专利产品。龙蟒集团将自主研制的新型硫酸法钛白粉生产工艺和技术、一种生产饲料级磷酸氢钙的方法、S-诱抗素等技术和产品专利权化。

地理因素资源型的泸州老窖、五粮液只能从其专利权构成中的外观设计专利权的绝对多数间接反映其地理因素资源型，但其商业秘密更体现了其资源型。一般资源型企业的专利权、商业秘密体现为对资源的加工、制作的生产方法和工艺，如地奥制药的高纯度甾体皂苷和高纯度胸腺肽提取技术。

（2）著作权的资源特性。资源型企业可以运用著作权制度，尤其是软件著作权登记制度，将资源开发、使用和销售的技术通过著作权方式予以确认和保护，因此，其著作权也常常具有资源特性，如川庆钻探针对山地物探研发的GeoMountain®一体化软件系统，申报了12件软件著作权登记。这是有关石油勘探的作品。攀钢集团的软件著作权也绝大多数（占已登记软件著作权的66%）体现资源特性（见表4-4）。

表 4－4　攀钢集团已登记软件著作权的资源性

类别	序号	名　称	登记号	取得时间
资源生产工艺类	1	重轨在线热处理仿真系统 RSIMULA 2.0	980069	1998.02.26
	2	提钒炼钢厂生产制造执行系统（TMeMS）V1.0	2005SR06841	2005.06.28
	3	制造执行系统（MES）应用服务器软件 V1.0	2005SR06842	2005.06.28
	4	热轧板厂生产制造执行系统（TMesHR）V1.0	2005SR06843	2005.06.28
	5	冷轧生产制造执行系统（TMesCR）V1.0	2005SR06844	2005.06.28
资源勘探类	6	地物、地貌平面线状要素及各种界限内外业一体化数据处理软件 V1.0	2006SR16928	2006.12.07

（3）地理标志的资源性。地理标志，也称原产地名称，“是指标示某种商品来源于某地区，该商品的特定质量、信誉或者其他特征，主要由该地区的自然因素或人文因素所决定的标志。”（保护中国知识产权联合会，2009）TRIPS 第 22 条，以及我国《商标法》《商标法实施条例》、地理标志产品保护规定等法律法规中均对地理标志进行了规定。地理标志是一种“与特定地域相联系，与特定商品相联系，表明了特定商品与其地理来源的密切关系，表彰商品的特定质量、信誉或其他特征，是一项集体性权利。”是用于商品上的具有特殊地理来源和与原产地相关的品质或声誉的标记。具有巨大的经济价值和文化价值。五粮液、泸州老窖运用地理标志制度，根据程序取得了相应的地理标志。如 20 世纪 90 年代初期，泸州老窖制曲生态园就获得了当时唯一的原产地标记注册，2008 年获得国家地理标志产品，通过了“地理标志产品——国窖 1573 白酒”“地理标志产品——泸州老窖特典酒”二项国家标准。五粮液于 2008 年获得“地理标志产品——五粮液酒”的国家标准，对“五粮液酒”“五粮液包包曲”以及五粮液酒的酿造工艺进行了标准化规定，且对五粮液酒的产地范围进行了详细界定。通过地理标志扩大了产品的影响。

（4）遗传资源权与资源性。遗传资源包括物质文化、非物质文化和动植物新品种。非物质文化也是知识产权的重要组成部分，我国有关法律法规和国际公约都强调对非物质文化的保护，并建立起相应申报条件、申报程序、保护措施等制度。泸州老窖将泸州老窖酒传统酿制技艺申报为国家非物质文化遗产，此外还将泸州老窖百年以上窖池申报为物质文化遗产予以保护。这些非物质与物质文化遗产更强化了其地理资源性。地奥制药、康弘药业从我国植物中提取有效元素和基因物质，合成中药或天然药物、以中药或天然药物组成的复方制剂等，是对遗传资源的利用，由此产生自主性的知识产权。

（5）商标权与资源性。商标只是凝结商品或服务的商业信誉，一个良好的商标权应当体现出资源型，尤其是那些垄断性、地理因素性企业的商标权，更应当体现资源型，如五粮液公司的“五粮液”商标；攀钢集团的“攀钢”“PG”等直接体现了资源性。

2. 基于资源特色的知识产权组合

资源性的专利权、商业秘密权、著作权、地理标志权、遗传资源权以及商标权通过某种机制构成知识产权组合。因此，可以根据这些类别知识产权的不同组合分成几类。

（1）适合于矿产资源垄断型的专利主导型。攀钢集团是中国乃至世界矿产资源最富集的地区之一，蕴藏着钒钛磁铁矿资源近96亿吨。由于资源的特殊性和地域性，使得攀钢的专利权集中于资源的开发利用的生产方法、生产工艺，并形成了独特的产品。资源特殊性所决定的产品垄断性，使得攀钢集团的知识产权管理以专利权为核心，注重运用专利制度促进专利技术的创造、运用和保护，而忽视了商标权，因此，攀钢集团自1965年开始建设直至2010年6月，取得专利授权614项，但1993年才申请“攀枝花”牌为注册商标，1997年申请注册“攀钢”牌为注册商标，至今仅拥有注册商标“攀枝花”“攀钢”“PG”“攀峰”“万立”5枚，而且品牌的宣传度不大。川庆钻探作为从事石油天然气勘探、钻井的企业，由于在行业中处于寡头垄断地位，且是中国石油集团下属企业，因此，也以运用专利制度、商业秘密制度对创新技术进行确权、护权，而也没有商标战略。

但是随着企业国际化的发展和国内竞争者的增加，资源垄断型企业也需要商标以凝结自己的资源特色。因此，攀钢集团、川庆钻探也应当开始重视商标，逐渐由专利主导模式向专利商标并行主导模式转化。另外，攀钢集团产品与攀枝花的地理因素有关，因此，也可以通过地理标志来进一步保护知识产权，促进产品走向国际化

（2）适合于地理标志资源型的“商业秘密－商标－专利”并行主导型。五粮液、泸州老窖是传统酿酒业，其生产工艺、配方适合商业秘密确权和保护，并且要将特殊的优良品质、地理标志转化为商标，向消费者传递信息，因此，其一开始就重视商业秘密和商标是传统产业的必然。在今天的发展中，虽然其产品发明可以较少，但其必须要有更多的外观设计以表征其文化和产品差异。因此，传统的地理标志资源型产业也应当重视专利。从而形成商业秘密商标专利并行主导，还包括地理标志、遗传资源等在内的知识产权组合。

（3）适合于一般资源型的“专利－商标”并行主导型。龙蟒集团虽然也是矿产资源型，但其产品不具垄断性。高金食品、地奥制药、康弘药业也面临竞争的市场，这些一般资源型和其他面临竞争市场的企业需要以专利确保商品或服务品质，以商标凝聚和传播商业信誉。因此，其比较适合的应当是专利商标并行主导，包括其他如动植物新品种、著作权、商业秘密权等的知识产权组合。但研究表明，高金食品尚未完成专利商标并行主导型的构建，而地奥制药在国内发展过程中经历了从最初的专利商标并重主导型向专利主导型转化，进而在国际化进程中又转向专利商标并重主导型的波折。

上述知识产权组合只是基于资源特性而做的分析，是这些企业基础的知识产权管理

模式，而随着企业发展和市场经济的发展，其管理模式也应会发展、变化。

4.3.1.2 企业技术型管理模式

技术型企业则是相对于资源型企业而言，是指生产经营以及发展直接依靠技术推动，而对资源的依赖性较弱的企业。今天任何商品或服务都不可能绝对不需要资源，但资源型企业是对资源的直接利用，而技术型企业是对资源的间接利用，是利用资源型企业创造的产品创造新的产品；并且随着当代科技的发展，资源型企业要发展也必须依靠科技，但资源型企业依靠的科技与技术型企业的科技内容有所差别。适合于技术型企业的知识产权技术型管理模式是指企业知识产权的创造、使用、保护都以技术为工具，而摆脱了对资源的依赖，如中昊晨光、长虹电器、彩虹电器、九洲电器、迈普通信、光明光电、眉山车辆、二重机械、东方汽轮机、成飞工业等属于此类。而四川大学可以称为综合类，新华文轩是服务类，在此不予讨论。

1. 知识产权的技术性

“在很多情况下，技术型企业的核心竞争力在很大程度上与他们拥有的技术状况有关。培育以核心技术为特征的核心竞争力就成为这类企业核心竞争力培育的主要工作。”（官伟源，2001）因此，技术型管理模式就是要以技术创新和运用为管理核心，其应当通过运用知识产权法律制度，建立各种激励创新与运用创新成果的制度与文化，鼓励知识产权创造与运用，是进攻型模式，鼓励自主创新，尤其是鼓励集成创新和原始创新。

创新技术可以通过专利权、商业秘密权甚至于著作权、电路布图等予以确权。理论上四者不同组合可以形成众多的形态。单一型可以有：单一的专利权型、单一商业秘密权型、单一的著作权型、单一的电路布图型。二权结合型有：专利商业秘密型、专利著作权型、专利电路布图型、商业秘密著作权型、商业秘密电路布图型、著作权电路布图型。三权结合型有：专利商业秘密著作权型、专利商业秘密电路布图型、商业秘密著作权电路布图型等。

四川省知识产权示范企业一般都运用专利制度、商业秘密制度、著作权制度、电路布图制度，以相应的方式确权、用权和护权，形成一权或多权结合形态。根据已知数据大致统计如表4－5（有的企业情况不明，则没有做统计）：

表4－5 技术型企业对技术创新成果确权方式

确权、用权、维权方式	主要企业	特 点
单一专利权	眉山车辆、光明光电	以单一的专利权确权和用权、护权
专利、商业秘密权	彩虹电器	运用二种制度确权、用权、护权
专利、电路布图	长虹电器、九洲电器	运用二种制度确权、用权、护权
专利、商业秘密、著作权	迈普通信、二重机械、成飞工业、中昊晨光	运用三种制度确权、用权、护权

进一步将技术型模式与资源型模式运用制度确权、用权和护权方式进行比较，见表4－6。

表4－6　技术型模式与资源型模式运用制度确权、用权和护权比较

类别	专利权	商业秘密	著作权	电路布图	商标权	地理标志	动植物新品种	遗传资源权
资源型	V	V	V	V	V	V	V	V
技术型	V	V	V	V	V			

从表4－5、表4－6中可以看出：技术型管理模式与资源型管理模式一样，一般应当综合运用多种类别知识产权制度对创新技术成果进行确权、用权和维权，但分析专利权、商业秘密、著作权、集成电路布图设计权的结构和内容，技术型模式一般没有资源型模式知识产权那种强烈的资源特性，其内容主要涉及生产工艺、产品，而不涉及勘探、采掘、提炼技术，并且技术型模式一般没有资源型模式才有的地理标志、动植物新品种权，以及遗传资源权等。

2. 专利商标并重主导型的知识产权组合

技术型企业依靠技术创新推动发展，技术权利化的最普通方式是专利权化，因此，专利权无疑应当是技术型知识产权管理模式的核心。

但是技术与资源相比较，自然资源一般天然具有垄断性，一旦占有某种资源，就形成某种垄断，而形成知识产权壁垒。但技术并不具有天然垄断性，某种技术产生后即便专利权化而暂时形成专利壁垒，也可能很快被超越。技术型企业面临的一般是竞争性市场。因此，技术型企业应当将自己的专利权转化为商业信誉，凝聚到商标中，体现为商标权，实施专利与商标并重的知识产权管理模式。

技术型模式坚持专利与商标并重，以专利创造商品或服务的良好品质，以商标凝聚商业信誉。仅有专利权，在竞争的市场中因为有更多的替代品不能为消费者所认知、认同；仅有商标权，也不可能持续发展。海尔的成功证明了技术型模式企业专利商标并重是不二的选择。而长虹电器在其发展的开始，则只重视商标而轻视专利，造成了今天的被动。至于眉山车辆在与中国南车重组前也有自己的商标，重组后其商标由中国南车统一打造，因此，其目前不重视商标是有理由的。光明光电、东方汽轮机、成飞工业、二重机械等则最初重视专利，当前已认识到了商标的重要意义，正从专利主导型向专利商标并重主导型转化。

当然，技术型模式的专利与商标并重模式是基础性模式，随着企业发展以及企业从事的行业差异，这种专利商标并重模式当然应发生变化。

4.3.2 后来者突围型管理模式与先到者持续创新型管理模式

由于企业发展阶段不同，呈现不同广度、深度、高度的对知识产权制度的内化，形成不同的管理理念、管理制度甚至管理组织，在知识产权创造、运用和保护中体现出不同的知识产权能力。因为所处阶段的不同，在知识产权管理中也呈现不同的行为模式，由此形成了后来者突围型管理模式和先到者持续创新型管理模式。

传统的后来者与先到者的评价标准是“产业进入时间”，而从技术管理的角度来说，区别后来者与先到者的根本标准应当是“技术掌握时间”（见表4－7）。

表4－7 先到者与后来者地位确定的因素

技术掌握时间（可变量）	行业进入时间（不变量）	地　位
先掌握	先入	先到者
	后入	
后掌握	先入	后来者
	后入	

许多示范企业在改革开放前，可能在国内是先到者，并长期保持一种与国际隔绝的发展道路。随着改革开放的发展，许多示范企业才发现自己已成为行业的后来者，国际上先进技术和产品把本企业的技术和产品远远地抛在了后面。那么，后来者如何突破先到者的知识产权壁垒，而先到者又如何巩固自己的知识产权壁垒？

4.3.2.1 后来者突围型管理模式

后来者常常面临先到者强势的知识产权能力，先到者利用自己的强势知识产权能力构筑知识产权壁垒，主要表现在专利权、专利标准化构筑的专利权壁垒；商标的驰名化、著名化构筑的商标权壁垒。后来者能否打破先到者的知识产权壁垒而“后来居上”呢？

1. 后来者的优势与劣势

“后来者优势理论”认为，后来者企业在开发技术、提高创新能力上具有一系列的优势，这既体现在新兴技术的开发上，也体现在成熟技术的开发和应用上。其中在成熟技术领域至少有两种机会，改进成熟技术的机会和“重新发明”成熟技术的机会。而新兴技术更可以为发展中国家提供发展自主核心技术、实现技术赶超的机会。“Perez 等认为，在成熟技术领域，现有产品是建立在以前产品已经积累起来的经验的基础之上的，这就决定了发展中国家的企业很难在成熟技术上同发达国家的企业竞争。相反，在新兴技术领域，发展中国家的企业则有赶超的机会，因为无论是发达国家的企业还是发展中国家的企业，大家都在探索，进入壁垒较低，所以发展中国家的企业有学习和创造的机会，如果有比较充足的、合格的人力资源等条件，就可以迎头赶上。所以，Perez 等特别指出，尽早进入新兴技术领域是发展中国家追赶过程的关键因素。”（高旭东，2005）虽然 Perez 等人的理论是在讨论发展中国家的技术创新问题，但发展中国家相对于发达国家也是后来者，因此，Perez 等人的理论同样适用于企业后来者。

如果说在技术开发方面，后来者有优势实现技术突围的话，那么在市场方面，后来者具有劣势。“研究表明，‘后来者劣势’的核心不是技术问题，而是市场问题。即使我国企业在新兴技术开发上取得了突破，同跨国公司相比，也更不容易被市场接受。”（高旭东，2005）

2. 后来者突围的知识产权管理模式——专利商标并重主导

（1）后来者的专利权突围。“市场后来者的最好战略是拿出一个同主宰市场者的产品相比具有创新性的产品。”（［美］拉克什曼·克里什纳默特、文卡泰什·尚卡尔，1998）因此，后来者必须首先在技术上取得突破。诚如上文所言，在进入时间上后来者不可改变，后来者唯一能选择的就是改变对新技术的掌握时间，从而后来居上。因此，作为后来者的示范企业充分运用“后来者优势理论”，在技术发展模式可以在三种情形作出选择：一种是传统技术积淀型，即企业依托本土历史传承的传统技术和工艺，根据市场需求的变化，结合企业的产业技术特点，有条件吸收先进技术，改进传统技术和工艺流程等，丝丽雅的成功证明了成熟技术仍然可以在工艺上被改进，而且可以利用中国的知识产权制度开展独立的创新，然后采用进攻型知识产权管理战略从创新中获得巨大的利润；第二种是成熟技术引进型，即通过引进国外成熟技术或设备，通过消化吸收，逐步培育创新能力，实现技术和工艺的升级换代，如光明光电、东方汽轮机、二重机械等最初也是选择了引进、吸收，再二次开发的技术创新模式；第三种是新兴技术锲入型，即企业根据新兴技术在技术和市场方面的高度不确定性特征，抓住技术机会或市场缝隙，通过技术创新赢得一定的发展空间，如地奥制药作为制药行业的后来者，没有承袭行业的传统知识产权获得优势，而是以行业发展的新领域——生物制药作为后来者获得优势的知识产权领域，从而形成了后来者知识产权创造、运用和保护的知识产权管理模式。

上述三种模式正在逐渐地消除它们之间的界线。也就是说，随着时间的发展，许多示范企业已很难简单地分别归入到上述三种类别中，而是出现一种综合发展的态势。如二重机械由最初引进技术二次开发，逐渐发展到新兴技术锲入型，进行自主创新。在第三代核电大锻件主管道、蒸发器等关键制造技术上取得了突破，向国家递交了6件专利申请。

可见，后来者企业可以充分地内化专利无效制度、许可制度、转让制度、反向工程制度等为自身的知识产权创造、运用和保护能力，通过引进——创新，或者自主创新，并运用专利权制度，形成自主性知识产权，冲破先到者的专利壁垒，实现技术和专利权的突围，最终获得行业竞争优势地位。

（2）后来者的商标权突围。市场后来者的最好战略除“拿出一个同主宰市场者的产品相比具有创新性的产品”外，还“必须集中精力开拓适合它的那块市场。”（［美］拉克什曼·克里什纳默特、文卡泰什·尚卡尔，1998）虽然说市场方面后来者具有劣势，但后来者并非不可突围，而诚如美国学者所言，一些公司可以从模仿现有的公司入手，而后利用这些较大公司忽略的领域同这些公司展开竞争。而另一些公司则可以采用更为冒险的战略。它们利用新到者的地位挑战现存的规则，从现有公司不灵活的商业模式上展开进攻（［美］克里斯托弗·A. 巴雷特，2001）。这要求后来者必须重视商标，通过品牌（商标权）将优良的产品质量等信息传递给消费者，从而得到消费者的认知进而认同。实践中，有的企业作为后来者通过受许使用他人商标权，虽然能较快地得到消费者的认知和认同，促进企业的发展。但一旦商标权人收回商标使用权，企业可能面临灭顶之灾。因此，后来者应当内化商标法律制度，注册自己的商标，进行持续的宣传，创造自己的知名、著名甚至驰名商标。

（3）后来者的知识产权突围模式——专利商标并重主导的知识产权组合。作为后来者的发展不仅需要技术先进（专利权）以确保产品质量，而且需要通过品牌（商标权）将优良的产品质量等信息传递给消费者，从而得到消费者的认知进而认同，因此，后来者突围模式在知识产权组合上就是专利商标并重主导的知识产权组合。

四川省示范企业在发展的过程中，专利权与商标权的关系经历了不同的发展过程，形成和正在形成专利商标并重主导的后来者突围模式。

一是地奥制药为代表的后来者，从一开始即采取专利与商标并重主导模式。地奥制药是成立至今仅20年的从事生物制药的现代新兴产业，是制药行业的后来者。地奥制药从成立伊始就坚持充分运用专利法、商标法的制度，将专利权和商标权平列作为企业知识产权管理的主体，从而形成了专利商标平行主导型的知识产权管理模式。如地奥制药以“心血康胶囊”专利权与“地奥”商标结合，以致人们一听到“心血康”就想到“地奥”；一听到“地奥”就想到“心血康”。可以说“心血康胶囊”专利权成就了“地奥”商标，而“地奥”商标确保了“心血康胶囊”专利权能够长久一枝独秀。地奥制药的专利权商标权平行主导模式促进了地奥制药在国内的成功。在地奥制药向国际化发展的新阶段，仍然坚持专利权与商标权平行主导的知识产权管理模式，在专利国际申请的同时，申请商标国际注册。截至2010年6月，PCT和国外专利申请16项，占整个国内专利申请总量的12.7%。“地奥”商标在27个国家和地区进行了申请注册，已在8个国家和地区注册成功。

二是先以商标为主导，逐渐重视专利，形成专利商标并重主导模式。这以长虹电器、迈普通信为代表。长虹电器从军工行业进入家电行业初期，主要是模仿成熟的技术，而重点是打造品牌。不仅注册了“长虹”商标，而且通过各种方式宣传商标。作为后来者的长虹电器在1997年占据了中国彩电市场25%的份额——超过了第二、三名的总和并遥遥领先于所有的外国品牌。但进入21世纪，面对数字电视技术的发展，长虹又一次成为后来者，但这次长虹吸取了DVD、电池自己无专利权而需要支付大量专利费的教训，开始在数字电视技术等方面积极自主开发，并积极申请专利，建立专利联盟等。知识产权管理逐渐形成专利商标并行主导模式。

三是最初以专利为主，而逐渐重视商标，形成专利商标并重主导模式，或者增加商业秘密。这以二重机械、成飞工业、中昊晨光等为代表。这些企业的知识产权管理重心最初是专利权。但随着向国际化发展，这些企业认识到仅有专利技术形成的良好产品质量，并不能确保市场的认可，而必须要有商标以表征自己的产品品质。商标权逐渐受到重视，注册更多商标，甚至国际注册商标成为这些企业的选择，如二重机械将自己的商标、厂徽进行了国际注册，并提出了驰名商标工程。中昊晨光的“晨光”商标从1980年注册至今，在有机氟化工领域具有较高的知名度、美誉度和信誉度。目前，在国内的有效注册商标共17件，其中2007年注册5件，2008年注册2件。2009年“晨光”商标被国家商标局认定为中国驰名商标。并且目前已通过马德里协定在美国、加拿大、意大利、法国、德国、伊朗、日本、印度、马来西亚和中国台湾等10多个国家或地区开展商标注册，国外有效注册商标10件。成飞工业打造“成飞”品牌，争创“成飞”全国驰名商标。突出以歼10等主要产品为代表的“猛龙”“枭龙”产品商标，占领国际军机出口市场。至2009年公司拥有注册商标数达到27件。其中“成飞”商标在多个商品和服务分类类别上核准注册，2009年被认定为“四川省著名商标”。

4.3.2.2 先到者持续创新模式

先到者，有的学者称之为“在位者”，是相对于后来者而言的。先到者是从掌握某种技术的时间来说，是行业技术的先拥有者，如有的企业虽然进入某一行业很早，但没有自主创新的技术，而仅仅是运用专利许可、专利转让制度，引进他人专利技术，然后使用，其在专利权、商标权方面仍是后来者。那么，先到者应当如何管理知识产权？

1. 先到者的优势与劣势

一般认为先到者具有后来者无可比拟的优势。贝恩认为，先到者有规模经济、绝对成本优势、资本要求以及产品差别优势（Product Differentiation），在位者也许取得了产品创新的专利，或者，他们也许已在产品空间中垄断了合适的位置，他们还可能享有消费者对其产品的忠诚（Bain J.，1956）。拉克什曼·克里什纳默特和文卡泰什·尚卡尔（1998）认为，“市场领先者在广告和促销方面能够得到更好的回报，并可以将产品价格定得比后来者高。一些情况下，如消费者对新产品的性能不能确定或改变习惯的成本太大，领先的企业还是占有优势的。”这些优势反映在知识产权法律上，就是先到者可以凭借先掌控某种技术，内化、运用专利制度、商业秘密制度、商标制度等构筑对后来者的知识产权壁垒，显示强势知识产权能力。

一是构筑专利壁垒。首先，充分运用专利制度，利用自己先到者的技术、信息优势，构建专利网，并通过与其他先到者的交叉许可，形成专利池，强化专利联盟，以达成对后来者的挤出效应，如“6C 联盟”对作为技术后来者的中国家电行业的挤出效应。其次，要充分利用专利制度、商业秘密等制度，对核心技术形成体系化确权、护权，如地奥制药将“心血康胶囊”的核心技术——生产工艺作为商业秘密保护，而对其他的相关技术以专利权确权和保护。这种保护模式在 2006 年与西安某制药公司试图以地奥心血康“软”胶囊报批的争议中显示了良好的结果。该年，地奥制药知识产权部门了解到西安某制药公司试图以地奥心血康“软”胶囊报批，如获准通过，将对地奥制药地奥心血康胶囊的市场构成极大冲击。地奥制药专利管理部门以“地奥心血康生产工艺属地奥集团商业秘密，西安某制药厂报批的‘软’胶囊工艺与地奥集团不同，尽管主成分与地奥心血康胶囊一致，但工艺的不同将引起药品性质的改变”这一充分理由，与国家药审中心进行了反复多次的沟通，最终国家药审中心对于西安某制药厂的“软”胶囊予以退审，理由即为：该“软”胶囊应以新药申请程序报批。最后，也是更重要方面就是利用先到者技术的时间优势，运用标准化制度，将自己的专利技术制定为行业标准、国家标准，实现专利标准化，进而到达标准垄断化和许可化的目的，即凡要进入某行业或产业者，就必须使用行业标准或国家标准，而一旦使用行业标准或国家标准，就必须使用先到者的专利权。后来者要么选择不进入，要么就向先到者付费。从而为后来者设置了准入障碍。

二是构筑商标权壁垒。先到者通过运用商标制度，强化商标，使先到者与商标建立起必然联系，比如长虹电器在国内应当是彩电的先到者，它强调商标，以致今天人们一听到“长虹”商标即联想到彩电。海尔电器作为国内冰箱的先到者，同样强化商标，使“海尔”与冰箱产生联系。先到者要把自己的商品或服务与商标联系起来，具有先天优势，因为先到者到时，某种商品或服务还很稀缺，消费者自然就容易将二者联系起来。消费者已将某种商品或服务与先到者的商标联系起来了，后来者在提供同类商品或服务时，消费者并不能很快就将某种商品或服务与后来者联系起来，所以在前文中我们强调后来者应当采取专利商标并重主导的知识产权管理模式正是这样的原因。地奥制药作为“心血康”产品的先到者，将“地奥”商标与“心血康”联系起来，在消费者头脑中建立了“地奥心血康”的概念，即使有其他同类产品，但要动摇“地奥心血康”的整体联系也是很困难的。可见，先到者可以坚持专利商标并重主导的知识产权管理模式，构建对后来者的专利壁垒和商标壁垒。

但先到者也存在劣势。先到者的劣势在于“当突破性创新发生时，产业中原有的主导企业由于受在位者惰性的影响，通常不能继续保持领先地位，被产业的新进入者超越。”（王生辉、张京红，2007）有的学者进一步分析了一个先到者“在存在潜在进入威胁时进行产品创新决策的两种情况：一是产品创新需要的时间很长（缓慢创新模型)；二是产品创新需要的时间很短（快速创新模型）。结果表明，前一种情况，当在位者面临进入威胁的情况下，由于害怕产品创新可能会导致进入者进入，在位者不大可能进行创新；后一种情况，如果进入者期望他的进入会迫使在位者去开发一个新产品并从原产品市场退出，那么在位者将更有动机去进行产品创新以遏制进入者进入。”（姚林如、杨忠直，2006）概而言之就是先到者存在“创新的惰性”，除非先到者面临强力的后来者，它才会改变这种惰性。

2. 先到者的持续创新知识产权管理模式——专利商标并重主导

先到者虽然可以利用先到者的优势构筑对后来者的知识产权壁垒，但是后来者也会利用其后来者的比较优势，通过自主创新，寻求突围，并充分运用知识产权制度及时确权，成为技术上的先到者。而原来的先到者如果认为自己构筑的知识产权壁垒能永远阻碍后来者，因而产生“创新惰性”，那么它必将被后来者甩到后面，而成为技术上的后来者。因此，先到者要维持自己的先到者地位，就必须不断地利用知识产权制度，尤其是专利法律中的激励制度、专利文献检索制度等，充分发挥优势，克服“创新惰性”的劣势，持续、自主创新。

（1）专利技术持续创新。先到者构筑的专利壁垒一方面可以暂时阻挡后来者，另一方面也是作为用权的一种方式，尤其是专利标准化——标准许可化，是将专利权作为商品，利用标准化制度实现批量化、标准化交易。更重要的应当将专利壁垒作为自己持续创新的动力：通过专利壁垒暂时阻止后来者，使得先到者可以安静地进行研究，而避免急功近利；专利壁垒需要不断完善，这个过程就是不断创新的过程。先到者有进行持续创新的优势，因为它们常常掌握着该技术的最前沿研究动态，并且建立有较为完善的信息平台，甚至已进行了专利战略分析，制作了专利图等；有较为完善的激励制度；对知识产权制度的高度认知和认同、运用，知识产权能力强，管理模式优秀，诸如此类的信息、人才、战略、文化、机制、制度、能力、模式等优势，可以促进持续创新。示范企业中的一些技术先到者比如地奥制药在心血康技术方面，二重机械在重型机械技术，东方汽轮机在长叶片轮机技术方面充分利用自身先到者的优势，克服了先到者“创新惰性”的劣势，持续内化知识产权制度，尤其是职务发明中的激励制度，持续并且根据情况提高激励力度。又如地奥制药不仅在立项决策前需要检索，而且将检索运用到研究整个过程中，以及时纠正研究方向；在完成创新后，也通过检索决定申请专利的时间，专利授权后，通过检索及时发现对专利权的侵害。通过这些制度和措施持续进行创新，取得了较好效果。

（2）持续的商标创新。先到者还需要不断地内化商标制度，采取恰当的商标战略，实施持续的品牌创新战略。持续的品牌创新即商标创新，是指持续地通过从属商标、等级商标、防御商标等制度建构商标权网，并且持续进行商标宣传。一些成功的跨国企业已是蜚声世界了，但却仍在不遗余力地进行广泛持续的宣传，如肯德基、IBM、西门子、松下、东芝等。实际上，无论多么驰名的商标，如果不持续地进行宣传推广，随着时间的推移，后来者商标的大力推广，商标的知名度会渐渐淡出消费者的视线，最终被消费者忘记。但在四川省知识产权示范企业中，一些先到者企业在成功后，尤其是自己的商标被认定为驰名商标后，就弱化商标宣传、创新，比如地奥制药。因此，先到者也应当“创建一个与进入者的品牌直接竞争的‘竞争性品牌’并进行相应的产量竞争以达到遏制进入的目的”（骆品亮、陆毅，2007）。

（3）先到者持续创新的知识产权模式——专利商标并重主导的知识产权组合。先到者需要将持续技术创新产生新成果运用专利制度等及时确权、用权，进而将新成果转化为商业信誉凝结到商标中。并通过持续的商标创新将技术创新成果传递给消费者，引发消费者的认同，进而维持消费者对自己的忠诚。因此，先到者的持续创新知识产权管理模式应当是专利商标并重主导的知识产权组合。但四川省知识产示范企业中，如东方汽轮机、龙蟒集团、光明光电等一些企业作为先到者重视技术的持续创新而不重视商标的持续宣传、创新。

4.3.3 企业防御型管理模式、进攻型管理模式与进攻防御结合型管理模式

企业内化知识产权制度而形成的管理手段、措施有很多，但从性质上来说，则可以分为进攻型和防御型，也称进攻性知识产权策略（offensive In-telleetual property poliey）和防御性知识产权策略（defensive intelleetual property policy）。因此，也可以将企业知识产权管理模式分为进攻型管理模式、防御型管理模式与进攻防御结合型管理模式。

4.3.3.1 企业防御型管理模式

要理解防御型管理模式需要我们首先了解人们对防御战略的理解。尽管许多人都在说防御战略，但关于什么是防御战略？却有不同的理解。有的学者从专利防御战略角度定义，认为“防御性专利战略则主要是在公司内部实行，目的是防止由于公司本身的原因而导致的知识产权的权力损失。”（张沙琦，2006）按照这样的理解，对外实施的行为都是进攻战略，而实质上无论是进攻还是防御，都是与其他企业的关系而言的，是对外的行为。有的学者认为“专利防御战略是指在市场竞争中遇到外国企业的专利战略进攻或外国企业的专利妨碍我国企业的市场运作时，采取的打破市场垄断格、改善竞争被动地位的策略。”（宝贡敏、王国保，2007）按这样理解的话，国内企业之间似乎就不存在防御的问题。我们认为，防御型知识产权管理模式是相对于进攻型知识产权管理模式而言的，是指企业在市场竞争中受到其他企业的知识产权进攻和挑战时，而采取应对进攻和挑战，保护知识产权利益的行为方式。防御型知识产权管理模式主要内化知识产权受许受让、专利文献制度、无效制度、异议制度、撤销制度、救济制度等知识产权法律制度为管理制度和管理方法、手段、措施，以实现知识产权“维权”。

1. 受许、受让知识产权

在竞争的市场中，许多企业遭遇国内和国外的知识产权壁垒，可以是专利权、商标权、著作权等单独构筑，更多与技术标准、安全标准、环境保护标准等相结合。（王瑜、王晓丰，2007）知识产权壁垒中最主要的是专利壁垒。专利壁垒是指由他人的专利权形成的非专利权人进入某行业，或生产某种产品的障碍。面对知识产权壁垒，防御者一般运用知识产权许可、转让制度，受许、受让知识产权；从贸易的角度说，是通过技术贸易购买他人技术的使用权或所有权，以此突破壁垒。但是受许、受让有主动和被动之分。主动受许、受让即在使用他人的知识产权前，依法通过协商达成受许、受让协议，依约定使用知识产权。而被动受许、受让就是在与他人达成协议前即使用他人的知识产权，一旦被权利人维权时，再与权利人协商受许、受让知识产权。也就是将原来不合法的使用通过被动受许、受让成为合法的使用。

长虹电器是典型的受许、受让知识产权的防御管理模式。长虹电器最初生产彩电，以后发展到DVD、微波炉等，虽然在国内是先到者，但从全球来说，长虹电器是后来者。其发展的一开始就面临国外在彩电、DVD、视听和电池产品等方面的专利壁垒，国际上很多家公司向长虹电器提出专利问题。长虹电器在未知情况下使用了这些专利，发现存在专利侵权后只好寻求许可；当然也有的是主动寻求许可、受让。截至2006年底，长虹电器实施国外专利权50件以上，实施方式为普通许可实施。由于国外有关公司对中国彩电、DVD专利收费逐渐加大，“长虹共生产几百万台DVD。如果以各家集团要求的收费缴纳，涉及专利费用上亿美元。如此巨额的专利费，使四川长虹难以承担，市场竞争能力和赢利能力面临巨大挑战。”这与长期以来，长虹电器走“模仿”的技术创新道路而自主创新能力较差有关。

2. 知识产权异议

知识产权异议是指对他人的专利申请或商标注册申请认为不符合法律规定或侵犯自己的在先权利，可以向有关机关提出异议，以阻止他人得到授权。示范企业中一般都能运用异议制度来保护自己的权利，如彩虹电器2004年就国外一家企业在我国申请的一件专利及时提出异议，那家国外企业的专利申请最终被驳回。五粮液就韩国商标注册提出异议。

3. 知识产权无效

专利无效制度是指自国务院专利行政部门公告授予专利权之日起，任何单位或者个人认为该专利权的授予不符合专利法有关规定的，可以请求专利复审委员会宣告该专利权无效。专利无效制度“解决问题彻底。专利一旦被宣告无效，即视为自始不存在。这样，就达到釜底抽薪的效果。”（保护中国知识产权联合会，2009）地奥制药、东方汽轮机、长虹电器、攀钢集团等示范企业都充分运用这一制度对抗他人的权利主张。

4. 知识产权失效

知识产权失效是因为知识产权时效期满，或者基于如弃权、不缴纳维持费等法定原因知识产权效力丧失。失效的知识产权并不当然不具有产业价值。防御者通过文献检索，内化知识产权失效制度、弃权制度、效力制度等，及时发现具有产业价值的失效知识产权，对他人已失效的知识产权及时运用。中昊晨光在知识产权管理中使用了此种方式。二重机械也及时发现失效专利并及时实施，促进自我发展。

5. 知识产权预警

企业还可以运用专利文献检索制度，在生产、经营全过程中通过专利文献检索，进行专利情报分析，对专利风险进行警示和主动防范，从而实现专利预警。专利预警可以适用于从技术创新立项到维权的全过程，见图4－7（樊永刚、宋河发，2010）。

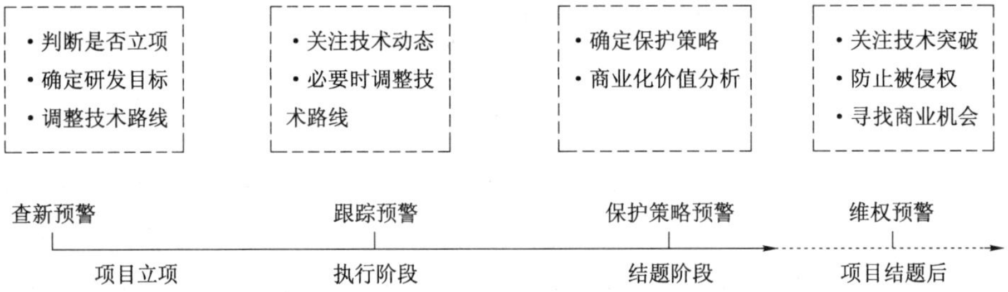

图4－7　主要预警节点的预警内容

企业建立专利预警机制可以使企业在市场竞争中赢得主动，以应对竞争对手在专利技术领域里的挑战，避免专利纠纷的发生，规避专利侵权行为，保护好自主专利权。

企业建立专利预警机制要以完备的专利信息资源、有经验的专业技术人员和法律人员为基础。因为受到企业规模的限制，要求每一家企业就建立健全完善的专利预警机制是不现实同时也是没有必要的。因此，有的示范企业积极与专注于专利预警机制业务的咨询公司进行合作，通过咨询公司提供的专业的专家技术以及相关资源密切关注专利动态，分析竞争对手现状，制订企业专利预警机制方案，尽可能降低相关纠纷产生的可能性降低企业风险。有的企业已开始意识到专利预警的重要性，并试图建立适合自己的专利预警制度。如泸州老窖的预警机制是：采取请求和重大情况通报原则，公司技术中心与中介服务机构联合设立窗口，联合科研院所、高等院校有效运用知识产权信息，提高专利保护的前瞻性和预防性。在产品研究开发、生产、经营和技术、产品的进出口等环节中可能遇到的专利法律障碍或约束问题，可以向所设窗口提出请求，统一协调市、区二级管理部门和专业中介机构提供有效的服务。

6. 知识产权救济

知识产权救济包括诉讼和行政救济等。诉讼就是通过对侵犯企业知识产权的企业提起诉讼，以维护企业相应知识产权权益。知识产权的核心权利是财产权利。专利法、商标法等对于专利、商标纠纷解决作出了系统的法律制度规定。示范企业中的丝丽雅、五粮液、长虹电器、地奥制药等企业都较好地运用了诉讼制度，如丝丽雅诉九江化纤知识产权侵权，以丝丽雅胜诉告终。五粮液诉巩某等人侵害五粮液集团有限公司名誉权案、老作坊酒厂字号侵权，有效保护了企业技术秘密、商标权、专利权和著作权等知识产权。长虹电器也积极应对电池等专利诉讼，为公司争取到了极大的经济利益。地奥制药诉昆明大庄园复混肥有限公司商标侵权案，最终胜诉。东方汽轮机早在1999年就已经充分利用了专利诉讼制度，维护了企业的合法权益。

行政救济是当自己受到侵犯时，依法通过国家行政机构对有关侵权者进行处罚等方式，保护自己的知识产权。行政救济有多种方式，比如工商部门查处假冒伪劣，海关保护等。示范企业一般都能选择行政救济的方式，比如泸州老窖除通过司法诉讼外，还通过行政救济方式保护了公司的合法权益。据统计，每年依靠各地工商行政管理部门查处侵犯泸州老窖知识产权案件在1 000件左右，避免的经济损失在2 000万元左右。彩虹电器在1995年震惊全国的“夹江打假案”中，由四川省技术监督局对有关责任者进行处罚。丝丽雅对近年发生的群体侵权态势，除运用诉讼方式外，更主要选择使用行政救济方式，如2002年初，宜宾丝丽雅公司发现山东海龙等国内近20家同行纺织企业未经许可形成的群体侵权态势，向四川省知识产权局提出了专利侵权纠纷调处请求。在四川省知识产权局、山东省知识产权局的共同协调下，双方当事人达成和解协议。中昊晨光、五粮液、攀钢集团还积极运用海关保护自己的知识产权。

但有的企业还不能较好地比较诉讼、行政救济、协商等不同救济方式，因而不能恰当地选择适合的救济方式，如有的企业商标权经常被侵害，但因侵害者众多、分散，实力较小。这使企业感觉救济成本太高。而实质上，在救济方式中，诉讼成本较高。行政救济成本较低，历时也较短。当面对侵权者较多，较分散，单个侵权者造成的损害较少时，选择行政救济是较好的方式。因此，“知识产权纠纷发生后，企业应当考虑采取什么样的策略才能最充分的保护自己的利益。……企业应当选择适当的处理纠纷的方式。”(胡开忠，2007)

此外，还有一些如专利网的建立、防卫性申请、防御商标注册等，都是防御性的手段和工具。

通过上述制度内化成的管理方法、管理手段的运用，实现知识产权“维权”：一是保护自己不侵害他人权利；二是保护自己的权利不受他人侵害。如果说后者是防止权利人权益不当减少的话，前者就是防止自己的权益不当增加。因为自己权益不当增加就意味着他人权利的被侵害，也因此会对他人承担赔偿等责任。

4.3.3.2 企业进攻型管理模式

有的学者从进攻性战略目标角度认为，“进攻性战略的基本精神就是夺取主动，以达到在竞争中压制对手，使本企业市场份额最大化。”（张沙琦，2006）有的学者则从本质认为“专利进攻战略是指积极、主动、及时地将我国开发出来的新技术、新产品在国内和国外申请专利，利用专利保护抢先占领国际市场、合法地垄断国际市场。”（宝贡敏、王国保，2007）而我们认为进攻型知识产权管理模式应当是以“创造、确认知识产权”为管理内容和管理目标，鼓励知识产权创造，以占领知识产权的制高点，抢得先机的管理模式。因此，可以将其称为“创造模式”。为激励创造，企业常常运用激励制度、专利信息检索制度等知识产权法律制度等为管理工具、管理方法和手段，推动技术的二次开发、原始创新和联合开发，以及确权。

1. 知识产权激励制度

为激励知识产权创造，四川省知识产权示范企业内化职务发明制度中的激励机制，依法建立了奖励、报酬等激励制度。坚持给予发明者奖励，并根据实施专利取得效益的一定比例给予报酬，有的企业还将创造知识产权作为晋升、职称、考核的重要依据。东方汽轮机还努力探索以专利技术入股以及采取期股、期权等方式奖励职务发明人。中昊晨光建立专项基金，设立了奖励与报酬资金，表彰奖励在知识产权工作作出贡献的科技工作者，如支付给职务发明人报酬最高可达转化收益的35%。这些制度和措施都充分发挥专利制度激励机制，最大限度调动科技人员发明创造积极性，有效地推动了科技创新。

2. 文献检索制度

运用专利文献检索制度，可以建立相应的专利信息检索制度和相应的信息平台，为知识产权创造提供支撑。专利文献包含大量从其他途径无法查到的信息。通常包含三类信息，即技术信息、法律信息和商业信息。通过技术信息，企业可以自己寻找到合适的技术并选择最佳方案，也为企业进一步的研究开发活动指明了方向，从而可以节省时间、资金和人力，避免重复研究。法律信息可以让企业通过对他人已经或正要产生的专利权进行检索，据此判断自身生产和销售计划中正在开展的活动哪些受到了竞争对手的专利权限制，以决定解决办法。商业信息是通过著录项目中的申请人或专利权人可以了解到有关企业的专利情况、有效专利数量等，从而分析其研究技术动向、产品动向和市场动向，并根据同族专利数量及国别，了解到其经济势力范围（王瑜、王晓丰，2007）。因此，检索专利文献，应当运用于创造发明前、创造发明中，以及创造发明后。为此，二重机械、地奥制药、东方汽轮机等单位建立了自己的专利信息检索平台、中外专利信息数据服务平台等，通过专利文献检索制作专利地图，或作专利战略分析，为科技创新提供信息支持。

3. 知识产权引进制度

知识产权引进包括但不限于专利技术的引进。积极引进技术，进行二次开发。二次开发从技术创新的角度来说，是引进、吸收、消化再创新的活动和过程。除此之外，还包括国外驰名商标的被许可、联营，计算机软件等著作权、其他知识产权引进等。从法律制度的运用来说，是运用了专利法中的专利转让、专利许可、反向工程制度，将通过转让、许可使用的技术进行改进，或通过反向工程形成新的技术方案。专利二次开发不是简单地复制或拷贝一项专利技术，而是借助于已公布的专利技术文献资料和实物技术，投进大量的心血、智力和精力，学习、研究该项专利技术，然后提出新的技术设计或改造途径，因此，它也是一种创造发明，并且相对于原始创新，是一种低成本的、快捷的创新发明途径。示范企业中的光明光电、二重机械、东方汽轮机、龙蟒集团等企业都以或曾以二次开发为创新方式。在全部样本企业中，有 22% 的企业运用了二次开发方式。

4. 自主知识产权制度

自主知识产权主要是指企业集成创新和原始创新。二重机械的“十一五”发展战略规划确立了自主创新发展之路，强调从投资拉动型向创新驱动型转变。加强集成创新和原始创新，如二重机械作为热连轧精轧机上对板型凸度进行高精度控制的后来者，面临着国外热连轧精轧机上对板型凸度进行高精度控制第一代技术的专利壁垒，二重决定自主研制热连轧精轧机上对板型凸度进行高精度控制的第二代专利技术——“轧机弯辊串辊装置”。项目组充分利用专利信息资源，有效规避技术壁垒，实现了研究开发的高起点。成飞工业、中昊晨光、四川大学等一批企业都主张集成创新和原始创新，以实现发明创造在创造性、新颖性上显著超过现有技术。

5. 知识产权合作制度

《专利法》第 8 条规定合作发明制度。合作发明在技术开发方式上可称为合作开发，是通过不同的创新主体所掌握的专业知识，集集体之智慧，实现创新。合作开发可以有效地整合、利用各创造主体已有研究成果、研究力量，达到在短时间内集中力量攻坚的目的。因此，成飞工业、东方汽轮机、二重机械、眉山车辆、康弘药业、攀钢集团等示范企业都内化合作发明制度，重视合作开发，并且 89% 的企业依法在合同中事先约定了发明创造的权利归属，仅 11% 的企业约定根据具体情况协商。

6. 知识产权综合保护制度

企业需要充分运用知识产权制度进行确权和构建知识产权体系，即通过专利权申请制度、商标注册制度、著作权登记制度等，对自己创造的知识产权及时予以确认。有的企业还通过自觉意识，在充分了解不同类别知识产权特性后，构建企业知识产权体系，包括不同类别知识产权体系，同类别知识产权体系，以及不同类别知识产权相互转化确权保护的体系。

4.3.3.3　企业进攻防御结合型管理模式

进攻防御结合型管理模式，将进攻与防御融会贯通，一方面通过内化“进攻型”的激励制度、专利文献检索制度等，促进知识产权创新，完成创造和确权；另一方面通过内化防御型的实施、许可、转让制度，异议、无效、时效制度，以及救济制度，确保知识产权的保护。（饶世权、陈家宏，2012）

调查表明，地奥集团、二重机械、迈普通信、光明光电明确采取进攻和防御结合型管理模式，以知识产权“经营”为管理理念，将知识产权与技术研发方向、企业经营活动、产业结构升级等相结合。

4.4 示范企业知识产权管理模式态势

本节对示范企业知识产权管理模式研究从类别型、阶段型与特色性进行小结。

4.4.1 类别型知识产权管理模式态势

家用电器、机械制造、文教科研等行业的示范企业内化知识产权制度为管理理念、管理制度，并贯穿知识产权创造、运用和保护全过程，形成了一些较为稳定的具有特定行业特点的类别型知识产权管理模式，体现了不同行业的特殊知识产权能力，可以从相应的指标作出评价（见表4－8）。

表4－8 行业模式发展状况比较

行 业	模 式	主要评价要素	内化较好企业
家用电器	产品差异化	不同产品专利权 同类产品外观设计专利权 从属商标 等级商标	九洲电器
	标准化	标准总量 国际标准量 国家标准量 行业标准量 企业标准量	九洲电器、长虹电器、彩虹电器
机械制造	专利地图	专利技术地图 专利管理地图 专利权利地图	二重机械
	军民结合	国防专利权 国防专利权民用化	成飞工业
文教科研	自主创新	模仿 二次发明 集成创新 原始创新 激励制度	四川大学、中昊晨光
	技术市场产业化	知识产权许可 知识产权转让 知识产权入股 知识产权质押	中昊晨光

从表4－8中可以看出，类别型知识产权管理模式，及其体现的行业特殊知识产权能力发展不均衡，表现在两个层面。

第一层面是不同行业之间发展不均衡。除上述的家用电器、机械制造、文教科研行业外，其他行业尚未形成较为显著的具有行业特性的类别型知识产权管理模式，尚未形成行业的特殊知识产权能力。

第二层面是行业内不同企业之间特殊知识产权能力发展不均衡，主要表现为：家用电器行业的产品差异化模式中，九洲电器较好地内化了商标注册制度、等级商标、从属商标制度，而长虹电器、彩虹电器内化程度较低，虽然也坚持产品差异化，却没有通过从属商标、等级商标等方式将其表现出来，而采取了“单一商标模式”，即“无论企业生产单一产品还是跨行业的多种产品，企业都只使用一件商标”，虽然“单一商标模式有利于商标的管理，不至于因商标数量太多而导致问题。同时单一商标策略还可以利用在市场上已经知名的商标推销新产品。消费者对某种产品商标的认同往往会波及该商标下的其他产品，认为某商标的某种产品好，其他产品也好”。但“单一商标模式的弊端也是显而易见的。首先，如果在其他产品上使用了已经驰名的商标就要求其他商品与该商标代表的商品质量一致。如果多种商品使用同一商标，一旦某种商品质量出现问题，就会影响整个商标的信誉。其次，单一商标模式中，商标的使用范围受到限制。”（保护中国知识产权联合会，2009）因此，长虹、彩虹应当思考如何将产品差异化的信息传递给消费者。机械制造行业虽然已经开始通过内化专利文献检索制度，制作专利地图，并且尝试各种制作方式。但这类企业的专利地图主要是技术地图和权利地图，而较少有管理地图。有的企业如东方汽轮机、成飞工业缺乏“专利地图”概念，这说明东方汽轮机、成飞工业对“专利地图”的概念还不清楚。显示出同行业内化知识产权制度为专利地图管理模式的水平并不均衡。文教科研行业的中昊晨光较好地内化许可、转让制度形成了技术市场产业化模式，而四川大学内化程度较低。由于我国技术市场的不成熟，文教科研类单位在技术市场产业化方面一直面临着困境，中昊晨光因为更多强调应用、开发研究，对市场的需求了解较充分，技术交易相对较顺利。但我们注意到，它们主要是通过自己的行业渠道进行“一对一”或“一对二”的技术交易，而一般并不是通过公开的“一对多”的技术市场进行交易。四川大学则因为高校的特殊性，使得其更需要通过公开的“一对多”的技术市场进行交易，但目前却没有成熟的公开市场，因而使得四川大学的技术市场产业化面临更大的困难。

不均衡的主要原因是内化知识产权制度的自觉性和制度内化程度不同。

4.4.2 阶段型知识产权管理模式态势

根据四川省知识产权示范企业阶段型管理模式的研究，可以看到，不同的示范企业处于不同发展阶段，适用不同的阶段管理模式，呈现不同的知识产权能力（见

表4－9）。其中：80%以上的示范企业尚处于Ⅰ型管理模式或Ⅱ型管理模式，仅有19.0%的示范企业具有Ⅲ型管理模式的特征。尚无企业是Ⅳ型管理模式。

表4－9　示范企业阶段型知识产权管理模式

<table>
<tr><th rowspan="3">阶段</th><th rowspan="3">各阶段企业与样本企业比（%）</th><th colspan="8">主要评价要素及示范企业的状况</th></tr>
<tr><th rowspan="2">管理理念（自觉化）</th><th rowspan="2">管理制度（综合化）</th><th rowspan="2">管理组织（体系化）</th><th colspan="5">知识产权创造、运用和保护</th></tr>
<tr><th>数与质</th><th>组合化</th><th>标准化</th><th>商品化</th><th>国际化</th></tr>
<tr><td>Ⅰ型</td><td>4.8</td><td>自发性</td><td>无</td><td>无</td><td>求数量</td><td></td><td></td><td></td><td></td></tr>
<tr><td>Ⅱ型</td><td>76.2</td><td>初步自觉</td><td>战略规划单一</td><td>有</td><td>数量为主兼求质量</td><td>特色化</td><td></td><td></td><td></td></tr>
<tr><td>Ⅲ型</td><td>19.0</td><td>高度自觉</td><td>战略规划综合</td><td>较健全</td><td>求质量</td><td>体系化</td><td>参与国际、国家</td><td></td><td></td></tr>
<tr><td>Ⅳ型</td><td>0</td><td>高度自觉</td><td>战略综合规划</td><td>内部健全，外部知识产权联盟</td><td>求质量</td><td>综合化</td><td>参与并引导国际、国家标准</td><td>特许、资本化等</td><td>较高的国际知识产权数与质</td></tr>
</table>

注：凡空格表示该评价要素不是相应阶段型管理模式的评价指标。

示范企业中的76.2%处于Ⅱ型管理模式，具有Ⅲ型、Ⅳ型管理模式的某些特征，显示出这些企业具有由Ⅱ型向Ⅲ型管理模式发展的趋势。这些企业应当明确不同阶段管理模式的特征，以此为评价指标，对本企业当前的知识产权管理模式和管理能力作出判断，进而自觉内化知识产权制度，增进内化的广度、深度和高度，明确管理理念，完善管理制度和管理组织，确定科学、合理的知识产权战略，提升企业知识产权能力，推进企业知识产权管理模式。

示范企业中虽尚无真正处于Ⅳ型管理阶段的企业，但我们提出知识产权管理顶级阶段的标准和顶级阶段知识产权管理模式，就是明确指标，引导示范企业提升知识产权能力。

此外，示范企业Ⅳ型管理模式各项指标的实现，需要加强企业自身和社会多方面的建设。比如，示范企业的战略综合规划方面做得还不够，需要通过引入专家智慧，以及政府知识产权管理部门的智力，不断提升企业这方面的知识产权能力。又如，在知识产权商品化中，中介服务具有举足轻重的作用。“在市场经济条件下，知识产权中介服务机构成了促进科技与经济结合，将研发、推广与应用联系起来的桥梁和纽带。因此，要积极发展知识产权代理、评估、交易咨询和诉讼等中介服务机构，提高服务水平、拓展服务功能。”（刘雪凤，2010）但技术市场和中介服务制度与机制的建设不是仅凭借单个企业就能完成的，而仰赖于国家、政府、市场各方主体的共同努力。再如，在国际化发展中，四川省示范企业知识产权国际化发展也遭遇制度、成本困境。尽管有关专利国际申请和国外申请制度已建立起来，但是制度的实际运行常常并非易事，有的专利国外申请经历了很长时间也不能得到核准；许多企业纷纷表示 PCT 申请成本太高，一件 PCT 申请费用可能达50 万元，提出希望政府资助。同时，示范企业要加强知识产权国际化发展，尚需要国内制度建构以促进其知识产权国际化发展的动力，需要提升行业的知识产权管理能力，让企业从关注自身知识产权国际化发展转向整个行业知识产权国际化发展等。

4.4.3 特色型知识产权管理模式态势

示范企业内化知识产权制度，在知识产权创造、运用和保护中综合形成了由管理理念、管理制度与管理组织构成的资源型与技术型、后来者突围与先到者持续创新型、进攻型与防御型、进攻防御结合型等比较成熟的知识产权管理模式。

4.4.3.1 资源型管理模式与技术型管理模式的态势

通过上述研究，四川省知识产权示范企业运用资源型管理模式和技术型管理模式状况如表4－10：

表4－10 示范企业运用资源型管理模式与技术型管理模式的比较

模式	主要企业	主要评价要素			示范企业管理模式状况
		确权方式	客体	知识产权组合	
资源型	攀钢集团、龙蟒集团、川庆钻探、五粮液、泸州老窖、高金食品、地奥制药、康弘药业	专利权、商业秘密权、商标权、著作权、集成电路布图设计权，以及地理标志、动植物新品种权，以及遗传资源权	资源开采、使用、销售	适合矿产资源垄断型的专利主导型	攀钢集团、川庆钻探在国际化发展过程中正向专利商标并重主导转化
				适合于地理因素资源型的地理标志、商业秘密、商标专利并行主导型	五粮液、泸州老窖正在完善商业秘密、商标专利并行主导型
				适合于一般资源型的专利商标并行主导型	高金食品尚未完成专利商标并行主导型的构建，地奥制药在发展中有波动
技术型	中昊晨光、长虹电器、彩虹电器、九洲电器、迈普通信、光明光电、眉山车辆、二重机械、东方汽轮机、成飞工业	专利权、商业秘密权、著作权、集成电路布图设计权	远离自然资源	专利商标并重主导型	长虹电器、彩虹电器等正从商标主导型向专利商标主导型转化；光明光电、东方汽轮机、成飞工业、二重机械等正从专利主导型向专利商标并重主导型转化

显然，四川省知识产权示范企业内化知识产权制度的多少、程度与制度价值认识在资源型企业和技术型企业之间存在差异。资源型企业能较好地内化知识产权制度，建立适合自身资源特色的知识产权组合，形成资源型管理模式。而技术型企业相对而言，内化知识产权制度有明显差异性，虽然初步形成了技术型管理模式，但许多技术型企业尚不能恰当地建立适合自身技术特性的知识产权组合，没有并重专利和商标，而出现专利主导型或商标主导型的单一主导型知识产权组合。

在知识产权体系的构建上，示范企业尚不能自觉地，有意识地内化知识产权制度以构建适合自身资源特性或技术特性的知识产权组合，并有意识地将知识产权组合提升为知识产权体系，显示出四川省知识产权示范企业内化知识产权制度的高度、深度、宽度仍需要提升。

4.4.3.2　后来者突围模式与先到者持续创新模式的态势

通过研究，四川省知识产权示范企业运用后来者突围模式和先到者持续创新模式的现状如表4－11。

表4－11　示范企业运用后来者突围和先到者持续创新模式的比较

模式	主要评价要素		示范企业管理模式的状况
后来者突围模式	专利权突围	成熟技术改进型	丝丽雅较好
		成熟技术引进型	光明光电、东方汽轮较好
		新兴技术锲入型	地奥制药较好
		引进与新兴技术锲入结合型	长虹电器、二重机械较好
	商标权突围	打造自己的知名、著名、驰名商标	地奥制药、长虹电器较好
	知识产权组合	专利商标并重主导型	地奥制药开始即采取商标与专利并重主导模式；长虹电器、迈普通信先以商标为主导，逐渐重视专利，形成专利商标并重主导型；二重机械、成飞工业、中昊晨光最初以专利为主，而逐渐重视商标，形成专利商标并行主导模式
先到者持续创新模式	专利持续创新	持续创新能力	地奥制药的心血康技术，二重机械的重型机械技术，东方汽轮机的长叶片轮机技术
		持续创新行为	
	商标持续创新	持续宣传、创造	地奥制药国内先重视商标，后弱化商标，重视持续创新。
	知识产权组合	专利商标并重主导型	东方汽轮机、龙蟒集团、光明光电等先到者重视技术的持续创新而不重视商标的持续宣传、创新。尚待形成专利商标并重主导型知识产权组合

从表4－11中可以看出，四川省知识产权各个示范企业内化知识产权制度的差异，使得运用管理模式的广度、深度、高度不均衡：首先，在后来者突围型模式中，二重机械、地奥制药、龙蟒集团、东方汽轮机等作为后来者，能够充分利用后来者优势通过引进——创新，进而自主创新，实现专利的突围。尽管最初二重机械、龙蟒集团、东方汽轮机等不太重视商标，但今天，这些企业已经实施或开始实施商标突围，形成或正在形成专利商标并重的知识产权组合。但有的企业如高金食品、康弘药业等后来者强化商标突围，而弱化了专利突围。其次，在先到者持续创新型模式中，二重机械、地奥制药、龙蟒集团等作为某项技术的先到者，能够发挥先到者优势，克服先到者的“创新惰性”劣势，实施持续创新。但有的企业最初坚持专利商标并重主导的知识产权管理模式，如地奥制药，但在国内成功之后反而退化到专利主导型，即弱化了商标的持续创新。最后，有的示范企业形成了明确的管理模式，但有的企业至今没有明确自身管理模式是后来者突围型还是先到者可持续创新型模式。

4.4.3.3 进攻型管理模式、防御型管理模式与进攻防御结合型管理模式的态势

研究表明，四川省知识产权示范企业内化知识产权制度的自觉性、系统性差异，知识产权管理理念存在差异，运用的管理手段、方法模式发展不均衡：有的企业如长虹电器采取单纯的防御型管理模式，妨碍了其技术创新；有的企业如攀钢集团则采取单纯的进攻型管理模式，技术和专利权被他人侵害较为严重。大多数企业虽然混合使用了防御、进攻的某些措施，但管理理念、制度和手段、方法仍不明确（见表4－12）。

表4－12 企业防御型与进攻型知识产权管理模式比较

模式	主要评价要素			代表性示范企业
	管理理念	管理措施	知识产权创造运用与保护	
防御型	维权	运用受许受让制度、异议制度、无效制度、失效制度、预警制度、救济制度	知识产权保护	长虹电器
进攻型	确权	运用激励制度、文献检索制度、引进制度、自主创新、合作开发制度，制度体系等	知识产权创造	攀钢集团

研究也表明，示范企业单纯的防御型管理模式不仅不利于企业知识产权的运用，而且制约企业知识产权的创造；单纯的进攻型知识产权管理模式虽然促进了自主性创新，形成了自己的自主性知识产权，但是很难确保创新的持续性。单纯的进攻和防御型管理模式也不利于知识产权的使用，阻碍企业知识产权能力的提升。进攻防御结合型模式消

除了单纯进攻型或单纯防御型管理模式的弊端，（饶世权、陈家宏，2012）充分运用知识产权作为营利模式，让“技术创新者因此获得专利技术研发成本的补偿与高回报，激发了技术成果权人的积极性和创造性，进而进行新一轮的技术创新”（陈家宏，2010），创造更多知识产权，从而形成知识产权创造—运用—保护的良性循环（见表4－13）。

表4－13　企业单纯的防御型、进攻型与进攻防御结合型的管理模式比较

模式	主要评价要素			代表性示范企业
	管理理念	管理措施	知识产权创造运用与保护	
防御型	维权	运用受许受让制度、无效制度、异议制度、无效使用制度、救济制度	知识产权保护	长虹电器
进攻型	确权	运用激励制度、文献检索制度、合作开发制度、自主创新制度等	知识产权创造	攀钢集团
进攻防御结合型	确权、用权、维权	全面、系统内化知识产权制度	知识产权的创造、运用和保护	地奥制药、二重机械、迈普通信、光明光电

综上所述，示范企业应当清醒地认识到单纯进攻型模式或单纯防御型模式存在的不足，加强知识产权制度内化的自觉性和系统性，树立知识产权“经营”观念，将知识产权与技术研发方向、企业经营活动、产业结构升级等相结合，致力于建设进攻与防御结合型管理模式，提升示范企业确权、用权、维权的知识产权能力。要采用进攻与防御结合型管理模式，就必须内化知识产权制度，并且内化的多少、程度与价值认识需要达到足够的广、深和高。

第 5 章　研究的基本结论与对策

从知识产权制度企业内化的视角来说，企业知识产权能力是指企业通过学习、内化知识产权制度，将企业知识产权资源与其他资源整合，形成知识产权管理理念、配置知识产权管理机构和人员、创设知识产权管理制度，促进专利、商标、著作等知识产权客体创造、运用与保护的一种谋求市场优势的能力集合。企业知识产权能力由管理结构和管理过程两方面构成。企业知识产权能力管理结构表现为知识产权先进管理理念的形成、知识产权合理管理机构和人员的配置与知识产权有效管理制度的建立健全；企业知识产权能力管理过程是知识产权的创造、运用、保护的整个管理活动过程。

本章依据知识产权制度企业内化理论与第 2、3、4 章的研究，概述本书对四川省知识产权示范企业知识产权管理态势、制度运用案例和管理模式研究的基本结论，并继而在研究结论的基础上提出提升企业知识产权能力的对策。

5.1　研究结论

5.1.1　示范企业知识产权管理态势

5.1.1.1　示范企业知识产权发展趋势

本书研究表明：各示范企业知识产权发展状态整体良好，重视发展知识产权，具有一定量、质与不同类型的知识产权，主动运用知识产权进行产品、产业更新换代，提升了市场竞争力；示范后知识产权成绩显著，政府推动作用彰显、行业协会作用独特；积极响应国家知识产权战略，实践创新型国家建设。示范企业知识产权管理在示范建设中取得显著成绩的同时，也还不同程度地存在一些问题。如知识产权质与类有待提高，部分示范企业存在对知识产权认识单一、管理被动的现象。

同时，各示范企业知识产权呈现出不同特点：专利拥有量普遍较多，并且具有特色，核心竞争力有待提升；知识产权发展行业差距大、特色明显，但还未形成显著的知识产权行业优势；知识产权类别增多，但发展不太均衡。

5.1.1.2　示范企业知识产权能力水平

本书研究表明：管理理念上，示范企业知识产权意识增强，重视企业领导的知识产权理念培育，提出领导者、决策者对知识产权的重视是顺利开展知识产权管理的关键，领导重视知识产权；重视企业员工知识产权知识普及，进行员工知识产权培训，乃至全员培训，员工知识产权知识得到普及；重视企业知识产权文化形成与建设，重视知识产权文化时间愈长，效益愈明显，一定程度地形成了知识产权文化。管理组织上，示范企业知识产权工作有领导、有机构、有人员、有合作（与第三方），建立了知识产权网络管理体系，不仅设置合理的机构和配备相关人员，还与其行业属性、自身特点与规模相适应，与知识产权中介、第三方有合作。管理制度上，示范企业知识产权工作有制度、有机制、有经费，不仅制定了知识产权管理制度，而且制度较为健全，涉及各方面、各个阶段与各个环节的知识产权管理，形成了良好的创新激励机制，有专门的知识产权经费保障。

示范企业知识产权能力结构趋于完善与成熟的同时，也存在需要建设的方面：有的企业，知识产权工作远未成为主要领导的工作组成，也未成为企业重要工作的组成部分，知识产权意识远未深入员工、领导、企业文化；部分企业知识产权管理机构设置不甚匹配，职责不明、目标不清，管理队伍缺乏专业知识、忽视建设；少数示范企业知识产权管理制度仍停留在仅仅是制定，流于形式、应付，实施不到位，激励不落实。

5.1.1.3 示范企业知识产权能力运行

本书研究表明：示范企业知识产权原始创新能力强。示范企业以主营业务相关的自主创新为主要技术创新模式，自主创新与企业主营业务相结合；重视早申请、多登记，创造与申请相结合，自主创新与知识产权管理相互促进；示范企业具备知识产权运营能力，不仅以自行主动实施的方式实施知识产权，而且通过许可、转让使用知识产权，以及进行知识产权入股、融资、质押等；示范企业知识产权保护意识强，有完善的知识产权保护制度，有专门的知识产权保护机构或委托机构与人员，有专门的维权经费、维权网络体系等。

同时，示范企业知识产权能力运行也存在一些问题，如对确权不重视、不及时，确权形式单一，知识产权闲置、利用率低，使用方式单一，运营不充分，缺乏知识产权法律专门人才，救济措施不足等。

5.1.2 示范企业运用知识产权制度

通过对示范企业运用知识产权制度案例分析及其评析揭示：示范企业内化知识产权制度的广度，对知识产权制度内容多少的把握，主要体现为专利制度、商标制度和其他知识产权制度。具体包括专利确权、专利用权、专利维权制度，商标的确权、使用与保护，以及软件（著作权）登记制度、商业秘密制度等其他知识产权等 28 个子制度；示范企业内化知识产权制度的深度，对知识产权制度规则的运用，体现为示范企业知识产权管理部门及其人员对知识产权制度规则的正确认识与准确理解，以及能很好地运用知识产权制度规则，能够举一反三、融会贯通，能够对知识产权制度规则及相关制度进行综合性的系统运用；示范企业内化知识产权制度的高度是对知识产权制度价值的认识，反映为“知识产权保护只是知识产权法运行的中间过程，促进知识创造和知识扩散，促进技术、知识和信息的交流与利用，从而促进社会经济发展、科学和文化进步才是知识产权法的终极目的”，从而发展企业知识产权能力，促进企业核心竞争力的形成。

当然，对知识产权制度学习、内化程度以及对其价值的认识有一个过程，不同的示范企业有不同的情况、不同的内化程度、不同的阶段以及不同的知识产权能力，相应的需要进行相应的建设。如拓展知识产权知识、增强知识产权运用能力与深化知识产权价值理解等。

5.1.3　示范企业知识产权管理模式

通过对示范企业知识产权管理模式进行研究认为：不同类型企业的资源状况、生产经营产品或服务对象不一样，对知识产权的要求、侧重不一样，知识产权制度内化、运用所形成模式有差异。示范企业知识产权管理形成了：家用电器类产品差异化和标准化模式；机械制造类企业专利地图与军民结合模式；文教科研类企业自主创新与市场产业化模式。示范企业处于不同发展阶段，实力、技术需求程度不同，其对知识产权制度内化、运用所形成的模式明显有差异，大致可分四个不同发展阶段，对应有四类不同阶段管理模式：Ⅰ型管理模式，Ⅱ型管理模式，Ⅲ型管理模式和Ⅳ型管理模式。示范企业对知识产权重视、运营到一定阶段、一定程度，会根据各自不同需求、发展目标，形成相对成熟、具有一定特色和优势的知识产权发展模式：资源型模式与技术型模式，后来者突围模式与先到者持续创新模式，防御型与进攻型、进攻防御结合型模式。

对示范企业知识产权管理模式进行研究的结果表明：不同类别、不同状态（文化、历史、技术依赖性、实力等）企业，知识产权管理模式是不一样的；不同模式企业管理知识产权内容、对知识产权制度的运用水平与能力是有差异的；示范企业知识产权管理模式主要处于Ⅱ型管理模式向Ⅲ型管理模式发展过程，少数示范企业具有Ⅳ型管理模式的部分特征；不同阶段的管理模式的特征、内容与目标是不同的。

5.2　提升企业知识产权能力的对策

5.2.1　提升示范企业知识产权能力的对策原则

5.2.1.1　政府一起推动

“20世纪80年代初期，中国再次奋起保护知识产权的热情，开始法律重建工作。这次重建的理由，与其说是来自知识产权保护自身的需要，毋宁说是由于外来经济和政治压力的结果。”知识产权制度是典型的外来制度与文化。知识产权是私权，是为了对知识产权权利人的创新给予的保护，强调社会对他人知识、智力成果的尊重。但是，中国从董仲舒“罢黜百家，独尊儒术”开始，古代中国社会渐渐形成的是以向社会大众无偿地传授知识为己任的儒家文化。这种千年历史形成的文化氛围使人们当然地认为知识不属于私人财产的范畴。

新中国成立后，我们建立的是以公有制经济为基础的上层建筑，强调的是国家和集体的利益，强调的是每个人的发明创造与国家和集体乃至前人、他人是分不开的，以致可以任意使用他人知识、智力成果，更没有“使用付费”的意识。中国知识产权法律在实施过程中遭到了中国传统文化观念的抵制。大多数企业则表现为企业技术研发、发明成果及其保护、知识产权管理等是企业“自己、内部”的事，国家制定专利制度及其实施是国家的事，两者是“两张皮”；同时，绝大多数企业不知道，也不会自觉主动学法、知法和用法来促进企业技术创新、发明成果及其保护。还表现为即使在专利权利被侵害、不得不保护自身权利的诉讼时，或者因侵权被他人起诉时也只是意识到专利法的存在，在诉讼中也不相信或不完全相信能通过法律来救济，而是寻求法律外的传统人情、权力来解决。显然，专利制度这种外来文化与中国传统文化汇集成专利制度的“法律文化二元结构”的偏好，束缚着人们将专利制度内化为自己的信念与行为。

在一个既没有知识产权传统又没有知识产权氛围的社会里，指望知识产权法律及其意识的自发形成是不现实的。“中国引进知识产权法的根本动机是来自对外开放政策的驱使，中国需要对外贸易，吸引外资以及从西方获取迫切需要的技术和设备”。中国政府主导推进知识产权制度的成绩也是显著的。实践证明这种以政府主导推进先进外来文化与传统文化结合的目标模式，在我国不仅是可行的，还是必要和有效的。为此，现阶段充分发挥政府的行政优势推进知识产权及其保护，倡导发展知识产权文化，不失为一种良策。

示范企业知识产权管理态势研究也表明，政府通过支持、服务示范企业的知识产权管理推动国家知识产权战略的实施，政府主导在企业重视、加强知识产权能力建设方面起着重要、不可或缺的作用。

5.2.1.2 企业为主体

企业就是由于分工而产生的效率形成的生产组织；组织内部分工则使各生产阶段分化、独立，由此推动了社会分工的发展。企业总有一定的利益目的。“利益目的”包括“营利”、“利润”、“社会利益”等。企业是市场主体，因为市场竞争而进行技术创新，企业也是知识产权创造、运用与保护主体，而且某种意义上说是知识产权运用（市场化）的唯一主体。因此，效益是企业创造、运用与保护知识产权的最高目标。

同时，企业也是知识产权法律实施与实效、政府知识产权政策落实的重要主体，是知识产权中介服务接受主体。企业内化是企业将外部的知识产权制度变迁为内部专利管理的活动或过程，既是政府所推动，更是企业出自新的获利机会，或者获得对现有收入进行再分配或重新分配的经济优势，主动采取的学习、优化管理，提升绩效的行为。一方面，知识产权法律不同于其他法律，既是事后定纷止争的依据，更是促进人们创造发明的事前鼓励制度；另一方面，任何知识产权促进政策、完善对策与服务都必须通过企业发挥作用。示范企业知识产权能力研究也表明，只要企业认识到知识产权创造、运用与保护有利企业发展，有利企业提升市场竞争力，有利企业“利益目的”，企业就会积极、主动运用知识产权制度；企业掌握了知识产权制度，就有利知识产权制度的实施与实效的提高。

5.2.1.3 法律制度是核心

专利制度是保护专利权人权利，促进技术发展的有关专利产权的制度。专利制度企业内化是通过发挥企业专门化生产组织的特性和内化产权功能，获得、行使和保护企业专利产权的活动和过程。企业专利管理过程是一个专利产权安排、产权运行的过程，即专利制度被企业内化的过程。换言之，知识产权制度决定知识产权管理，管理服从和依赖于产权。无产权安排，就不会有管理，无管理则无产权运行，无知识产权管理也就无所谓知识产权效益。知识产权制度（表现为一定的产权安排）对企业知识产权管理及其绩效起基础性、最终决定性作用，但它要通过知识产权管理活动，即在企业产权安排和运行过程中才能发挥作用。

示范企业知识产权能力研究充分表明：示范企业学习、内化知识产权，知晓、掌握与运用知识产权制度越多，其知识产权效益越好。因此，知识产权制度企业内化为知识产权管理，法律制度是企业知识产权能力的内核。

5.2.1.4 内化制度系关键

企业知识产权能力，是企业不断内化知识产权制度，促进知识产权创造、运用、保护的能力，具有法律性、经济性。知识产权制度是保护知识产权人权利，促进科学技术、文化艺术发展繁荣的有关产权制度体系。知识产权制度企业内化是企业通过发挥其专门化生产组织的特性和内化产权功能，将外部的知识产权制度变迁为内部知识产权管理，获得、行使和保护企业知识产权的活动和过程。同时也是企业知识产权能力的形成和提升过程。企业知识产权能力运行过程是一个知识产权安排、产权运行与增值的过程，亦即知识产权制度被企业所内化的过程。新的获利机会，或者获得对现有收入进行再分配或重新分配的经济优势，是企业内化知识产权制度的动力，也是企业知识产权能力之源。“一套鼓励技术变化，提高创新的私人收益率，使之接近社会收益率的系统的激励机制，仅仅随着专利制度的建立才被确立起来”。知识产权制度（表现为一定的产权安排）内化程度对企业知识产权能力起基础性、最终决定性作用。同时，要强调的是知识产权制度为制度资源，经济上是高投入、高风险性和高收益性的统一。为此，企业需要不断加强对知识产权制度的学习和实践以建设其知识产权能力：促进企业尤其是企业负责人、专门管理人员对知识产权制度知识的全面掌握，拓展知识产权制度企业内化的宽度；加强知识产权制度企业的运用，增进知识产权制度企业内化的深度；深化企业对知识产权价值的理解，提升知识产权制度企业内化的高度。

5.2.2　提升示范企业知识产权能力的对策措施

示范企业自示范后，知识产权成绩显著，知识产权管理整体水平明显提高，知识产权创造、运用与保护能力得到极大提升，知识产权管理状态主要处于Ⅱ型管理模式向Ⅲ型管理模式发展过程，少数示范企业具有Ⅳ型管理模式的部分特征。同时，示范企业知识产权管理也不同程度地存在性质不同、种类不同的问题。提升企业知识产权能力的关键是促进知识产权法律企业内化，为此，本部分在依据相关理论、研究结论和上述政策原则的基础上，结合研究的示范企业的具体问题，提出发挥企业自主内化、政府促进内化、第三方主体（专家、中介、协会等）协助内化，提升企业知识产权能力的针对性对策。

5.2.2.1　企业自主内化的措施

1. 摸清家底，从实定位企业知识产权能力状态

研究表明，不同类别的企业知识产权状况不同，对知识产权管理也有不同需求，知识产权法律的运用情况不同，管理模式各异；同时，不同行业、不同文化、不同经济实力与科技依赖性的企业，尤其是处于不同发展阶段的企业，知识产权管理模式有显著差异；不同阶段的管理模式对政策支持、中介服务、专家指导的需求也不同。为此，提升企业知识产权能力首先应当做的是从企业知识产权能力水平、能力状况等方面切实摸清家底，要反复深入调研企业知识产权种类、结构、需求、趋势等，评估企业知识产权能力与水平等，明确所处阶段，明确能做什么、要做什么，避免盲目，科学定位。

2. 尊重规律，科学确定服务企业主营业务的知识产权发展目标

明确知识产权发展的目标是要在清楚企业自身知识产权能力的基础上，尊重知识产权发展的自身规律；更为重要的是，企业知识产权发展必须服务、服从于企业主营业务的经营与发展，确定切实可行的知识产权发展目标。不顾知识产权自身发展规律确定企业知识产权发展目标是不科学的，也是枉然的。如三五年内打造出两三个驰名商标是可笑的；同时，离开企业自身经营与发展的需要，孤立地规划知识产权发展目标也是枉然的，应当将企业知识产权发展规划纳入企业发展规划之中。

3. 倡导与形成知识产权主导理念是先导

观念是行为的先导，是知识产权制度和制度实现的中间环节和纽带，在很大程度上影响着人们的创新实践活动。企业先进的知识产权理念在某种意义上说就是企业家的知识产权理念、知识产权主导企业发展的理念。在经济学理论中，特别是在以“熊彼特经济学”为代表的创新经济学中，企业家具有特别重要的地位，企业家最主要的功能就是

创新。企业家应充分认识到，当今世界随着科技发展和经济全球化进程的加速，知识产权的营运与保护已成为一个企业乃至一个国家在竞争中取得优势的关键因素。只有企业家认识到知识产权创造、运用与保护有利于企业发展、有利于企业提升市场竞争力、有利于企业“利益目的”，企业家才会积极、主动学习知识产权制度、掌握和运营知识产权制度。形成知识产权主导企业发展的理念，主要是加强企业知识产权文化建设，尤其是企业家的知识产权理念、员工知识产权意识培养。企业文化、员工意识与企业家理念不一致或脱节时，企业家理念远远超前或滞后企业文化、员工意识，都无益于企业知识产权能力的提升。

4. 梳理与落实符合需求和法律的知识产权管理制度是基础

企业知识产权管理制度既是企业学习、理解与实践知识产权制度及其程度的反映，更是企业自身发展的需求。企业知识产权管理制度如果与企业及其知识产权实际相脱离，既难得到实施，也难促进企业知识产权的发展；符合企业发展需求的知识产权管理制度是企业提高其知识产权能力的现实保障，具有可操作性、效益性。企业知识产权管理制度如果与知识产权制度不一致甚至相违背，企业不仅不能很好地利用知识产权制度资源提升其市场竞争力，而且还存在违法成本与法律责任的承担；遵守知识产权制度是企业建设其知识产权能力机制的法律保障，企业知识产权管理制度才具有权威性、稳定性。一方面，企业制定知识产权管理制度需要企业管理高层、员工的参与，只有他们广泛参与，规章制度才能通过、才能实施；另一方面，企业管理高层、员工参与制定知识产权管理制度的过程正是企业及其员工学习、理解与内化知识产权法律制度的过程，切实可行、行之有效的知识产权管理制度能够使企业家先进的理念从思想、口号转变为机制、行动。因此，企业需要在清楚自身知识产权管理状况与需求的基础上，研究企业知识产权管理环节、重点、自身需求，深入系统学习、理解知识产权制度，依据知识产权法律梳理、完善可操作的、能落实的知识产权管理制度。

5. 建立与健全知识产权专业团队是关键

一切先进的理念、可操作的规章制度最终都由人来实施；目标的落实、制度的实施都会集中到人的行动。正确的方针路线确定之后，干部是关键；人力资本是企业发展的根本。企业知识产权管理人员的知识、能力和水平的高低直接决定了企业知识产权能力与水平。同时，部门协调、综合资源与战略眼光同样会决定企业知识产权管理的成败。还有，企业知识产权能力不仅涉及管理、技术，还涉及法律专门知识与技能，具有法律性、多维性。因此，为提升企业知识产权能力，获取企业领导层的领导、支持，组建企业知识产权管理专业团队既是管理内容，也是必然趋势。为此，企业需要通过建立与健全知识产权管理专业团队，培养、配备懂法律尤其知晓知识产权法律的专门人才，落实管理人员的待遇，提升企业知识产权能力。

5.2.2.2 政府促进内化的政策

1. 分门别类，评估建档

本书前期研究的调研中虽都是示范企业，但有不同需求：有的希望“相关部门走进企业，了解企业，对企业相关领导、部门和知识产权管理工作相关人员有针对性地开展专业知识培训，提升企业的知识产权意识和能力”。“定期对国有大型企业主要领导人进行知识产权培训，进一步增强企业领导的知识产权意识”。有的则希望“国家资助××等企业在重点行业（如数字电视领域）加强核心技术的研发和提高相应的知识产权产出能力，引进、购买或许可核心专利”。“在省知识产权主管部门的指导下，指导知识产权示范企业进行知识产权管理战略和制度建设工作的建立和完善”。示范企业在知识产权管理水平与能力上也不一样，因此，要切实促进企业内化知识产权法律，必须对所属企业分门别类，进行企业知识产权管理“水平－能力－模式”评估、建档，了解和掌握所属企业知识产权能力真实状况，奠定政府主导工作的基础。

2. 制定分层、分类的知识产权制度内化促进政策

提升示范企业知识产权能力的对策，首先就是进一步加强对企业知识产权状况及其管理态势的调研，在评估建档的基础上分门别类，尤其是针对不同发展阶段的企业，根据企业需求、国家知识产权战略需求与目标，采取对应促进政策。比如，Ⅰ型管理模式的企业，政府政策在于鼓励多申请、多创造，引导其构建制度、设置机构，加强知识产权申请的咨询、指导，重在知识产权基础知识的宣传与培训；Ⅱ型管理模式的企业，重鼓励坚持，明确企业知识产权管理的目标，克服困难期，咨询规划、指导制定知识产权战略；Ⅲ型管理模式的企业，需求的是专家诊断、项目支持，战略规划、预警构建，特色与优势构建；Ⅳ型管理模式的企业，政府政策则是参与标准、国际规划、战略联盟等。因此，政府相应部门应当参照研究结论，制定分层、分类的知识产权促进政策，既有国内国际申请、维持费用的鼓励政策；还有产品更新的政府采购政策，税收、金融政策，同时还应出台标准参与、战略联盟的支持措施，搭建专家、信息平台等。

3. 实施点面结合的内化指导工作

（1）进一步加强示范企业知识产权工作，引领企业知识产权管理

调研中，示范企业提出“希望国家知识产权局能联合国家有关部门出台对国家知识产权试点、示范创建、示范企业的具体鼓励措施和支持政策，切实帮扶上述企业提升知识产权管理能力和质量，以探索具有行业代表性、共同性的知识产权发展的方法和道路”。“关注知识产权示范企业的知识产权工作，增强示范企业在行业的引领作用，加强企业间的交流”。“加强同各级专利管理部门的联系和沟通，落实对国家第二批知识产权示范创建工作的各项要求和规定，保证示范创建工作的顺利实施和完成”。“利用我省的知识产权示范企业的优势，引导该类企业对同行业或同地域的企业开展知识产权法律知识宣传，或提供各种知识产权服务，包括培训与咨询服务”。

（2）加大国有大型企业知识产权工作，推动企业知识产权发展

“我国知识产权工作起步较晚，知识产权保护工作与世界发达国家存在着较大差距，××企业作为国有大型企业集团，不仅应不断加强自身知识产权管理工作，而且有责任和义务去维护并实施国家知识产权战略和纲要。”“请国家对涉及国家重大利益的企业知识产权工作给予重点指导帮助。如××企业是中国工业的缩影，专业技术领域宽广，许多技术代表国家的装备水平，特别是有许多国家重大专项技术的专利申请，涉及国家的利益，非常需要国家有关部门提供高水平的专业指导和帮助。”“联合国资委加大对国有大中型企业知识产权保护力度。”希望“定期对国有大型企业主要领导人进行知识产权培训，进一步增强企业领导的知识产权意识。”“加强与国有大中型企业的工作联系，为企业知识产权工作服好务。”“建议政府主管部门可以将企业知识产权保护工作及其水平的提高作为为企业提供服务的内容之一。尤其是对于国有大中型企业，由主管部门承担组织、实施工作，将起到事半功倍的效果。”示范企业阐述了国有大型企业在知识产权工作中的责任、内容乃至实现的路径。

（3）重视国家重大利益的知识产权，提升知识产权水平

“请国家对涉及国家重大利益的专利申请给予高度重视，如××企业于2009年成功研制的第三代核电主管道热段弯管制造技术，是世界第一支，是对当代世界级制造技术难题的攻克，填补了世界空白。对这类技术申请专利，建议国家在审查程序上开通绿色通道，加快审查速度，防止国外抢占技术制高点。”“希望国家资助××等企业在重点行业（如数字电视领域）加强核心技术的研发和提高相应的知识产权产出能力，引进、购买或许可核心专利”。“建议国家有关部门对市场前景好，实施后能带动行业技术进步、推动战略性新兴产业发展、产生显著社会经济效益的专利技术项目，创造必要的外部条件（如资金扶持、税收优惠、专项补助等），实施重点推广。”“加大对企业知识产权工作的支持力度，建立国家层面的专利奖励制度，对重点企业（国家试点或示范企业）给予一定的资金支持”。

加大知识产权战略实施，推动科学技术进步，“对国家重大专项提供实施知识产权战略的重点指导，……实现研究开发的高起点，推动科技创新。建议国家有关部门对这样的企业开展以上工作点对点的知识产权培训、指导和服务，探索经验，在全国示范，推动全国企业知识产权工作的进步。”“免费开放国家专利数据库，进行重点产品专利地图研究并免费提供企业使用。”“建议国家加强立法，对目前国外收费集团知识产权滥用行为进行调查，并给予处罚或限制，保护民族工业的利益。”“请国家相关部门继续支持我们组建专利池和集体谈判工作。”“借鉴发达国家的成功经验，把拥有自主知识产权的技术纳入到国家标准的体系之中，形成国家标准和国际标准”。

在实施重点企业、重点工作的同时，主管部门仍要不遗余力地开展知识产权全社会、全民的宣传、普及工作，“将知识产权法律教育工作纳入普法教育规划之中”。树

立“尊重他人知识产权，发展保护自己知识产权，促进人类进步与文明”的理念，为提升企业知识产权能力创造良好社会环境和氛围。

5.2.2.3 第三方主体协助内化的方式

1. 构建、充实专家指导平台

调研中，企业希望专家“大力推进行业、企业的知识产权战略研究与运用，指导和帮助行业、企业完善和实施符合各自行业特点和企业实际情况的知识产权战略，以知识产权促进企业科技创新”。

专家个体的作用是有限的，特长也是各不一样，可以通过构建专家库、平台实现企业对有关知识产权咨询、研究、指导和各种各类帮助的期望，充实专家工作的内容：“重点加强企业高级主管的意识教育及业务培训。”“培养和造就一批具有高水平、高素质的企业复合性专利人才。特别是能够服务企业国际化发展需求的人才。”“企业制定和实施知识产权战略纲要需上级部门给予具体指导。”“推广成熟、具有一定成效、特色和优势的知识产权发展模式”，“建立专利预警机制和专利价值评估体系，促进核心知识产权的产出，并逐步推进全球主要市场的专利布局”，“组织力量研制知识产权相关的软件，或者对相应软件的使用方法开展培训。特别是企业知识产权管理模式及制度、信息查询和分析、专利申请程序、商标注册程序等与日常工作紧密相关的应用软件”。

2. 扶持、强化行业、中介组织的协助作用

知识产权是私权，这是国际社会公认的基本原则，企业知识产权创造、运用、保护和管理毕竟是企业自己、内部的行为，包括国有大型企业。因此，国家及其职能、主管部门必须依法办事、各司其职，有的事情不能替企业做，比如企业自身知识产权保护谈判。与此同时，我国企业知识产权起步较晚、知识产权及其管理水平有限，特别是具有行业性质的知识产权信息互动、发展与保护协调，单个企业确实无能为力，行业协会作用更大。但我国行业协会起步较晚，因此，需要国家给予扶持、强化，从而促进行业协会更好地服务企业，促进行业知识产权发展，比如示范企业在调研中提出“建立符合我国彩电、视听等行业自己的专利池（或专利联盟）。我们也在汇合行业企业的力量，进行专利集体谈判”，建设符合行业需要的知识产权信息库；促进知识产权信息交流，组织共同维权；加强政府对行业协会知识产权工作的监督指导以及培育知识产权市场，扶持、规范中介组织，提升其为企业服务的水平和能力，进一步提高企业知识产权能力水平。

附　录

附录1　企业知识产权能力测试表

能力组成	能力结构	构成要素			通常问题
能力水平	管理理念	领导知识产权理念	员工知识产权知识	企业知识产权文化	不是领导工作组成 员工知识普及不够 企业文化有待深入
	管理组织	有领导、有机构、有人员、有合作，有网络管理体系	与其行业属性、自身特点与规模相适应	与知识产权中介、第三方有合作	组织设置不当 职责不明 目标不清 队伍缺乏专业知识 忽视队伍建设
	管理制度	制度健全，涉及知识产权管理各方面	形成了衔接创新各阶段与各环节的激励机制	有知识产权管理的专门经费	制度流于形式、应付 制度不衔接 实施不到位
能力运行	创新能力	与主营业务相关的自主创新	自主创新与知识产权管理相互促进	重视早申请、多登记，创造与申请相结合	确权不重视、不及时 确权形式单一
	运营能力	主动实施	许可、转让使用知识产权	知识产权入股、融资、抵押等	闲置、利用率低 使用方式单一 运营不充分
	保护能力	保护意识强	企业有保护制度、保护机构或委托机构与人员，有维权网络体系等	有专门的维权经费	缺乏知识产权法律专门人才 救济措施、保障不足

附录2　企业运用知识产权制度主要子制度表

知识产权制度				
专利权制度			商标权制度	其他知识产权制度
确权制度	用权制度	维权制度		
文献检索制度 申请在先制度 国际申请制度 国防专利申请制度 职务发明制度 合作发明与委托发明制度	实施制度 许可与转让制度 放弃制度	优先权制度 时效制度 无效宣告制度 反向工程制度	商标申请制度 国际注册制度 驰名商标制度 著名商标等制度 从属商标制度 等级商标制度 防御商标制度 联合商标制度	软件（著作权）登记制度 商业秘密制度 地理标志制度 集成电路布图设计制度 植物新品种制度 海关保护制度

附录3　企业知识产权管理模式评价表

<table>
<tr><th colspan="2">管理模式</th><th>评价项目</th><th colspan="2">评价要素</th></tr>
<tr><td rowspan="6">行业型</td><td rowspan="2">家用电器</td><td>产品差异化</td><td colspan="2">不同产品专利权
同类产品外观设计专利权
从属商标
等级商标</td></tr>
<tr><td>标准化</td><td colspan="2">标准总量
国际标准量
国家标准量
行业标准量
企业标准量</td></tr>
<tr><td rowspan="2">机械制造</td><td>专利地图</td><td colspan="2">专利技术地图
专利管理地图
专利权利地图</td></tr>
<tr><td>军民结合</td><td colspan="2">国防专利权
国防专利权民用化</td></tr>
<tr><td rowspan="2">文教科研</td><td>自主创新</td><td colspan="2">模仿
二次发明
集成创新
原始创新
激励制度</td></tr>
<tr><td>技术市场产业化</td><td colspan="2">知识产权许可
知识产权转让
知识产权入股
知识产权质押</td></tr>
<tr><td rowspan="8">阶段型</td><td rowspan="8">Ⅰ型</td><td>管理理念（自觉化）</td><td colspan="2">自发性</td></tr>
<tr><td>管理制度（综合化）</td><td colspan="2">无</td></tr>
<tr><td>管理组织（体系化）</td><td colspan="2">无</td></tr>
<tr><td rowspan="5">知识产权创造、运用和保护</td><td>数与质</td><td>求数量</td></tr>
<tr><td>组合化</td><td></td></tr>
<tr><td>标准化</td><td></td></tr>
<tr><td>商品化</td><td></td></tr>
<tr><td>国际化</td><td></td></tr>
</table>

续表

管理模式		评价项目	评价要素	
阶段型	Ⅱ型	管理理念（自觉化）	初步自觉	
		管理制度（综合化）	战略规划单一	
		管理组织（体系化）	有	
		知识产权创造、运用和保护	数与质	数量为主，兼求质量
			组合化	特色化
			标准化	
			商品化	
			国际化	
	Ⅲ型	管理理念（自觉化）	高度自觉	
		管理制度（综合化）	战略规划综合	
		管理组织（体系化）	较健全	
		知识产权创造、运用和保护	数与质	求质量
			组合化	体系化
			标准化	参与标准化
			商品化	
			国际化	
	Ⅳ型	管理理念（自觉化）	高度自觉	
		管理制度（综合化）	战略综合规划	
		管理组织（体系化）	内部健全，外部知识产权联盟	
		知识产权创造、运用和保护	数与质	求质量
			组合化	综合化
			标准化	参与并引导标准化
			商品化	特许、资本化等
			国际化	一定质与量的 PCT
特色型1组	资源型	客体	资源开采、使用、销售	
		确权方式	专利权、商业秘密、商标权、著作权、电路布图权以及地理标志、动植物新品种权以及遗传资源权	
		知识产权组合	适合矿产资源垄断型的专利主导型	
			适合于地理因素资源型的地理标志、商业秘密、商标专利并行主导型	
			适合于一般资源型的专利商标并行主导型	

续表

管理模式		评价项目	评价要素
特色型1组	技术型	客体	远离自然资源
		确权方式	专利权、商业秘密、著作权、电路布图权
		知识产权组合	专利商标并重主导型
特色型2组	后来者突围模式	专利权突围	成熟技术改进型
			成熟技术引进型
			新兴技术锲入型
			引进与新兴技术锲入结合型
		商标权突围	打造自己的知名、著名、驰名商标
		知识产权组合	专利商标并重主导型知识产权组合
	先到者持续创新模式	专利持续创新	持续创新行为
			持续创新能力
		商标持续创新	持续宣传、创造
		知识产权组合	专利商标并重主导型知识产权组合
特色型3组	防御型	管理理念	维权
		管理措施	运用受许受让制度、无效制度、异议制度、无效使用制度、救济制度
		知识产权创造运用与保护	知识产权保护
	进攻型	管理理念	确权
		管理措施	运用激励制度、文献检索制度、合作开发制度、自主创新制度等
		知识产权创造运用与保护	知识产权创造
	进攻防御结合型	管理理念	确权、用权、维权
		管理措施	全面、系统内化知识产权制度
		知识产权创造运用与保护	知识产权的创造、运用和保护

附录4 样本企业基本情况统计表

企事业单位名称	性 质	所属行业	行业影响力（地位）
长虹电器	股份有限公司	家用电器	全球最具竞争力的消费电子系统供应商和内容服务提供商，世界品牌500强
九洲电器	有限责任公司	家用电器	中国企业集团竞争力500强、中国1 000家最大企业集团
彩虹电器	股份有限公司	家用电器	全国工业企业综合评价最优500家，四川省先进企业，成都市重点优势企业
迈普通信	股份有限公司	电子技术	亚太地区第二大接入层路由器设备供应商，印度第三大路由器设备供应商
光明电汽	股份有限公司	电子技术	中国兵器装备集团所属重点骨干企业，是国家“一五”间苏联援建的156项重点项目之一，拥有国内同行业唯一一家国家级企业技术中心
攀钢集团	集团有限公司	矿冶开采	西部最大钢铁生产基地
龙蟒集团	有限责任公司	矿冶开采	四川重点优势企业
川庆钻探	有限责任公司	矿冶开采	西部最大矿冶开采企业
眉山车辆	有限责任公司	机械制造	中国最大的铁路货车出口基地、中国铁路货车及拉铆钉等关键配件研制龙头企业、中国铁路制动产品研制主导企业
二重机械	有限责任公司	机械制造	中国21家重大装备国产化基地，骨干企业
东方电汽	有限责任公司	机械制造	我国研究、设计、制造大型电站汽轮机的高新技术国有骨干企业，是中国三大汽轮机制造基地之一
成飞工业	有限责任公司	机械制造	我国特大型航空工业企业，是我国设计、研制和成批生产现代歼击机的大型航空高科技企业和重要基地
五粮液集团	集团有限公司	食品行业	中国酒业大王，食品饮料行业的龙头企业

续表

企事业单位名称	性　质	所属行业	行业影响力（地位）
泸州老窖	股份有限公司	食品行业	从物质层面和非物质层面都受到国家级的保护，是白酒行业唯一的“双国宝”，“泸州老窖特曲酒”是中国最古老的四大名酒之一
高金食品	股份有限公司	食品行业	国家级重点龙头企业，全国农业产业化优秀龙头企业，国家扶贫龙头企业
丝丽雅	股份有限公司	纺织行业	西南地区唯一一家以维卡纤维和棉浆泊为主导产品的大型企业，目前全球最大的维卡纤维和棉浆泊生产企业
地奥制药	集团有限公司	生物制药	大型骨干制药企业，国内实力最强的药物研制、中试、生产基地之一
康虹药业	股份有限公司	生物制药	中成药、国家基本药物生产基地
中昊晨光	未知	文教科研	中国化工企业500强，四川省企业100强
四川大学	事业单位	文教科研	中国“985工程”和“211工程”重点建设的高水平研究型综合大学
新华文轩	股份有限公司	文教科研	全国连锁大型文化企业，国内同行业处于领先地位，在省内同行业处于绝对优势地位

附录 5　课题调查问卷

四川省“全国企事业知识产权试点单位”状况调查问卷

填表说明：

1. 问卷分为四个部分：第一部分：企业知识产权基本情况，第二部分：企业知识产权开发申请情况，第三部分：企业知识产权使用情况，第四部分：企业知识产权保护情况。

2. 题项中，请选择最适合企业情况的答案，并在答案前的“□”内打“√”。若没有适当的答案，则请在“□其他____”选项的“□”内打“√”，并在“________”上写明本企业的情况；其中第 34、40 题，请根据企业情况填写有关数据。

3. 除明确写明“可多选”外，其余均为单选。

4. 若有不明之处，请联系：

联系人：　　　　　　　　电话：　　　　　　　　E-mail：

企业名称：________________________邮编地址：________________________

联 系 人：________________________联系电话：________________________

第一部分：企业知识产权基本情况

1. 本企业知识产权管理的重点是：

2. 本企业知识产权管理的最主要目的是：

3. 本企业维持企业核心产品或技术竞争力的主要途径（可多选）：

4. 企业知识产权相关问题

第二部分：企业知识产权开发申请情况

5. 新技术、新产品开发前对专利信息的利用情况

6. 新开发的技术或产品申请专利情况

7. 企业是否存在职工以个人名义申请本应属于单位职务发明、作品的行为？

8. 若有委托开发、合作开发的新技术或产品、作品，其权利归属：

9. 企业要求研发人员撰写专利申请书的情况是：

10. 企业保护自己的新技术、新产品、作品权利，一般采取（可多选）：

11. 申请专利对保护创新的效果：

12. 企业使用商标情况：

13. 企业申请注册商标主要是因为：

14. 企业为保护自己的商标，主要采取（可多选）：
15. 企业对其他单位专利、商标与作品是否关注（可多选）：
16. 企业对国家机关有关知识产权的审查、审批

第三部分：企业知识产权使用情况

17. 本企业是否有闲置专利以及闲置的原因是
18. 有无专利转让及原因：
19. 本企业使用的专利是否是受转让或被许可的及其原因：
20. 企业注册商标的使用情况（可多选）：
21. 企业有无转让、许可他人使用商标及其原因（可多选）：
22. 企业有无受让、被许可使用他人注册商标及其原因（可多选）
23. 企业对商标被许可方是否进行管理？
24. 本企业的著作权是否转让、许可及原因（可多选）：
25. 企业是否将知识产权用于质押贷款：
26. 企业是否将知识产权作为无形资产作价入股：
27. 企业使用他人失效知识产权的情况是：
28. 是否请专业机构评估过企业的无形资产价值？
29. 您所在企业的技术发展阶段处于：
30. 企业是否愿意将专利与标准结合？
31. 如果企业拟将所在其专利纳入技术标准，贵企业的策略是：
32. 截至 2010 年 9 月，企业参与制定标准情况

第四部分：企业知识产权保护情况

33. 企业已制定哪些以下内容的知识产权管理制度（可多选并请提供相关文件）：
34. 企业知识产权体系化管理与保护措施是（可多选）：
35. 截至 2010 年 9 月，企业解决知识产权侵权纠纷案情况（总件数）：
36. 企业发生知识产权纠纷的主要原因（可多选）：
37. 发现知识产权侵权，企业是否采取维权措施（可多选）：
38. 企业不能很好利用知识产权制度的主要原因是（至多选三项）：
39. 企业是否与知识产权相关机构合作进行知识产权开发、申请、使用与保护（可多选）：
40. 企业对知识产权创造人员采取的奖励措施（可多选）：
41. 企业知识产权保护机构与人员情况（可多选）：
42. 企业开展知识产权相关活动情况：
43. 企业知识产权基本情况：

参考文献

[1] Goh, Ai-Ting, Jacques Oliver. Optimal Patent Protection in a Two Sector Economy [J]. International Economic Review, 2002 (43).

[2] Beck, R. L., Does Competitive Dissipation Require A Short Patent Life [J]. Research in Law and Economics, 1987 (8).

[3] Richard Gilbert, Carl Shapiro. Optimal patent length and breath [J]. Rand Journal of Economics, 1990, 21 (1).

[4] Paul Klemperer. How broad should the scope of patent protection be [J]. RAND Journal of Economics, 1990, 21, (1).

[5] Matutes C, Regibeau P, Rochett K. . Optimal Patent Design and the Diffusion of Innovation [J]. RAND Journal of Economics, 1996 (27).

[6] Hopenhayn, Hugo and Matthew F. Mitchell. Innovation Variety and Patent Breadth [J]. RAND Journal of Economics, 2001 (32).

[7] 菲吕博顿，配杰威齐．产权与经济理论，财产权利与制度变迁［M］．上海：上海三联书店，1994：208.

[8]《企业专利工作管理办法》国家知识产权局、国家经贸委，2005 年 4 月 26 日发布.

[9] 冯晓青．企业专利管理略论［J］．现代管理科学，2007（4）.

[10] 段瑞春．国有企业知识产权保护的战略应对［J］．中国软科学，2003（7）.

[11] 岳贤平，顾海英．国外企业专利许可行为及其机理研究［J］．中国软科学，2005（5）.

[12] 王景川．加强知识产权能力建设，培育和发展核心竞争力［J］．科技广场，2002（4）.

[13] 政治局第 31 次学习——胡锦涛讲话：加强知识产权制度度建设［EB/OL］．［2007－07－25］．http：//politice. people. com. cn. /GB/1024/4409672. html.

[14] [EB/OL]. [2007 - 07 - 25]. http：//news. xinhuanet. com/politice/2007-04/23/conccnt-6014623. html.

[15] 郭秋梅．我国知识产权能力建设的几个基本问题［J］．2007（69，5）.

[16] 李蓉，萧延高，王晓明．全球化背景下我国企业的自主知识产权能力建构分析［J］．电子科技大学学报：社科版，2007（9）（1）.

[17] 李伟，毕丽芳．企业知识产权能力提升对自主创新的现实意义［J］．商业时代，2009（21）.

[18] Paul J Heald. Transaction Costs and Patent Reform [J]. Santa Clara Computer and High-Technology Law Journal, Mar 2007, 23 (3).

[19] Robert M. Hunt. Economics and the Design of Patent Systems [J]. University of Michigan Law School Michigan Telecommunications and Technology Law Review, 2007.

[20] 孙运德．政府知识产权能力解读［J］．郑州航空工业管理学院学报：社会科学版，2009（6）．
[21] 陈家宏．专利制度企业内化理论与实证研究［M］．成都：西南交通大学出版社，2010.
[22] David J Teece. Strategies for Managing Knowledge Assets：the Role of Structure and Industrial Context［J］．Long Range Planning，2000（33）．
[23] 包海波．日本企业的知识产权战略管理［J］．科技与经济，2004（17－2）．
[24] 李序南．关于我国专利知识产权开发与保护的制度创新研究［J］．科技进步与对策，2004（4）．
[25] 孙国瑞，祁雁辉．我国企业专利管理问题研究［J］．科技进步与对策，2006（5）．
[26] 吴汉东．知识产权基本问题研究（总论）［M］．北京：中国人民大学出版社，2009（2）．
[27] 道格拉斯·C. 诺思．经济史中的结构与变迁［M］．上海：上海三联书店，1991.
[28] 陈美章．专利制度与企业发展［J］．知识产权，1999（9）．
[29] 陈家宏．专利制度企业内化的意义及实现路径［J］．知识产权，2008（3）．
[30] 蒋小慧．职务发明权利归属的理论探讨［J］．商场现代化，2007（5）．
[31] 李艺虹，傅剑清．论我国专利法对职务发明规定之不足及完善［C］．知识产权年刊，2006.
[32] 董中保．美、日关于职务发明的知识产权利益比较［J］．特区经济，2006（4）．
[33] 周胜生．关键词在专利文献检索中的应用［J］．情报理论与实践，2010（5）．
[34] 王素文，李忠芳．专利文献的作用及检索方法［J］．现代情报，2000（1）．
[35] 毛昊，谢小勇．发明专利合作申请：问题与建议［J］．中国科技投资，2008（2）．
[36] 张希华．合作完成的发明创造专利申请权纠纷探析［J］．科研管理，1995（2）．
[37] 军工的大过渡：从“军转民”到“民转军”［EB/OL］．［2009－11－01］．http：//bbs. tiexue. net/post_1328999_1. html.
[38] 陈友谊．美国国防工业“军转民”研究［J］．国际技术经济研究，2000（2）．
[39] 蒋逊明，朱雪忠．中国专利实施许可制度存在的问题及对策［J］．科研管理．2009（5）．
[40] 霍京华．专利实施制度初探［D］．中国政法大学硕士论文．2008（10）．
[41] 何怀文．辨析中国专利制度中的禁止反悔原则［J］．中国专利与商标，2010（1）．
[42] 张友良．专利时效制度研究［D］．中国政法大学硕士论文，2007（3）．
[43] 赵珂．试论我国专利优先权制度［J］．湖北省社会主义学院学报，2005（3）．
[44] 赵俊．我国专利优先权制度研究［D］．对外经济贸易大学法律硕士（JM）学位论文．2006.
[45] 姚新超．如何运用巴黎公约优先权制度申请国际专利［J］．对外经贸实务，1995（6）．
[46] 沈宇．美国商标注册制度的特点［N］．中国知识产权报，2006（6）．
[47] 森智香子．中日商标申请注册制度比较［J］．中华商标，2009（12）．
[48] 孔祥俊．我国现行商标法律制度若干问题的探讨［J］．知识产权，2010（1）．
[49] 王笑冰．日本商标注册前的利益请求权制度［J］．中华商标，2003（6）．
[50] 晁丽静．商标国际注册马德里体系及其适用——以中国企业为视角［J］．华中师范大学研究生学报，2007（3）．
[51] 冯晓青．企业商标国际注册及商标国际化经营战略略论［J］．商业研究，2008（1）．
[52] 秦宝燕．企业商标国际注册研究——以上海冠生园集团“大白兔”奶糖商标为视角［J］．特区经济，2009（11）．

[53] 张倩如. 浅析我国驰名商标法律保护制度 [J]. 法制与社会, 2009 (7).
[54] 中美驰名商标保护制度之比较 [EB/OL]. [2009-10-12]. http://china.findlaw.cn/chanquan/shangbiao/sbflw/2968_3.html.
[55] 李静. 论商标侵权归责原则 [J]. 法制与社会, 2009 (4).
[56] 郭颖颖. 论驰名商标的法律保护 [J]. 山东行政学院山东省经济管理干部学院学报, 2006 (4).
[57] 仇爱云. 完善我国驰名商标反淡化保护立法的建议 [J]. 商场现代化, 2009 (1).
[58] 张七妹. 论我国驰名商标淡化侵权的立法完善 [J]. 科教文汇, 2007 (12).
[59] 陈文钧. 谈防御商标制度的建立和商标强制注册 [J]. 工商行政管理, 1999 (4).
[60] 梁洁泉. 联合商标防御商标保护之对策 [N]. 国际商报, 2009-05-14 (005).
[61] 王小云. 对防御商标和联合商标的思考 [N]. 国际商报, 2002-01-20 (001).
[62] 徐涵. 日本的防御商标注册制度 [N]. 国际商报, 2009-02-05 (005).
[63] 张律伦. 我国著名商标法律保护的困境和出路 [J]. 法治研究, 2008 (12).
[64] 储敏. 对著名商标保护制度的反思 [J]. 江淮论坛, 2010 (5).
[65] 王贵农, 张春华. 论联合商标的作用与规范机制的构建 [J]. 政法论丛, 2006 (4).
[66] 杜菁. 国外植物新品种保护的立法研究及借鉴——从立法模式及具体问题出发 [J]. 行政与法, 2009 (2).
[67] 刘洋. 对完善我国海关知识产权保护法律制度的几点思考 [J]. 科技与法律, 2003 (3).
[68] 冯晓青. 知识产权法利益平衡理论 [M]. 北京: 中国政法大学出版社, 2006.
[69] 白玉. 企业形象策划 [M]. 武汉: 武汉理工大学出版社, 2003.
[70] J. 布莱恩. 消费者行为学 [M]. 北京: 中信出版社, 1999.
[71] 员智凯. 军民结合新型体制下的国防科技知识产权管理研究 [J]. 科学管理研究, 2008 (3).
[72] 保护中国知识产权联合会, 知识产权市场竞争策略 [M]. 北京: 机械工业出版社, 2009.
[73] 王瑜, 王晓丰. 公司知识产权管理 [M]. 北京: 法律出版社, 2007.
[74] 刘春田. 知识产权法 [M]. 北京: 高等教育出版社, 北京大学出版社, 2004.
[75] 周春慧. "一站式标准专利技术准入" 的专利管理模式——MPEG 专利管理公司运作模式简介及 ATSC 专利池许可发布 [J]. 电子知识产权, 2007 (12).
[76] 刘雪凤. 多元化主体视野下的知识产权治理 [J]. 学海, 2010 (5).
[77] 李北柿. 电子商务与企业 "专利管理模式" 创新 [J]. 天津师范大学学报: 社会科学版, 2003 (5).
[78] 袁真富. 企业知识产权的发展模式——从保护到经营之知识产权观念的改造 [J]. 知识产权, 2006 (3).
[79] 查梦盛. 企业知识产权保护与管理制度刍议——以上海普利特公司 "地壳式保护新模式" 为个案 [J]. 中国商界, 2009 (5).
[80] 莫守忠. 对发达国家企业 "自主创新" 战略趋向的思考 [J]. 邵阳学院学报: 社会科学版, 2008 (1).
[81] 钱敏. 浅析苹果公司的知识产权管理及竞争优势获取 [J]. 科技与法律, 2010 (2).
[82] "海尔模式" 面面观——对海尔集团公司 "靠专利战略, 创世界名牌" 之路的思考 [J]. 科技信

息，1998（4）.
[83] 于涛．国外企业知识产权管理模式分析［J］．电子知识产权，2003（6）.
[84] 刘驰，靖继鹏，马静．基于知识转移的知识产权管理模式［J］．情报科学，2009（10）.
[85] 张瑶．浅谈国外企业的知识产权管理战略［J］．现代情报，2004（6）.
[86] 夏刚．国外企业知识产权管理模式及对我国的启示［J］．科技广场，2006（10）.
[87] 赵旭梅．日本企业知识产权管理模式解析［J］．科技管理研究，2009（12）.
[88] 李烨．当今企业知识产权管理模式内容及相关问题探讨［J］．科技情报开发与经济，2010（16）.
[89] 付明星．专利管理及需要重点解决的几个问题［J］．科技与法律，2008（1）.
[90] 朱显国，唐代盛．高校知识产权管理模式初探［J］．江苏高教，2004（5）.
[91] 杨曦，门高利．高新技术知识产权管理策略［J］．中国发明与专利，2010（3）.
[92] 梁瑞林，韩立岩，王克刚，等．国防科技工业集团知识产权管理模式研究［J］．航空科学技术，2003（1）.
[93] 于雪霞．现代企业专利管理模式的要素与结构分析［J］．现代管理科学，2010（5）.
[94] 知识产权出版社组织编写．专业技术人才知识产权培训教材［M］．北京：知识产权出版社，2008：
[95] 陈家宏．论企业知识产权能力的建设［J］．政法论丛，2011（4）.
[96] 饶世权，陈家宏．论基于管理对象特性的企业知识产权管理模式［J］．科技进步与对策，2011（20）.
[97] 饶世权，陈家宏．论基于管理理念的企业知识产权管理模式［J］．科技与经济，2012（1）.

知识产权示范企业工作总结

[1] 省级知识产权示范企业工作总结——五粮液集团有限公司.
[2] 省级知识产权示范企业工作总结——成都地奥制药集团有限公司.
[3] 第三批全国企事业单位知识产权试点工作总结——四川长虹股份有限公司.
[4] 省级知识产权示范企业工作总结——泸州老窖股份有限公司.
[5] 省级知识产权示范企事业单位知识产权状况专项调查汇报材料——泸州老窖股份有限公司.
[6] 省级知识产权示范企事业单位知识产权状况调查表——成都彩虹电器集团股份有限公司.
[7] 公司知识产权示范总结——成都彩虹电器集团股份公司.
[8] 省级知识产权示范企事业单位总结报告——成都康弘药业集团股份有限公司.
[9] 四川龙蟒集团有限责任公司提供的公司相关资料.
[10] 四川省知识产权示范企业工作总结——迈普通信技术股份有限公司.
[11] 省级知识产权示范企事业单位知识产权状况调查表　迈普通信技术股份有限公司.
[12] 省级知识产权示范企事业单位总结——成都飞机工业集团有限责任公司.
[13] 宜宾丝丽雅股份有限公司提供的公司相关资料.
[14] 省级知识产权示范企业工作总结——成都光明光电股份有限公司.
[15] 第一批全国企事业单位知识产权示范创建企业工作总结报告——中国第二重型机械集团公司.

[16] 中昊晨光化工研究院全国知识产权示范创建工作总结报告.
[17] 知识产权示范创建工作总结——四川九洲电器集团有限责任公司.

部分相关法律法规

中华人民共和国专利法

中华人民共和国商标法

中华人民共和国著作权法

中华人民共和国反不正当竞争法

中华人民共和国科学技术进步法

中华人民共和国促进技术成果转化法

中华人民共和国对外贸易法

中华人民共和国公司法

中华人民共和国合同法

相关法规、条例、办法（略）